"十二五"职业教育国家规划教材

经全国职业教育教材审定委员会审定

网络新闻与编辑 （第2版）

WANGLUO XINWEN YU BIANJI

◎主　编　廖建国　周晨芳
◎副主编　陈成广

重庆大学出版社

内 容 提 要

本书根据高职高专示范性建设的要求,立足高职高专教学人才培养特点和改革实践,从培养网络从业人员实际操作技能出发,打破传统的章节排序,以网络新闻采编全部工作流程为教材体系,侧重实践应用,并辅以一定的理论讲解,既有较为完整的新闻理论基础,又有很强的实操性。全书共分6个部分,其中"绪论"部分介绍网络的现状及未来趋势,第2部分至第6部分系统地阐述和解析网络信息从策划、采写、制作到上传的全部过程,同时还介绍网络信息发布的各种形式及其特点。

本书是网络信息课程的教材,可作为高职高专新闻、广告、文秘等专业学生的教科书,也可以供从事网络新闻工作的专业人员阅读、参考。

图书在版编目(CIP)数据

网络新闻与编辑/廖建国,周晨芳主编.—2版.—重庆:
重庆大学出版社,2018.8(2023.2 重印)
ISBN 978-7-5624-9091-3

Ⅰ.①网… Ⅱ.①廖…②周… Ⅲ.①互联网络—新闻编辑—高等职业教育—教材 Ⅳ.①G210.7

中国版本图书馆 CIP 数据核字(2015)第 101171 号

网络新闻与编辑
(第2版)
主　编　廖建国　周晨芳
副主编　陈成广
责任编辑:王智军　　版式设计:王智军
责任校对:贾 梅　　责任印制:张 策
*
重庆大学出版社出版发行
出版人:饶帮华
社址:重庆市沙坪坝区大学城西路 21 号
邮编:401331
电话:(023) 88617190　88617185(中小学)
传真:(023) 88617186　88617166
网址:http://www.cqup.com.cn
邮箱:fxk@ cqup.com.cn(营销中心)
全国新华书店经销
重庆升光电力印务有限公司印刷
*
开本:720mm×960mm　1/16　印张:14.75　字数:257 千
2018 年 8 月第 2 版　　2023 年 2 月第 4 次印刷
ISBN 978-7-5624-9091-3　定价:39.00 元

第2版前言

本书自 2011 年 12 月出版以来,得到了广大高职院校师生的使用和好评,2014 年本书被评选为职业教育"十二五"国家级规划教材。为了紧跟时代步伐,保持教材新颖、实用的特色,作者团队,尤其是主编周晨芳对全书内容进行了修订和补充。

再版总体上维持初版的体例,主要对初版的编排、内容等方面存在的纰漏和差错进行修订。第一,为了使教材名称更加规范,将其更名为《网络新闻与编辑(第 2 版)》;第二,对部分内容进行必要的补充,增加一些近年来新出现的网络新闻传播形式和现象,如搜索引擎优化、微采访、微博传播规范等;第三,更新部分案例和数据,尽可能选择与相关内容切合的新案例和最新权威统计数据,使教材与现实结合得更紧密;第四,增加了附录,介绍了最高人民法院、最高人民检察院对网络谣言的司法解释,有助于明确职业要求;最后,对文字进行润色、修订,使之更为简明、准确。

尽管我们做了努力,但因水平有限,总有不尽如人意之处,我们诚恳地欢迎广大读者、同行对本书提出宝贵意见,支持我们把本书修改得更加适用。

作 者
2018 年 4 月

第1版前言

互联网技术是当今发展最快的一种科学技术,它深刻地影响了人类社会、人们的生活方式、思维习惯和方法,甚至影响我们大脑的生理结构。

互联网是以几何级数的方式向大众传递信息,其受众之广、传递速度之快,是任何一种媒体难以企及的,因此,今天无论哪一种传统媒体,都将借助互联网平台扩大新闻报道的影响力。

基于此,在高等院校新闻传播专业中开设网络新闻教学课程将是一种逻辑必然。而高职教育的一个重要目标是培养社会各行业所需的高技能人才。这种人才的特点不仅体现其能胜任本岗位工作,还能熟知和掌握工作的全部流程。依据这两点要求,我们的课程设置和教材选用就必须围绕它来进行。

就教材而言,由于高职教育尚处于不断探索完善阶段,基本或大部分沿用传统的教材模式成为既定的选择。尽管许多人做了一定的改革,但是从本体论到方法论的传统教学的思路仍是编写教材的逻辑线条,一门课程各环节的知识点就是通过这一逻辑线条循序渐进地连缀和展开的,基本与行业的工作背景绝缘。这种模式对早期以传授理性和知识为主的精英式教育而言的确无可厚非,然而当高等教育的对象从精英转向大众,当大众教育乃至职业教育愈加成为当今高等教育的主流,当技能教育必须以浓厚的行业工作背景为前提,这种模式定然受到挑战甚至有被颠覆之虞。

依据这一变革背景,我们萌发了编写本书的愿望,力图以高职教育培养人才的要求为出发点,撰写出适合新闻传媒专业的相关教材——《网络新闻实务》。这一教材将以网络新闻传播的特殊规律和记者、编辑的岗位流程和能力的训练来展开,使学生在学习该门课程的同时,也掌握了网络新闻实操的全部过程,无异于在职业岗位上完整地轮转了一次。其中,岗位流程的内容编写,我们将依照湖南铁道职业技术学院的"工作过程导向的课程体系开发内容"为范式,引导学生了解和掌握各工作环节的内容和程序、知识面和非知识面、实操和经验等,确保学生在学完该门课程后,就是一个岗位熟手。

本书由廖建国任主编,周晨芳任副主编。其中,廖建国编写4个部分:绪论、岗位任务2网络新闻写作、岗位任务3网络新闻编辑、岗位任务5网络新闻评论;周晨芳编写了岗位任务1网络新闻采访、岗位任务4网络专题制作及岗位任务2的部分内容。

　　由于互联网发展迅猛,任何理论和实操都会滞后,加上编写者水平有限,教材难免出现种种不足,还望业内人士批评指正。

　　本书获得了福建商业高等专科学校的资金支持,得以顺利出版,特此鸣谢!

廖建国

2011 年 10 月

目 录

0 绪 论

计算机是互联网的一个重要载体。当它面世后,美国斯坦福大学计算机系资深教授、同时也是 Intel 芯片的创始人摩尔于 1965 年就曾预言,计算机的计算能力每两年增加一倍。起初这个预言以非常准确的速率行进着,然而,这个发展速度在 2000 年出现了一个拐点,这个节点就是互联网的出现。

0.1 互联网的特点

计算机的运算速度和内存功能不断增强,而互联网也以十分迅猛的势头从 2000 年的第一代发展至如今的第三代、第四代。现今如果一台计算机不能上网,那就等于一台打字机,充其量为一台超级打字机。离开了互联网,计算机没有什么实际意义。所以,今天的计算机意味着互联网下的计算机,这就是拐点带来的意义。

互联网是一个巨大的信息库,其容量相当于一本巨大的百科全书,人们想要获得的许多信息都可以从互联网上得到。当然,在这个巨大的信息库中,新闻信息则一马当先,它几乎是各家网站的天然界面。打开计算机,首先映入眼帘的基本是新闻消息。由于它的传播载体有别于以往的报纸、广播、电视,有人将其称之为新兴媒体。与传统的媒体相比较,它体现了以下特点:

1

0.1.1　即时性

新闻报道追求的是第一时间将消息公之于众。如今互联网新闻信息发布的速度和即时性较之于报纸、广播、电视等媒体更高、更快已是不争的事实,这得益于互联网的传输程序和速度的高效化。虽然在即时性上,电视的现场直播可以与之相比,但电视直播又因为接收终端(电视机)的固定性,使得它缺少便携式计算机的灵活程度,因而其即时性又受到一定的制约。由于占据了快捷的优势,互联网对受众的影响力必然大大超过传统媒体,因此出现了这样一个有趣的现象,传统媒体也纷纷建立自己的网站,力图夺回被互联网不断蚕食的阵地,如今更有广播、电视、网络三网合一的趋势。当然,这一切都是由于互联网发展的强势所致,甚至可以说是建立在以互联网为核心的基础上。

0.1.2　海量性

信息集纳的广度与深度形成网络新闻的海量性。互联网的新闻信息可谓"取之不尽,用之不竭"。互联网容量巨大,可以根据需要对各行各业的新闻事件进行大量报道,不受版面和时间的限制,大大丰富了人们信息量。而且互联网对新闻报道的相关资料保存容量巨大,由于对数字技术的采用,网络媒体不仅可以横向集纳各种新闻信息,还能纵向保存历史新闻信息。随着时间的推移,可以将同一事件的相关信息归纳、分类,形成了解事件全貌且便于检索的新闻专辑,然后分期、分批地将重要资料以数据库形式存储,人们可以很容易地查询到一个事件的全部报道和相关历史资料。

0.1.3　互动性

互联网天生就是为互动做准备的。如今没有任何一个媒体的互动能力超过互联网。由互联网派生出的博客、论坛到当下时兴的微博,人人皆可参与,网络已被称为社交媒体。微博的兴起,更出现了"人人都是通讯社"的局面,以"姚晨新浪微博"为例,其粉丝量就有8 000多万人,是国内影响力排名前列的都市报——《南方都市报》日发行量的40多倍。

0.1.4　滚动性

网络新闻的一个重要特点是新闻的滚动性。世界上著名的报纸如《人民日报》《纽约时报》《华盛顿邮报》等,差不多都是每隔一小时就更新新闻内容。没有任何商业像网络新闻传播那样超越空间和时间,网络新闻传播是 24 小时不间断的、无国界的。网络新闻的诱惑力不是靠报纸头版耸人听闻和刺激眼球的大标题,也非杂志封面的俊男美女,它依靠的是内容的不断翻新和时效优势。

0.1.5 多维性

传统媒体以单一形式传播新闻,如报纸以纸质文本、广播以声音、电视以图像,而互联网却以综合了传统媒体的各种方式传播新闻消息,文本、声音、视觉图像悉数被应用。当然,互联网的多维传播也非一步到位,早期的互联网也是以单一的文本形式传播,人们在互联网上只能传送文字和数据,但是短短的数年时间,网络的传播方式就发生了翻天覆地的变化,如今文本已让位于多技术融合的传播形式。虽然一开始网络似乎只是对传统的表征空间略作改变,为其所用,但是现在它创造了一种新的视觉体验模式。在许多网站上,访问者只有在其鼠标移动到某一特殊的位置上时,才能进入某些空间,应当说这种模式是与现今被人们称之为视觉时代互成因果、互为表里的。

0.1.6 链接性

传统媒体传播新闻也有背景和相关新闻的链接,但它们的链接多为单一和有限的链接,这受制于传统媒体的空间、时间的规定。报纸不能超出规定的版面,电视、广播不能超出规定的播放时间。互联网冲破了这一制约,虽然其当下阅读的界面并没有显现出自身的优势,但是隐藏在界面后的信息链却是以原子裂变的方式不断呈现,只需访问者的鼠标轻点一下,大量的相关信息和新闻背景便会源源不断地显现于前。即便有一些被认为是"漏网之鱼"没有纳入链接中的信息,互联网强大的搜索引擎也可以帮助用户将所需的信息"一网打尽"。搜索引擎就好比为这部巨大的百科全书安上了可供查找的目录,完全改变了人们使用互联网的概念。因此有人认为,搜索引擎的出现是互联网发展三个重要阶段中第二阶段的里程碑。

0.1.7 可选性

互联网是一部体量巨大的百科全书,世间的信息几乎无不包含在内,这样就为读者提供了可以选择浏览阅读的可能,也就是说访问者可以选取他们想看的,略过他们不想看的,尽管网络编辑以他的意图编辑了网络新闻信息。而报纸、广播、电视就没有可选性,一切的安排均由编辑、记者、摄像师、摄影师、广播员、主持人完成,读者、听众、观众只有根据他们的安排看到或听到一些新闻,获取信息是被动的。互联网改变了这种现状,将网民变成了主动受众,这个主动不仅变现为可自由灵活的选取信息,还可以进行互动。无疑,它是进步的趋势。

0.1.8 广众性

据最新统计,截至 2016 年年底,全球的互联网用户数超过 30 亿,而中国互联网用户高达 7.31 亿,互联网普及率为 53.2%。使用互联网的用户往往会形成这样一个认识:他们获取新闻信息的首选就是网络,而不是广播、电视和报纸。当然以全世界 70 多亿人口为参照,这个数字或许还不能说明互联网是受众最广的媒体,报纸因为其价廉简便仍拥有相当多的受众,电视也因其凸显了综合性和收视的便利而拥护者甚多。但是随着网络的普及和成本的下降,更多的人愿意使用互联网而非报纸、电视。网络派生出来的博客、微博、微信等新形式的信息交流途径,更是把大众直接带进了网络媒体传播。值得一提的是,手机是目前市场占有率最高的电子媒介。而现今计算机与手机融合已经将电子媒介的融合体现得非常深远,一部手机 90% 的功能体现为网络的功能,也就相当于一台袖珍型计算机。互联网通过这种融合无疑获得了最广泛的受众。

0.1.9 无阻碍性

互联网是人类有史以来发展最快的传播手段。信息和新闻在中国的传播已经进入了一个崭新阶段——全球传播阶段,进入了一个地球村。在这个共同生活的"村落"没有什么资讯和消息可以被遮蔽、掩盖或隐瞒。即便有些消息被人为地阻隔封锁,但互联网总能以自己的方式将消息传送,这已是不争的事实。微软大腕比尔·盖茨对互联网的限制给了这样一个幽默的回答:最有效的控制互联网信息的自由流通方式,是给每一台计算机派一个警察站立在一旁监控。互联网出现的意义已经超出了单纯的技术范围,国内一位学者认为,网络信息的流通将在中国率先形成一个民主圈子,并有效地推进新闻体制甚至政治体制的改革,互联网将深刻改变中国社会。

0.2 互联网的发展现状和未来趋势

借助网络的平台,互联网发展至今已经产生了好几种信息交流模式。首先,它已将传统媒体完整嫁接到自身系统,在线收听和在线收看使其实现了广播和电视的功能;其次,除门户网站本身具有的信息发布功能外,其他网络平台的运用已经占据越来越重要的位置,如搜索引擎、即时通信、微博、论坛等。

其中特别值得一提的是微博和微信,它们的兴起对传统的新闻业产生了巨大的影响。据调查,中国媒体从业者90%使用微博,其中1/3的人每天使用,他们通常在微博上寻找有价值的信息资源,与同行交流互动。有趣的是,如今不仅媒体工作者大量使用微博、微信这些互联网新形式,就连警察办案也利用了微博、微信。他们在上面发布案情信息,然后利用网民提供的信息来获取线索。

更多的中小企业则开始使用微博、微信公众平台来与顾客沟通互动,维护品牌形象,维系消费黏度。微博作为一种新兴的Web2.0网络产品,与博客、论坛相比,有其独特的优势。微博可以把图片、视频、文本和传统内容融合处理,通过互动建立"联系"、生成"意义"。微信是腾讯公司推出的手机即时通信社交平台,目前超过9亿人使用,支持发送语音短信、视频、图片和文字,也可以群聊,仅耗少量流量,适合大部分智能手机。微信公众平台是在微信的基础上新增的功能模块,通过这一平台,个人和企业都可以打造一个微信公众号,并实现和特定群体的文字、图片、语音的全方位沟通、互动。微信公众平台可以通过美基营销代认证,认证之后有二维码订阅、消息推送、品牌传播等特色功能,是企业进行营销推广的有效手段。近年来,微博、社交网站及论坛等互联网应用使用率有所下降,而类似即时通信等以社交为基础的平台应用,如QQ、微信等发展稳定。移动即时通信发展迅速的原因,一方面由于即时通信与手机通信的契合度较高;另一方面是由于在社交关系的基础之上,增加了信息分享、交流沟通,甚至支付、金融等应用,极大地强化了用户黏性。

经由微博、微信发生的信息传播活动相比传统新闻活动在很多方面都有所不同。从组织架构的层面看,微博使专业新闻机构和从业人员不再是信息传播活动中不可或缺的把关者,社区的人际传播代替了大众传播,成为新闻活动的新形态。从新闻传播过程看,传播速度、承载的内容量以及信息的种类都较传统新闻活动有了质的飞跃,使大众随时随地发布和获取世界各地的信息成为可能。从新闻的话语形态看,解构中心叙事,个性化、碎片化的话语成为新的新闻叙事方式,而传播伦理将成为未来"微博化新闻业"的一个重要议题。

那么互联网发展的前景又将会是怎样的呢? 这是一个值得关注的有趣问题。有专家对互联网发展的第三阶段预测为 Web3.0,它同样具有里程碑似的意义。那么什么是 Web3.0 呢? "Web 3.0"一词包含多层含义,用来概括互联网发展过程中可能出现的各种不同的方向和特征,包括将互联网本身转化为一个泛型数据库;跨浏览器、超浏览器的内容投递和请求机制;人工智能技术的运用;语义网;地理映射网;运用 3D 技术搭建的网站,甚至虚拟世界或网络公国等。在互联网飞速发展的背景下,网络价值的增速等于用户数量的平方,这是信息技术的一个新定义,它意味着,互联网的开发还只是处于初级阶段,远远没有达到尽头,物联网才是未来的方向。世界上所有资源包括日常生活都可以通过物联网涵盖,这是计算机发展的方向和真正意义所在。由此,互联网上的新闻信息传播也将进入物联网时代。

0.3　网络新闻所要掌握的几项基本技能

不管是当前的互联网时代还是未来的物联网时代,一个严格意义上的媒体传播还必须遵循策划、采访、撰写、编辑等基本程序,不管互联网具有多大的优势,作为网络新闻传播的记者、编辑还必须完全熟稔这些程序,掌握每一程序的基本技能。因此,学习网络新闻必须从传统的媒体记者和编辑的基本技能学起。

0.3.1　网络新闻的采访能力

网络采访的应用性比较强,网络新闻记者同样需要像其他媒体记者一样亲力亲为,到社会的各个领域去采集信息,沟通交流。当然网络采访也有自身一些特点,它可利用网络本体进行邮件采访、QQ 采访、网络电话采访和论坛采访。在采用这些方式时,网络记者不像实地采访需直面受访对象,而是以电子文本方式传输,带有一定虚拟性,但这只是形式的变换,并不影响网络采访者作为记者应具备良好的沟通交流能力。

视频图像如今占据网络越来越重要的位置,网络采访就不能以单一的语言文字形式完成,有时需相机和摄像机辅助进行,因此,网络记者还必须学会面对镜头、选取镜像、构造画面,这些技能是现今网络多维度特点对网络记者提出的基本要求。

0.3.2　网络新闻的撰写能力

网络新闻写作与传统媒体的新闻稿写作没有太大的区别,记者对采集回来的信息进行整理、归纳,选取角度,撰写成文。但现今网络记者或编辑应当具有跨媒体的写作能力,既能撰写平面媒体的新闻稿,又能撰写视频图像的新闻稿。两种媒体文稿不同点在于,前者是作为完整的新闻稿来谋篇布局进行写作;后者则表现为对文稿的辅助作用或互文性,其写作过程始终处在既受视频和图像制约又超越它的状态,形式上非一篇完整文章。在一个讲求效益、注重成本核算的互联网站,对记者、编辑文稿写作方向和领域或许不会有太精细的分工,网络新闻记者、编辑就应当学会不同媒体的文稿写作能力,以适应行业的要求。

0.3.3　网络新闻的编辑能力

早期网络新闻编辑类似报纸版面的编排,主要着重文字的阅读效果,比如重大新闻标题设计、消息先后的排序,至多配上一些辅助性图片。区别只在一个是电子文本传播,另一个则是纸质文本传播。

随着互联网的不断发展,今天的网络编辑概念已不同以往,编辑网络新闻是一种综合能力的体现。作为一个网络编辑,不但应具有文字编排能力,还应具备视频和音频的编辑能力。首先,在内容方面,强调网络编辑的整合能力和鉴别能力。整合能力是对网络新闻从业者的一个全新的要求,整合是为了提升新闻的完整性,也是体现网络海量信息优势的一种应用。整合能力要求网络新闻从业者需具备在海量的相关信息中快速挑选、整合、包装的能力。鉴别能力则是对网络新闻从业者的另一个重要考验。同一事件,在网络海量的信息中充斥各种各样的来源和说法,有些说法甚至南辕北辙,这就需要编辑具备较强的信息鉴别能力。鉴别的办法一般是根据信息源可信度的高低判断,同时再辅之不同观点说法的信息比例、信息中是否存在自相矛盾的地方等鉴别方式。其次,在形式方面,网络编辑是一个跨媒体的多面手。网络上 3Dmark、Flash 等计算机技术的运用无疑会加强网络新闻的视觉效果,更吸引上网者的眼球,一个优秀网络编辑还应涉足其中,学会相关技能,至少知晓这些计算机技术在网络新闻视觉上所产生的作用,适当加以应用。

0.3.4　网络新闻记者、编辑的职业素养

除上述几个基本技能之外,一个优秀的网络新闻工作者还应具备这几项条件:职业道德、文化修养、专业直觉、执着勤奋等,这些条件构成了网络新闻记者、编辑职业素养的内涵。

职业道德是指网络新闻工作者应遵循的行规和社会良知;文化修养则要求网络新闻工作者应广泛涉猎各种知识领域,培育科学精神,修炼文学艺术气质;专业直觉来自网络新闻工作者丰富行业经验所形成的判别能力,这种能力常常对作新闻决定时起主导的作用;执着勤奋是新闻工作者意志品质的体现。一条好新闻无不渗透着记者、编辑的辛勤和汗水,有时甚至是生命的代价,这在中外新闻史上已有了许多先例。这些职业素养的练就绝非一蹴而就,也不像某些技能通过短期培训就可达到,往往需要经过长期甚至是整个职业生涯的艰苦学习和历练。

总之,由于互联网新闻具有多维度的特点和优势,网络新闻工作者就不可避免地要熟知和掌握这些优势,将这些优势转化为优质的新闻报道,才能在日益激烈的媒体市场竞争中始终立于不败之地。

0.4　网络新闻记者、编辑岗位工作任务的 4 大步骤

从新闻事件的发生到新闻消息通过网络媒体播报,在这个工作任务期间有一个完整的操作流程。为了学习方便,本书将在下面的章节中解构这个工作流程,逐一加以剖析,以便更好地学习和掌握这项工作任务中的各个步骤,以及每一步骤中各个环节的技能和素养。

首先应当了解的是,从新闻事件的发生到新闻报道通过媒体播报这个过程都有哪几个重要步骤,请看图 0.1 网络新闻报道的工作流程图。

(发生新闻事件起)采访—新闻稿撰写—编辑—上网

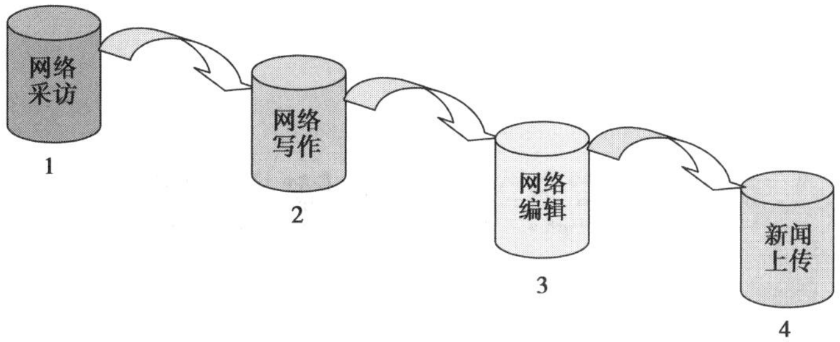

图 0.1　网络新闻报道的工作流程图

实际上,这个流程中的 1,2,3 环节是记者、编辑最主要的工作任务,至于新闻事件的发生只能依托社会(当然媒体也可以策划出新闻,这一点本书将专门辟出一个章节来讲,避免影响工作流程的完整性和对新闻的误解),而最后一个环节则交给网络技术人员来完成。下面的任务是分解前 3 个环节在工作过程中各自的要领。

说明:完成这个流程绝非记者或编辑单打独斗就可胜任,需要团队协作。当然最主要的是记者与编辑的密切配合,各自在不同的工作步骤和环节中担当主角。比如,采访和写作环节是记者主要的工作任务,而编辑、策划则成了编辑的主要职责。这里讲的策划是指编辑根据媒体自身的宣传需要和目的,而要求记者提供相关类型的新闻。

团队协作的另一个意义是指,有时一条新闻的采写会由两个或两个以上的记者共同完成,这是因为采访的面大、点多、时间紧迫,单凭一个记者无法胜任,于是会经常看到一条新闻有多位作者的署名;同样有时编辑一条新闻也非编辑一人的工作,需要记者与之共同完成。

岗位任务1 网络新闻采访

1.1 网络新闻的特色

在办公室或在家就能采访到自己想采访的对象,这在多年前还是想都不敢想的事情,而这一切都得益于网络的飞速发展。

网络的出现使新闻记者大受其益,比如外出采访成稿后可以通过电子邮件、聊天软件将稿件迅速传回,这种传输方式方便、快捷、安全,而且交互性强,费用低。随着网络的普及,记者在更多的时候足不出户即可通过网络完成特定的采访。

网络媒体的特性,使网络媒体的新闻活动呈现自己的特色。

1.1.1 采集方式多样性

通常,报社记者主要采写文字和图片,只要带上纸、笔和照相机就可以开展工作,一些报社还配有专门的摄影记者,文字记者只要完成文字采写任务就可以了。报社记者有时也会现场录音,但多半是为整理谈话内容,不是必需的工具。广播记者是"带话筒的人",他们的主要任务是采录音频。电视记者既要采集声音,又要采集影像,因此电视记者的采集工具是话筒和摄像机。

由于网络的多媒体性,集文字、图像、音频、视频等多元素为一体,这就要求网络记者成为"十八般武艺齐全"的新闻"特种部队"。网络采访的网络工具主要包括硬件和软件,前者包括计算机和与其相连的其他使网络运行的硬件设施,软件包括文字、图像、音频、视频、表格的接收和处理软件,电子邮件、BBS、聊天工具以及搜索引擎,等等。在软硬件齐备的前提下,网络记者可以实现虚拟网络世界里人与新闻要素的接触,完成新闻线索的搜索、采集和对新闻事件及人物的采访,并在此基础上完成新闻稿件及其传输工作,从而彻底实现新闻采写的无纸化办公。因为采访工具的高度数字化,这就要求网络记者必须熟悉网络环境,熟练掌握网络采访所必需的软件的应用,所以,网络记者除了像传统记者一样要有新闻敏感性和较高的写作能力外,还必须用网络"武装"自己,使自己在网络方面能有"一技之长"。网络记者应当掌握各种新闻采集方式,既要有印刷媒体记者的采写基本功,又要会采录、制作音频、视频新闻,还要会用数码传输设备将采集到的新闻传回网站。此外,还要根据网络新闻表现形式的需要,灵活地选择使用采集工具、编辑软件为报道服务。这既是对新闻采访技能的要求,也是对记者各项综合素质的挑战。

1.1.2　更强的时效性

网络媒体由于传播及时迅速,且 24 小时滚动更新,在新闻时效性方面具有极大优势,这在对突发事件的报道中尤为突出。与此相适应的,网络记者势必应具备极强的快速反应能力,才能适应网络媒体的工作环境,在激烈的竞争中立于不败之地。

另外,网络采访的数字化使采访突破了空间限制,从理论上讲,网络采访可以使采访范围扩大到全球。事实上,很多媒体已经开始利用网络采访发生在全球角角落落的事件,这些采访有的是和朋友联系,有的是直接采访当事人,有的则是进入当地一些聊天室与当地人进行聊天式的采访。如 2006 年 4 月《沂蒙晚报》刊发一则报道《爱上血管瘤女孩我无怨无悔》,该采访完全是通过网络,记者在西祠胡同发现故事线索,通过 QQ 与故事主人公取得联系,随后通过 QQ 完成了对当事人的采访。

全球联网除了使本来不可能实现的采访成为可能外,还使采访速度空前提高,使采访更加便捷——利用传统的采访方式可以解决的采访,在网络记者手里可以使采访变得更及时。如新华社记者熊蕾曾利用电子邮件在一周之内采访了美国、英国、日本、瑞士、加拿大等国的 10 位科学家。在采访过程中,有的采访对象当天就回了信,由此次采访而写成的报道后来被刊登在美国的《科学》杂志上。从这一点来讲,网络采访的速度和采访范围是传统新闻采访难以企及的。

1.1.3　采写的交互性

在传统媒体中,纸质媒体与受众的交互性较弱,多是通过读者来信或来电、媒体调查等形式实现;广播、电视媒体与受众的联络往往通过听众热线、观众热线等形式,近年广播电视也开始借助网络和手机与受众互动,但还是规模有限,无法完全推广普及。相比之下,网络媒体具有天然优势,凭借论坛、聊天软件、电子邮件、网络留言板、微博等实时交互的工具,以文字、图像、声音等形式打破了传统的交流局限。作为网络记者,有更多机会通过网络通信工具与网民联络,特别是实时联络,接受受众反馈,这一点是传统媒体记者望尘莫及的。

网络记者可以在现场采访,通过视频、语音与网民直接"对话"可能成为未来网络采访活动的亮点。网络记者一边"生产"新闻,一边与新闻的"消费者"——网民进行交流、对话,接受反馈,了解受众对新闻还有哪些需求,从而调整自己的新闻采写活动。

1.1.4　采访资源的丰富性

网络采访,是利用各种网络手段来完成一个报道中的部分采访或全部采访。

通过互联网可以实现资料检索和数据查询的全球共享,检索方便、及时,不受时间、地点和文本的限制。这使记者、编辑在运用新闻背景资料等方面更及时、高效。掌握了上网检索的记者和编辑,实际上拥有了一个数字图书馆。运用某些功能强大的搜索工具(如搜索引擎等),记者可在这一数字化图书馆中方便地检索到某一题材的背景资料,快速获得所要的新闻资源;可对数据进行更深入的挖掘。这一特点在实际中应用广泛,记者既可以在网络中寻找新闻线索,也可以查找背景资料作为报道的依据。尤其在深度报道中,网络上大量的资料(特别是以往媒体的报道)能够在隐性新闻报道中为其提供丰富、翔实的依据,甚至在查找资料的过程中就可以找到新闻线索。

比如,一位年轻记者从《北京晚报》上看到一条消息,说德国人巴蒂斯所收集的有关南京大屠杀的一些资料存放在耶鲁大学神学院,于是他通过雅虎找到了这些资料,并发现了一个专门上传巴蒂斯手记原文的站点。这位记者通过邮件与该网站联系,第二天便获得了所需信息。

其实,利用网络采访是互联网派生出来的一种新的新闻采访手段,不仅网络媒体可以运用,传统媒体的新闻报道也可大量运用。互联网先进的技术手段,使网络采访具有不少传统采访不具备的好处和优势。

总之,网络采访不但包括传统媒体采访的方法,还包括充分利用网络这个跨越时空的虚拟空间,按照新闻传播的需要进行新闻素材收集和调查研究活动。

1.2　网络采访前的准备

1.2.1　明确报道思想

报道思想,就是报道的目的,包括体现和达到这一目的的范围、内容、方法等。主要是解决应该报道什么,不应该报道什么;应该怎样报道,不应该怎样报道的问题。

无论是传统采访还是网络采访,首先必须明确自己的报道思想。根据报道思想,记者才能制订合适的采访计划并收集线索和信息。而且,同样的事件,记者的报道思想不同,采写出来的新闻也不尽相同,甚至有优劣之分。

请看下面的例子:2011 年 5 月 24 日新华网头条(图 1.1)。

图 1.1　新华网头条

百姓口粮怎么总成富人点心

2011 年 05 月 24 日 07:32:43　　来源:人民日报

近期保障房骗购骗租乱象频发。

保障性住房是政府为解决中低收入家庭的住房困难、实现社会公平公正的有效举措。然而,近期一些地方屡现保障房"被骗购""被团购""被倒卖牟利"等乱象,原本分给中低收入群体的"口粮"成了某些富贵人士的"点心",这让政府的公信力面临了新的考验。

多数地方的保障房申请主要遵循"三审两公示"程序,在制订分配方案时不可谓不细致、不周到,然而为何还有如此多恬不知耻的骗购、骗租等行为发生呢?

究其根本,还在于惩处乏力和监督缺位。

以深圳为例:在通过《深圳市保障性住房条例(修正草案)》前,对保障房申请造假者的处罚仅仅是罚金 5 000 元、3 年内不准再申请。比起骗购后获取的高额"回报",这点力度的处罚很难让他们长记性、下不为例,更难以抑制后来者蠢蠢欲动的效尤之心。政府在加大保障房建设的同时,还应及时加大对保障房分配过程中的违规行为的处罚力度和监管力度。同时,还应该让法律给保障房分配配上紧箍咒。即便提高罚金额度、延长禁止申请的年限,想让家底丰厚的"骗保"者彻底死心,仅靠行政处罚,恐怕仍很困难。弄虚作假骗取保障房,已不仅仅是道德问题,还是涉嫌诈骗犯罪的违法行为,应移交司法机关处理。

此外,除了推进保障房申请信息的公开透明外,还要创造条件,使分配过程阳光透明、举报渠道畅通无阻。缺少外部监督,"监守自盗"行为就难以防范,相关人员从中分一杯羹的可能性自然大大提高,为民解忧的德政则容易变成权力寻租的新空间。既然与社会公众的利益密切相关,就应当引入群众的眼睛,形成全社会共同参与和维护的保障房监督防范体系。倘若每一套保障房的分配与使用都在众目睽睽下进行,违规操作怎么能遁其影形、屡屡得逞呢?

类似事件总是发生,背后往往有机制性的问题。建立有效的监督机制,依法严管,已是当务之急。(黄晓慧)

这则新闻评论捕捉到事关百姓切身利益的保障房骗购骗租乱象,并犀利地指出违规操作背后存在的机制性问题,透过现象抓本质,对有关部门提出建议。

同时,这条新闻评论还配发《网曝保障房三大乱象》《被骗购、被团购、被倒卖》《保障房不能成为"翻版福利房"》《保障房该保障谁》《保障房分配的"四大难"》《如何"破局"》等系列新闻、评论,形成小专题,深入、全面、及时地反映这个主题。

又如2014年2月14日温州新闻网"网上诚信馆　道德新标杆——谢岩斌千里还债　温州城诚信接力"的专题。从温州商人谢岩斌千里南下归还17年前欠下的18万元债务的诚信故事作为引子,发动网民寻找身边诚信故事,借鉴博物馆概念,通过"网上诚信馆"进行集中展示,并提供点赞等互动功能,让身边的诚信故事更具传播性和示范效应,由此推动核心价值观在温州的落地传播(图1.2)。这对经历"老板跑路"风波和正处市场经济快速转型的温州来说,显得尤为珍贵。"网上诚信馆"也成了温州民间的"道德银行"。整个报道的策划和采编贯穿全年。

图1.2　温州新闻网"网上诚信馆　道德新标杆"专题

该专题引发超百万人点赞,传播效果显著。作品从年初温州商人谢岩斌千里还债开始,之后策划"网上诚信馆""诚信测试题""点赞诚信——寻找身边信用故事"等10多项活动和报道,收集了100多个诚信故事、征集100多名诚信使者,创作100多幅诚信漫画。年终又对诚信事件进行盘点,用图表形式展现。从一个商人还债开始,引发一座城市的群体效应。报道贯穿全年,一年共刊发稿件100多篇,收获点赞150多万次,专题总访问量260多万人次。

通过线上、线下联动,社会推动效果显著。实现报道和活动联动、媒体和政府互动,有力推动了温州各级政府的信用建设。温州在全国率先出台了"个人信用评估体系""公务员信用档案"等信用建设管理制度,为温州创建全国质量示范城市和全国文明城市提供了鲜活案例,有效推动了社会主义核心价值观的落地传播,为"人民有信仰、民族有希望、国家有力量"的精神文明聚集了道德正能量,为社会树立一座永不闭馆的网络"道德博物馆"。

明确报道思想主要有以下几条途径:

①认真学习党的文件,及时了解党的方针、政策,掌握总的形势,懂得党的工作重点。

②研究各级政府部门的各种文件、简报,联系相关的主管单位,及时了解各方面的情况,找出目前较为普遍的、带有倾向性的问题。

③了解实际工作中领导和群众普遍关心的问题。

④了解人民群众学习、生活的各种情况,了解他们的愿望、意见、兴趣、要求,了解整个社会的道德风尚,等等。

⑤在采访过程中不断明确报道思想。

近段时间,国家对各类食品安全问题十分重视,各地纷纷查处了一些食品安全事件,如果让你采访这类新闻,你要从哪些方面着手?

1.2.2 寻找新闻线索

新闻线索是提示新闻的简明信息或信号。它提醒记者哪里可能已经、正在或即将发生新闻,从而促发记者的新闻敏感,减少采访的盲目性。

传统的新闻线索获取方式,主要依赖于新闻工作者或新闻机构自己建立的消息来源系统,以及向社会群众开设的"新闻热线电话"。包括通过自己耳闻目睹获取;从其他媒体报道的新闻中发现,二次开发;新闻线人或受众提供;有关方针、政策的启发,等等。

互联网出现后,新闻工作者获取报道线索的渠道进一步扩大到网络。

1)从网上"抢"到报道某新闻的主动权

时效性是新闻价值要素中最为突出的一个,因此,迅速、及时地报道新闻事件,"抢"到报道主动权,无疑是目前处于激烈竞争中的新闻媒体的一条取胜之道。

由于商业门户网站的崛起和传统媒体的网络化,目前国内外各大通讯社、各种媒体都有自己的网站。记者和编辑可以及时看到世界各地和国内各地方当天的最新信息,并从中"抢"到一些独特的信息。

除了专业的新闻机构和网站利用互联网发布自己采制的新闻,一些网民也加入了新闻发布者的行列,这就为新闻工作者从网上"抢"新闻提供了另一种可能性。在一些突发新闻中,很多专业电视台、网站视频记者无法取得第一手素材,网民利用手机、DV等设备拍摄现场视频,上传到优酷视频分享栏目或自己的博客上,几乎用直播的方式"报道"突发事件现场,其中许多被专业电视台或大型网站报道相关专题时直接采用。又如,在北京高安屯与广州番禺的垃圾焚烧发电争议中,小区的部分居民体现了相当专业的环境公民记者的素养,独立调查垃圾焚烧发电选址及产生"二噁英"的污染,完成具有调查性报道性质的报告,并通过社区论坛予以发布,引用文献资料以凸显其环境风险论述的科学性与专业性等。

可见,借助网络的帮助,新闻工作者可以"抢"到更多报道线索,赢得竞争主动权。

2)对网上各种来源的信息进行整合

在信息时代,互联网造成的地球村,传统的"独家新闻"面临考验,对新闻的整合、加工、诠释正成为网络环境下各媒体新闻报道的一种常见做法。

以报纸为例,从越来越常见的"本报综合报道"、背景资料链接以及不惜篇幅的专题报道、深度报道中,都可以看到网上信息在其中所起的作用。

3)从网上零星信息出发,挖掘背后隐藏的新闻

网络信息系统为新闻工作者提供了进一步采访和挖掘的机会。新闻工作者在网上看到一条由某新闻机构报道或仅在网上流传的简短消息后,经过一番追溯,就可能报道出一条很有价值的新闻"大鱼"。

另外,互联网作为舆论集散地,网上流传各种信息,网民在一段时间的兴奋点或信息焦点,也常常可以成为媒体报道的对象。

1.2.3 作好采访准备

拟订采访计划,应明确网络采访大致的步骤、与访问对象的联系方式及可能采用的技术手段,并设想一下题材、篇幅、采写周期等。

1）确定采访主题

一般记者进行采访之前已经确定好了采访主题,而记者需要做的就是围绕主题进行相关背景调查,快速查阅资料,做到心中有底。虽然记者不可能是专家,但可以借着快速充电成为半个专家,否则贸然去采访,轻则问不到点上,重则采访失败。

2）熟悉被采访人资料

举例来说,假如采访的是某个事件的某个人,那么需要了解这个人曾经发生过什么样的事情,并对其做一个全面调查,比如他的工作经历、读过什么样的学校、有着怎样的性格、办事风格是什么、最近他发生了什么样的事情……需要说明的是,也许有些资料对记者来说可能根本就用不上,但也很难说,其实采访的过程就跟上战场一样,也讲究知己知彼,百战不殆。

获取采访对象的资料除了传统的方式外,也别忘了互联网这个庞大的资料库。通过相关网站、搜索引擎、网上数据库、网上图书馆、网上工具书等可以方便快速地查阅相关信息。

比如,某著名企业最近发生重大人事变动,出于报道的需要,记者除了约见有关人员进行采访外,也可以进入该公司的网站,了解公司成立时间、公司大事记、公司股权结构等背景,观察公司网站上是否出现与人事变动有关的一些内容,还可通过电子论坛观察有关人群对这个事件的反应。

3）深入了解采访背景

如果采访的是一个事件,那么同样需要对事件先做一番调查。如何调查?这需要调阅大量的资料,同时,要将各个媒体从不同角度进行的采访和报道做个总结,掌握其他媒体的报道已达到的广度和深度。同时,还需要了解网络舆论、网络小道消息,帮助自己印证已掌握的情况,更好地把握事态进展。

做到事件烂熟于心,而且需要将事件里各人物之间的关系弄明白、弄清楚,然后站近了看、站远了看,是不是还缺少一些东西,是不是还有不明白的地方。而这些不明白的地方,就是本次采访时要提问的地方。

4）整理线索

通过对被采访人和采访事件的了解,整理出已经成型的一些观点和看法,以及还未成型的观点,寻找本次采访线索,也即突破口。

5）设计问题

通过对人和事件的了解以及对线索的整理,进行问题的设计。需要说明的是,问题的设计是需要环环紧扣的,它们之间并不是分散的关系,采访就是一条流水线,记者需要做的是沿着这条流水线向下走。什么称为向下? 就是深入挖掘事件的本质,尽力想办法让事件的参与人告诉人们事件的本来面目是什么,记者想收到什么样的效果。报道要让读者读完之后也觉得还是有所收获的,如果读者看完之后觉得不知所云,证明本次采访从源头上已经失败了,主要在于问题设计得不合理。

6)罗列问题

将问题设计好之后就可以在纸上罗列问题了,问题一定是围绕采访主题的,且同类型的问题要整合在一起,按照一定的逻辑顺序来提问。罗列完之后,需要再看一遍采访提纲是否有漏洞。

7)其他

以上都是采访前的准备工作,关键在于采访过程。在采访过程中,会发现有时候采访对象并不像想象中的那样沿着记者思路走下去,那怎么办? 可以沿采访对象的思路来采访。记者需要把握的是采访主题不发生偏移,同时还要注意在采访过程中发现线索,可能这是在采访前期的准备时并没有发现的线索,别的媒体也没有提及,而此时采访对象说了出来,就需要紧追不放,在完成新闻采访主题的同时,还拿到了别人之前没有注意到的新闻。

1.3　网络资源的利用

1.3.1　搜索引擎的利用

搜索引擎能根据用户输入的检索对象,将所有相关网页及网页上可找到的信息都列出。目前常用的搜索引擎有百度、搜搜、爱问、维基百科、搜狗等。

1)信息查找

由于搜索引擎在获取信息的过程中扮演重要角色,所以需要学会有效使用它。有效、充分地搜索需要遵循一些基本规则:

(1)想清楚需要查询的到底是什么

比如想知道去年我国大学生毕业生的数量,就不同于想知道大学生到哪里就业或者大学生的入学率。查询会因想达到的目的不同而有所区别,这是在搜索前首先要明确的。

接着,去信息应该在的地方查找,有些信息可以不用搜索引擎来查找。在使用搜索引擎搜索之前,应该先花几秒钟想一下,要找的信息网上可能有吗?如果有,可能在哪里?

(2)得到什么答案,取决于怎么提问

问题决定答案,如果答案不令人满意,那么就需要换个问题。

用来调节搜索范围的方法之一,是提问的语言。如果用一个特殊关键词没有发现足够的信息,就会转向概念更宽泛的一个层面;如果发现了太多信息,就会尝试用更特殊的关键词来加以限制。

①试着使用多个关键词。

围绕想要查询的重点,输入多个词语搜索(不同字词之间用一个空格隔开),可以获得更精确的搜索结果。如果一个陌生人突然走近你,向你问道"福州",你会怎样回答?大多数人会觉得莫名其妙,然后会再问这个人到底想问"福州"哪方面的事情。同样,如果在搜索引擎中输入一个关键词"福州",搜索引擎也不知道用户要找什么,它也可能返回很多莫名其妙的结果。因此,要养成使用多个关键词搜索的习惯,当然,大多数情况下使用两个关键词搜索已经足够了,关键词与关键词之间以空格隔开。例如,想了解福州旅游方面的信息,就输入"福州　旅游",这样才能获取与福州旅游有关的信息;想了解上海人民公园的相关信息,在搜索框中输入"上海　人民公园"获得的搜索效果会比输入"人民公园"更好。

②学习布尔逻辑。

布尔逻辑是以 19 世纪英国数学家乔治·布尔(Gorge Boole)的名字命名的,它有 3 个基本命令:"与"(AND 或+)、"或"(OR)、"非"(NOT 或-)。许多搜索引擎都允许在搜索中使用布尔运算符。

a.学会使用"+":如果希望在查询结果中同时包含几个单词或段落,就在查询时键入"+"或者"AND",如:hot AND dog 或 hot+dog,搜索将返回以热狗(hot dog)为主题的 Web 站点,但还会返回一些奇怪的结果,如谈论如何在一个热天(hot day)让一只狗(dog)凉快下来的 Web 站点。

b.学会使用"OR":如果希望查询条件宽松一点,只要涉及关键词的内容都查询到,就在查询时键入"OR",如:hot OR dog,搜索会返回与这两个单词有关的 Web 站点,这些 Web 站点的主题可能是热狗(hot dog)、狗(dog),也可能是不同的空调在热天(hot day)使您凉爽、辣酱(hot chilli sauce)或狗粮等。

c.学会使用"-":"-"的作用是为了去除无关的搜索结果,提高搜索结果相关性。有的时候,会在搜索结果中见到一些想要的结果,但也发现很多不相关的搜索结果,这时可以找出那些不相关结果的特征关键词,把它减掉。比如,要找"申花"的企业信息,输入"申花"却找到一大堆申花足球队的新闻,在发现这些新闻的共同特征是"足球"后,输入"申花-足球"来搜索,就不会再有体育新闻出现了。

另外,许多搜索引擎都显示类别,如计算机和因特网、商业和经济。如果单击其中一个类别,然后再使用搜索引擎,就可以选择搜索整个因特网,还是搜索当前类别。显然,在一个特定类别下进行搜索所耗费的时间较少,而且能够避免大量无关的 Web 站点。

(3)搜索是一个多步骤的过程

一个成功的搜索经常由好几次搜索组成,如果对自己搜索的内容不熟,即使是搜索专家,也不能保证第一次搜索就能找到想要的内容。搜索专家会先用简单的关键词测试,他们不会忙着仔细查看各条搜索结果,而是先从搜索结果页面里寻找更多的信息,再设计一个更好的关键词来重新搜索,这样重复多次以后,就能设计出更精确的搜索关键词,也就能搜索到令人满意的搜索结果了。

例如,要查找某公司经理信息的时候,通常会直接在搜索引擎中输入人员的名称。通常情况下,人名有大量的重复,于是搜索引擎反馈的结果里面含有大量的无用信息,此时如果从检索结果里发现该经理最近参加的某个会议或者活动时,就可以将该项会议或者活动的名称连同经理的名字一起输入到检索框中,得到的结果就会比较令人满意。

因此,搜索是一个多步骤的过程:

尝试用简单关键词搜索→检验搜索到的网页→设计一个更好的关键词重新搜索→重复直到满意。

(4)利用各种搜索引擎的产品和功能

在使用搜索引擎时,往往最经常使用的是"网页搜索",也就是搜索引擎默认的首页。但各个搜索引擎的功能和产品远远不止"网页搜索"这么简单。综合使用各种产品进行查询,效果往往好于单独的网页检索。

以百度为例,除了默认的"网页搜索"之外,还有百度贴吧、网页快照、拼音和错别字提示、新闻搜索、百度知道、地图搜索、高级查询……

例如,在 mp3 搜索中,由于时间等因素,往往不可能检索到当天歌手发布的专辑。此时,如果进入百度贴吧,则很有可能在歌手的贴吧中发现热心网友第一时间发布的专辑下载链接。下文中提到的功能和产品是较为实用的几个,当然,这只是冰山一角,更多的功能和产品等待使用者使用和挖掘。

①网页快照。

如果无法打开某个搜索结果,或者打开速度特别慢,该怎么办? 网页快照能解决问题。每个被收录的网页,在搜索引擎上都存有一个纯文本的备份,称为网页快照。如百度打开页面速度较慢时,可以通过"百度快照"快速浏览页面内容。网页快照有 3 个作用:

第一,如果原地址打开很慢,那么可以直接查看缓存页面,因为搜索引擎服务器速度较快。

第二,如果原链接已经不存在或者因为网络的原因暂时无法链接,那么可以通过网页快照看到该页面信息。当然,快照内容不是该链接最新页面。

第三,如果打开的页面信息量巨大,一下子找不到关键词所在位置,那么可以通过网页快照寻找关键词所在位置,因为在网页快照中,用户的检索关键词用高亮的颜色标注其所在位置。

②拼音和错别字提示。

如果只知道某个词的发音,却不知道怎么写,或者嫌某个词拼写输入太麻烦,该怎么办? 搜索引擎的拼音提示功能可以解决问题。只要输入查询词的汉语拼音,搜索引擎就能把最符合要求的对应汉字提示出来。

同时,由于汉字输入法的局限性,在搜索时经常会输入一些错别字,导致搜索结果不佳,此时搜索引擎会给出错别字纠正提示,错别字提示显示在搜索结果上方。如输入"唐醋排骨",提示如下:"您要找的是不是:糖醋排骨。"

③新闻搜索。

包括百度新闻(news.baidu.com)、搜狗新闻(news. sogou.com)、搜搜新闻(news.soso.com)等。以百度新闻搜索为例,该系统是从 1 000 多个中文新闻来源中收集新闻报道,并进行自动排列,排列方式分为时间排序和相关性排序。系统每隔一定的时间会自动计算和更新,保证新闻的时效性。系统自动计算一篇新闻被所有新闻网站转载和引用的次数,鉴于越受关注的新闻将会被越多地转载或引用,相当于由每个新闻网站和报纸杂志的编辑、记者一起参与投票,民主选举热点新闻。用户可挑选自己感兴趣的新闻,点击标题链接,进入发布该报道的网站,保证了新闻的重要性、客观性和完整性。

④百度知道。

"总有人知道问题的答案。"在这个大千世界中,每个人总有无数的问题求索不到答案,但也总有人知道问题答案,这是一个奇妙的现象。为什么不将问题向大众提出,然后由知道的人来回答? 百度知道(zhidao.baidu.com)是专门用来检索诸如"什么是×××""为什么会×××"之类的问题答案的。百度知道就是把网友们脑海中的隐性知识变成显性知识,通过对回答的沉淀,组织形成新的信息库。同时,百度知道以各种方式丰富激励机制,甚至可能包括一定的物质奖励,让大家在对问题的解答中增长智慧。

例如,在百度"知道"一栏输入"什么是狗仔队",它就会告诉提问人,他们专门跟踪知名人士或明星,通常会驾驶电动自行车或私家车,在目标人物出没的地方守候,进行拍摄或偷拍,并贴身跟踪目标人物的车辆。狗仔队亦会搜索目标人物住过的酒店房间,连丢弃的垃圾也不放过,务求知道目标人物不为人知的生活习惯及喜好。

现在许多搜索引擎的设计已经越来越人性化,如新浪爱问(iask.sina.com.cn)也有类似功能。

⑤地图搜索。

地图搜索是近年来搜索引擎推出的本地化搜索服务。通过地图搜索,可以找到指定的城市、城区、街道、建筑物等所在的地理位置,也可以找到离用户最近的餐馆、学校、银行、公园等。它还为用户提供了路线查询功能,如果用户要去某个地点,地图搜索会提示如何换乘公交车,如果是自己驾车,地图搜索同样会为其推荐最佳路线。

(5)使用搜索引擎的捷径和窍门

①如果要查找某一类文件,可以直接输入文件类型,如查找图片,将".jpg"作为一个关键词输入;查找课件,则将".ppt"作为关键词输入。

②" * "帮助克服拼写错误和根据词根进行推导,如输入"糖醋排 * ",返回的结果就包括"糖醋排骨""糖醋排条""糖醋排"等。

③键入"链接"一词。新闻记者常用的一个窍门是在查询时键入"键接"一词,不仅可以找到相关网站,而且还可以找到与该网站有链接的其他网站。

④使用两个以上的搜索引擎。由于每个搜索引擎所使用的技术不尽相同,所以返回的排序结果也不一样,有些广告也会影响搜索结果的排序。所以,不妨将两个或两个以上的搜索引擎结合使用,有时能更加快速、准确地找到想要的信息。

(6)查看帮助文档

事实上,很多上面提到的技巧在搜索引擎的帮助文档中都有更详细的图文解释,例如百度的搜索技巧等,而用户通常是不愿意查看这些帮助信息的,殊不知"磨刀不误砍柴工"。因此,最后一个技巧就是查看帮助文档。

搜索引擎的理念其实很简单：人们生活在一个信息爆炸的时代，搜索引擎为人们提供最便捷的信息获取方式，不论用户是谁，通过搜索引擎，人们和信息的距离是一样的。

 小练习

用搜索引擎完成下列练习。

1.布尔运算。

请记录命中网页数量和前五篇网页的标题。

①用逻辑"与"查出下列信息网页，并体会"百度快照""相关搜索"的作用。

国家广播电视总局　网络新闻

②用逻辑"非"查出有关西部信息（要求不含"旅游"）的网页。

2.图片搜索。

①利用"图片搜索"功能查找一幅有关玉女峰的风景图片。

②利用"图片检索"功能查出百度或搜狗收集了多少马克思的图片。下载两张个人照片（其中，一张是黑白的，另一张是彩照的）。

3.利用百度搜索（提供可能最符合要求的网站），查出"清华大学""北京大学""复旦大学""浙江大学""南开大学""广西大学"或其他大学的网址。

4.清华大学传播学院都开设了哪些课程？

5.从福建商学院到国谊大酒店应如何乘公交车？请说明你的检索办法。

6.一家知名企业打算注册自己公司名称的通用网址，当他们去注册时发现这个通用网址已经被另一家单位注册。请问，这家知名企业应该向哪一家机构提出仲裁申请？请说明你的检索办法。

7.请帮老师查找1~2篇文献检索方面的教学课件，要求是.ppt格式的，给出你所写的检索方式，并将找到的网址粘贴上来。

8.一位读者给某报社打来热线电话，说自己的母亲在晨练时突发哮喘，被一辆越野车送到了朝阳医院，现在母亲已经转危为安，他很想感谢一下车主。母亲记得这车的车牌是白底红字，好像是WJ10-金××××。这位读者很想知道这辆车来自哪个城市，写一封感谢信寄给该单位领导。你能帮助这位读者吗？

9.分别通过搜狐和新浪的分类目录检索体系查出"嫦娥二号"信息有多少（写出搜索路径）？你认为哪家目录编得更合理？为什么？

10.自由选择检索工具,检索与新闻传播专业相关内容常用的网址,放在博客作业中。

2)搜索引擎优化

在前面学习了如何运用搜索引擎在海量的网络信息中快速查找到需要的信息,为网络采访、写作和编辑提供相应的资料,作为搜索引擎的用户可以直接使用。

其实,作为网络新闻传播者,尤其是网站管理者,除了能够做好网站内容,更重要的是让网站的传播内容能够准确到达目标受众群,取得更好的传播效果。在这个过程中,搜索引擎同样能帮上忙,就是所谓的搜索引擎优化。

搜索引擎优化,又叫 SEO,是 Search Engine Optimization 的英文缩写,是指通过采用易于搜索引擎检索的合理手段,使网站各项基本要素适合搜索引擎的检索原则,并且对用户更友好,从而更容易被搜索引擎收录及优先排序。

不少研究发现,搜索引擎的用户往往只会留意搜索结果最前面的几个条目,因此网站可以通过了解各类搜索引擎如何抓取互联网页面、如何进行搜索以及如何确定其对某一特定关键词的搜索结果排名等技术,来对网页进行相关的优化,使其提高搜索引擎排名,从而提高网站访问量,最终提升网站的销售能力或宣传能力。事实上,搜索引擎优化已经成为目前较为流行的网络营销方式,无论是商业网站还是一般的新闻网站,要达到比较好的传播效果,都不能忽视这个技术。

(1)搜索引擎优化公式

$$SEO = \int Clock = \int (C1 + L2 + K3 + O4)$$

($\int$ 是一个积分符号,C = *content*,L = *link*,K = *keywords*,O = *others*。*SEO* 就是一个长期的对"时间"的积分过程,其中内容是核心。)

C1——丰富的内容是第一位的要素,按照原创、伪原创、转载依次排列内容的重要性,满足用户体验;

L2——链接的合理与丰富是第二位的要素,合理有效的内部链接与丰富的外部链接同等重要,而外部链接中高度相关性、高 Pr 值页面尤为重要;

K3——关键字因素是第三位的重要因素,包括:合理的标题、类型、关键词、页面关键字及相关关键字的密度与合理布局;

O4——其他因素,比如:域名、站龄、服务器、网站架构、排版、布局等。

（2）搜索引擎优化步骤

①站内的链接结构。尽量改变原来的图像链接和 Flash 链接，使用纯文本链接，并定义全局统一的链接位置。

确保网站导航都是 html 形式的链接。所有页面之间应该有广泛的互联，要满足站内任何页面可以通过回链到达主页，如果无法实现这一点，可以考虑建立一个网站地图。

网站链接优化步骤：

a.建立网站地图。只要有可能，最好给网站建一个完整的网站地图（sitemap）。同时把网站地图的链接放在首页上，使搜索引擎能很方便地发现和抓取所有网页。

b.每个网页最多距首页 4 次点击就能到达。

c.网站的导航系统最好使用文字链接。

d.网站导航中的链接文字应该准确描述栏目的内容。

e.网页的互相链接。

②标题的重新定位。标题中需要包含有优化关键字的内容，同时网站中的多个页面标题不能雷同，起码要能显示"关键字、网站首页、简单的含关键字描述的字段"类型。标题一旦确定就不要再做修改。

③关键词选取。

a.关键词必须和网站内容相关。挑选的关键词必须与自己的产品或服务有关。关键词的选择分为主要关键词、一般关键词、长尾关键词。

b.要站在用户角度思考。选择的关键词一定是用户会想到或会用到它来搜索的词语或短语。

c.选择关键词要针对区域而不是全国。如果相关受众群暂时还不涉及全国或者其他区域，那么没有必要将竞争环境升级，比如东快网，致力于打造本土资讯门户，其主要关键词就是"福建新闻""福州（厦门）新闻"等，而非"国内新闻"。又如福州做婚庆策划业务的公司，其网站选择的关键字可以是"福州婚庆策划""福州婚庆策划公司"等，而不是"婚庆策划"，除非想提升品牌，因大多数客户通过搜索引擎寻找的是具有区域性的企业，而不是以选择品牌为主。

d.参考竞争对手网站选择的关键词。网站的拥有者对其自身十分了解，能够选择出最能反映自身业务特点的关键词。但单靠自己的努力有时难免会有些遗漏，这时不妨到搜索引擎上，找到竞争对手的网站，也许会从中得到一些启发。

e.保证关键词密度合理。确定了自己的关键词之后，需要在网页文本中适当地出现这些关键词。关键词密度一般在2%~8%或者出现3次以上(但千万不能把所有的关键字或关键字段堆积在一起,次数也不能出现太多),最好为链接形式,这样较为合适,逾越这一指标就有频率过高的嫌疑。

④网站结构调整。假设因为原有网站为形象页面使用了较多的动画和图像,这些网页元素不利于搜索引擎的收录,所以在该网页的下方加了三栏,分别是与之相关的公司简介、关键字产品新闻和公司的关键词产品列表,并对该三栏内容添加统一资源定位符(url)。

⑤资源应用。对网站结构大致调整好了以后,就可以利用一些资源扩展外部链接。

a.书写高质量的内容,让读者愿意进行转载。要想把自己的数据作为权威数据来供人参考,就必须把自己的数据弄得更加权威,内容通俗易懂,深入浅出,便于人们理解和掌握。网站的文章能够让读者产生阅读的欲望而对文章进行转载,这样有利于更多的人为该网站进行传播。

b.与行业网站、相关性网站进行链接,与合作伙伴互相推荐链接。

c.将网站提交到一些专业目录网站中,如将网站提交到ODP目录等一些专业目录网站。

d.社会化书签。将网站加入百度收藏、QQ书签等社会化书签中。

e.发布博客、微博创建链接。目前获取外部链接最有效的方式之一就是发布博客、微博文章。

f.论坛发帖或签名档。在论坛中发布含有链接的原创帖或者编写签名档时插入网址。

g.购买高价值链接。虽然简单,但不建议使用此方法,如果被搜索引擎发现会被降权。

h.与SEO业务合作伙伴进行SEM\SEO整体解决方案。

i.使用SEO营销软件进行大面积外部链接建设。

这方面做得比较突出的是SKYCC组合营销SEO软件,短时间内可以发布10多万个外部链接来提升质量,以数量、持久性、时效性来提升排名。当然利用软件有利有弊,需要自行控制,效果提升才明显。

SEO案例分析

【例1】　射阳县恩玉化纤有限公司搜索引擎优化分析

谈到SEO的成功案例,首先要树立良好的心态来面对SEO,否则谈再多也是枉然,缺乏良好的心态只会寻找故事中功利的地方,而忽视了作者想通过故事所表达的内涵。

以平和的心态来对待搜索引擎优化,就像面对商业风险一样,SEO 不是万能的,但是经过努力了,就一定会有回报。一个经过优化的网站,不是以某一个关键词为重点,而在于全面出击,甚至一条相关的行业新闻都会带来点击和关注。不要在乎一城一池的得失,而关注全线产品和企业信息的推荐,这样便会有意外的收获。

这里有一个国内 SEO 的成功案例:射阳县恩玉化纤有限公司的搜索引擎优化,看看他们是如何做的。

射阳县恩玉化纤有限公司(原江苏射阳化纤厂)创建于 1992 年,系中国纺织科学院首家转让技术生产丙纶高强丝(俗称:丙纶丝、丙纶工业丝、丙纶强力丝、PP 纱、丙纶长丝、工业丙纶长丝、丙纶纱、PP 线)的专业厂,位于国家二类开放口岸——射阳港西侧省级经济开发区内,拥有年产 5 000 吨丙纶高强丝全套生产线 4 条,固定资产 3 000 万元,现有职工 280 人,其各类工程技术人员 40 人。

以前射阳县恩玉化纤有限公司采用传统的销售方式,主要采购商都是通过相互介绍来这里采购的,随着公司的发展,这些采购商已经不能够满足公司发展的需要,公司需要大量的客源来出售自己的商品。公司想到自己有大量质量优秀的产品,大量的采购商都需要这种产品,而现在问题的根源在于大量需要优秀产品的采购商不是不知道该企业的存在,就是缺乏正规的渠道与他们取得联系。公司需要在两者之间搭一座桥梁,方便他们能和企业取得联系。于是公司建立了自己的销售网站 http://www.chinaenyu.com,但是网站建立的初期,效果并不理想。

于是它们试图通过 SEO 来扩大网站的影响,他们派公司销售经理和 SEO 公司进行谈判。在谈判之前射阳县恩玉化纤有限公司销售经理李忠诚先生对搜索引擎优化并不了解,在谈判的过程中他只是期望达到他想要的效果,反复强调如何才能让公司的网站在关键词的索引上排到谷歌第一页?要多久?通过双方的相互交流,射阳县恩玉化纤有限公司和 SEO 公司签订了合同。在未来的合作工作之中他们就关键词作了最细致的研究。

通过首次搜索,可以看见恩玉公司最重要的产品丙纶在搜索结果中只出现了 15 次。的确在丙纶生产工艺上射阳县恩玉化纤有限公司处于全国领先水平,即便是在国际上也绝对不差,但是就网站的建设规模和建立的时间长度来看远不如其他企业,如果就用丙纶为关键词的话,那么公司肯定在互联网上拼不过别的公司,怎么办?

通过近一步分析可以看见,像"高强"这样起到修饰性的词汇在关键词的出现次数上比较少，那么能不能用这些比较少的词来链接关键词丙纶，让整个搜索结果变少呢？答案是肯定的。

经过三周时间的建设，恩玉公司的中英文网站初步确定了高强丙纶色丝、高强丙纶丝、高强丙纶线等关键词，更加具体性的词会更加吸引客户的关注。在选择关键词上，SEO公司的建议是：高强丙纶丝优于丙纶，高强丙纶色丝又优于高强丙纶丝，简单言之，就是产品越个性化，越具体化，虽然被客户的搜索几率不及大众词汇，但是成功率要高得多。

一周之后，企业开始观察，结果很好，超过了企业的期望，高强丙纶色丝周四排在谷歌第二页，周五排在第一页最后一名，再后来，它已经是谷歌的第一页第一名！

在谷歌上面比较靠前的位置给射阳县恩玉化纤有限公司带来了非常重要的机会，很多采购商通过谷歌发现了它，凭借着产品的优秀性能，射阳县恩玉化纤有限公司很快在同行中脱颖而出。现今，不仅仅是国内的采购商，好多国外的采购商也被吸引过来，射阳县恩玉化纤有限公司已经不是那个原来只是依靠国内市场过日子的公司了，现在它是一个国际化的公司。

尤其值得注意的是，恩玉公司网站的排名在一周内已经登上了谷歌搜索页面第一页，不但大大增加了公司的影响力，还给企业本身带来巨大的经济利益。这是一个非常成功的例子，对于那些拥有先进生产工艺、优良的产品和大量的生产能力而缺乏客源的企业，加快自己的网站建设可以大大提高自己的知名度，极快地增加自己的客源，为企业的发展提供良好的空间。SEO在网站发展上起到的推动作用是非常明显的，不只是恩玉，还有大量和恩玉一样的老企业在进行改造后迫切地需要客源来满足不断发展的需求，他们都可以采取像恩玉一样的方式通过经SEO优化后的网站，得到在搜索页面上一个比较靠前的位置，来方便客户更容易地找到他们的网站，通过网站的建设来创造新的客户。从某个角度而言，实力越强的公司，越需要SEO帮助推广，发现一些潜在的用户可以更加稳定企业的根基。希望有更多像恩玉一样的企业能够通过网站的建设、SEO的优化，从后台站出来，站到前台来表现自己，国家需要这样的企业来建设，而不是需要他们在后台慢慢沉沦下去，无谓的增加一些不必要的支出。

最后要注意的是，虽然恩玉通过SEO优化网站从而让客户发现自己，直至最后为企业创造效益的故事非常成功、非常典型，但是它有非常多的不足值得每个搜索引擎优化师去注意、反思。整个SEO优化花了三周的时间，到最后真正算是做得最彻底的就是关键词的选定，而其他的优化方面效果不明显，优化的不太彻底。

纵观上面的优化,从关键词、标题、整体结构这些容易让人重视的地方,到那些不容易被人重视的地方,包括相关链接、网站地图等一切想得到和想不到的地方,整个团队就每一个可能会出问题的地方进行了一次仔细的翻修,而且别人还没有花到三周时间。到最后整个网站优化完毕,国外的团队还派专人对优化后的网站进行人员培训和网站的跟踪报告。这是国内相关的工作团体都没有想到的,搜索引擎优化师必须不断提高自己的技术水平和加强团队的管理才可以拉近国内 SEO 团队与国外 SEO 团队的水平。而这一切不是一个团队的任务,它需要整个行业的共同努力和网站的强烈支持。

SEO 具有一定的可操作性,它在搜索引擎上可以极大地体现它的自身价值,不单单是在企业建设的过程中,即便是个人掌握 SEO 来借用搜索引擎这个免费平台来推广自己的产品都是非常有意义的。SEO 是一个整体策略,是通过结合自身网站定位、产品、行业以及用户习惯开展的,通过改善网站结构、充实网站内容、建立丰富的外部链接让关键词在搜索引擎上获得长期优势排名,进而引入流量、带动客源。

【例2】 阿里巴巴网站的搜索引擎优化案例分析

阿里巴巴是国内最早进行搜索引擎优化的电子商务网站,到目前为止也是网站优化总体状况最好的大型 B2B 电子商务网站之一。阿里巴巴的搜索引擎优化水平远远高于行业平均水平。

阿里巴巴中国站被谷歌收录的中文网页数量 2006 年 8 月份的数据为 5 320 000。不仅从被收录的网页数量上来说,要远远高于同类网站的平均水平,更重要的是,阿里巴巴的网页质量比较高,潜在用户更容易通过搜索引擎检索发现发布在阿里巴巴网站的商业信息,从而为用户带来更多的商业机会,阿里巴巴也因此获得更大的网站访问量和更多的用户。

一个网站被搜索引擎收录网页的数量对网络营销有多大意义?单从网站被搜索引擎收录网页的数量来说,并不能反映该网站的搜索引擎营销水平。根据搜索引擎营销目标层次原理,因为被搜索引擎收录尽可能多的网页数量只是搜索引擎营销的第一个层次。在此基础上,当用户通过相关关键词检索时,这些网页在搜索结果中要有好的表现,比如排名位置靠前、网页标题和摘要信息对用户有吸引力,这样才能引起用户对该网页的点击兴趣,这是搜索引擎营销的第二个层次。第三个层次是,当用户点击来到一个网站/网页时,可以获得对自己有价值的信息,这样才能为搜索引擎营销的最高目标(促成用户转化)奠定基础。所以,如果一个网站被搜索引擎收录的网页数量很少,或者根本没有被收录,那么可以肯定其搜索引擎营销是失败的;在网页被收录数量多的基础上,同时还保证网页质量高,这样才是比较理想的状况。

在进行相关研究时发现这样一个现象,利用多个行业的产品为关键词在谷歌等主流搜索引擎检索,甚至是很生僻的产品名称,阿里巴巴的商业信息网页内容都会出现在搜索结果前面,这就意味着,通过搜索引擎,潜在用户可以发现阿里巴巴网站上企业发布的供求信息,也就是说阿里巴巴充分利用了搜索引擎营销策略为用户直接带来价值,在这方面,比起其他同类网站是远远超前的,这就是阿里巴巴的搜索引擎优化水平较高的表现。从具体表现形式来说,阿里巴巴网站在保证尽可能多的网页被搜索引擎收录的基础上,还做到让每个被收录网页在搜索引擎中都有良好的表现。

阿里巴巴之所以能做到较高质量的搜索引擎优化水平,主要方法包括:网站栏目结构层次合理,网站分类信息合理,将动态网页做静态化处理,每个网页均有独立标题,并且网页标题中含有有效的关键词,合理安排网页内容信息量及有效关键词设计等,另外,每个网页还有专门设计的 META 标签,这些工作对增加搜索引擎友好性是非常重要的。这些其实并没有什么神秘之处,都是网络营销导向的网站设计的基础工作,正是将这些看似简单的细微之处做到专业化,阿里巴巴的网页无论从被搜索引擎收录的数量还是质量上看,都远高于其他同类网站。从这个方面来看,可以说阿里巴巴的专业性已经深入到每个网页、每个关键词、甚至每个 HTML 代码。

如何对我们学校网站进行搜索引擎优化?

1.3.2　网络数据库的使用

数据和资源共享这两种方式结合在一起即成为今天广泛使用的网络数据库(web 数据库),它是以后台(远程)数据库为基础,加上一定的前台(本地计算机)程序,通过浏览器完成数据存储、查询等操作的系统。

1)主要类别

①新闻数据库:各新闻网站自己建立的数据库。

②报刊数据库:报刊摘要、全文录入的数据库。

③论文数据库:高校博士、硕士学位论文。

④专业数据库:如医学、法学、物理等领域。

⑤商务信息数据库:针对特定企业、商家而收集。

⑥政务信息数据库:政府部门提供的与本部门工作相关的信息。

⑦专题数据库:某个专题的资料集合。

2)免费使用网络学术资源

(1)文献检索

①国内期刊报纸全文可以在万方、维普、中国知识网(cnki)进行检索,其他专业的数据库也可以。学位论文,可以在万方、中国知识网上检索。专利、标准等文献要到相应的数据库进行检索。

②国外期刊在以上提供的数据库都可以检索,而学位论文多是在 ProQuest 数据库进行检索。

(2)进入数据库的方法和思路

①购买权限。数据库的资源一般需付费,查阅时,只能到购买权限的单位登录才能进入数据库。或者,个人购买阅读卡,但价格较昂贵。

②使用高校或者科研单位代理。简单地说,代理服务器的工作机制很像生活中常常提及的代理商,假设你的机器为 A 机,你想获得的数据由 B 机提供,代理服务器为 C 机,那么具体的连接过程是这样的:首先,A 机需要 B 机的数据,它与 C 机建立连接,C 机接收到 A 机的数据请求后,与 B 机建立连接,下载 A 机所请求的 B 机上的数据到本地,再将此数据发送至 A 机,完成代理任务。所以能获得好的、快速的高校或者科研院所的代理,就可以通过这个代理在这些地方寻找需要的资料了,不会再出现"IP 地址不在允许范围内"的提示了。

就国内资源库而言,目前的数据库主要有维普期刊、万方数据库和中国知识网(cnki),它们都能提供新鲜全面的专业资源。

1.3.3 在线材料的鉴别

在信息获取的过程中始终渗透着如何鉴别与评价信息的问题,而信息的纷繁复杂也很容易扰乱人们的注意力。因此,学会准确地鉴别和评价信息,对新闻工作者来说尤为重要。

1)可靠性

关注信息来源的层与级,关注域名。

互联网上的域名就相当于我们现实生活中的门牌号码一样,具有唯一性,它可以在纷繁复杂的网络世界里,准确无误地把我们指引到要访问的站点。

在互联网发展之初并没有域名,有的只是 IP 地址。IP 地址就是一组类似这样的数字,如:162.105.203.245。由于当时互联网主要应用在科研领域,使用者非常少,记忆这样的数字并不是非常困难。但随着时间的推移,连入互联网的计算机越来越多,需要记忆的 IP 地址也越来越多,记忆这些数字串变得越来越困难,于是域名应运而生。域名就是对应于 IP 地址的,用于在互联网上标志机器有意义的字符串。例如:北京奥运官网的域名"beijing2008.cn",比起 IP 地址而言就更形象,也更容易记忆。

目前互联网上的域名体系中共有 3 类顶级域名:一类是地理顶级域名,共有 243 个国家和地区的代码。例如:.cn 代表中国,.jp 代表日本,.uk 代表英国等。另一类是类别顶级域名,共有 7 个:.com(公司),.net(网络机构),.org(组织机构),.edu(美国教育),.gov(美国政府部门),.arpa(美国军方),.int(国际组织)。由于互联网最初是在美国发展起来的,所以最初的域名体系也主要供美国使用,如.gov,.edu,.arpa 虽然都是顶级域名,但却是美国使用的。只有.com,.net,.org 成了供全球使用的顶级域名。相对于地理顶级域名,这些顶级域名都是根据不同的类别来区分的,所以称之为类别顶级域名。随着互联网的不断发展,新的顶级域名也根据实际需要不断被扩充到现有的域名体系中来。第三类是新增加的顶级域名,.biz(商业),.coop(合作公司),.info(信息行业),.aero(航空业),.pro(专业人士),.museum(博物馆行业),.name(个人)。

在这些顶级域名下,还可以再根据需要定义次一级的域名,如在我国的顶级域名.cn 下又设立了.com.cn,.net.cn,.org.cn,.gov.cn,.edu.cn 以及我国各个行政区划的字母代表如.bj.cn 代表北京,.sh.cn 代表上海等。

类别域名:.ac,.edu,.gov,.org,.net,.com。

行政域名:.bj,.sh,.fj,.xz,.hk,.mo。

按站点和数据库所有者的身份,站点数据库的可信度分为 4 层(可信度降序排列):

①政府机构、公益团体网站;

②媒介机构、社会组织网站;

③企业或商业机构网站;

④私人站点和个人性质的数据库。

2)权威性

判断信息的权威性可以从信息的来源进行,国家机构公告、官方网站信息、正式的史料记载、正式的新闻发布会、正式出版的图书都是相对权威的信息来源。但还要注意,信息的发布者是否在该领域有权威性。例如,一个证券网站发布关于某个自然科学新发现的信息,那么对这个信息的使用就要慎重。另外,新闻中信息的提供者或言论发出者是否有名字、身份是否确凿;可信度如何;是否有可能作为该事件的发布者、评论者等,都应考量。

3)准确性

网站信息,包括日期、数据等细节是否清楚,文章的段落层次、标点符号是否正确,有没有错别字等。如果信息错漏之处较多,则整体内容的可信度都大打折扣。

4)一致性

看看信息与观点是否前后一致,有没有自相矛盾之处。

5)精致性

如果网站页面制作精良,则可信度较高;相反,如果页面粗糙,布局混乱,配色不当,甚至出现错字病句,这个网站的信息就不大可信。

6)时效性

时效性指信息从大众媒介发出到受众接收、利用的时间间隔及其效率。某些信息具有很强的时效性,我们在获取信息时可以根据该信息的产生时间来判定其时效,从而确定该信息的价值。如果一个数据来自5年前的统计,即使它是真实的,现在也不能采用了,因为5年时间足以改变数据的有效性。

另外,如果一个网站的内容长时间没有更新,说明该网站可能欠缺实力,其工作成果的可信度也就随之降低。

7)其他

其他包括情感导向(积极影响或消极影响)、地域特色、实用性等。

网络信息鱼龙混杂,作为新闻工作者要注意鉴别信息,核实真伪,否则用错误信息为素材做新闻,新闻的真实性就无法保证。如果不思考、不核实就随意转载其他媒体发布的假信息,则会助推假新闻的泛滥。这都是应该避免的。请看下面的两个例子。

【例1】南航退休机务副总落马

2015年1月9日,《华夏时报》所属华夏网发布报道《退休机务副总落马 南航三大重要部门全部沦陷》称:

继公开承认已经有四名高管被调查之后,已经退休的中国南方航空股份有限公司前副总经理董苏光于7日前后被纪检部门带走调查。"市场销售、财务以及机务工程三条线全部沦陷,这家公司的问题显然比预期中要严重得多,如果不彻查恐怕难以交代。"一位民航系统退休官员对本报记者表示。

真相:中国南方航空官方微博于当日20:17发布微博辟谣:南哥刚才把《华夏时报》的"猛料"给董苏光老总看了。董总宽厚地大笑,让南哥跟这位记者说,洗洗早点睡吧,明儿还要爬白云山锻炼身体呢,别把力气都花在网络造谣上。

1月23日,华夏网发表更正及致歉声明称,相关报道"标题及文中'退休机务副总落马''董苏光被纪检部门带走调查'与事实不符,造成这一错误的主要原因在于记者对信息来源核实不充分"。

9月28日,国家新闻出版广电总局公开通报:"给予华夏时报社警告、罚款2万元的行政处罚;给予(当事记者)王潇雨警告、罚款2 000元的行政处罚。"

【例2】滞留尼泊尔公民持中国护照免费乘机回国

2015年4月26日,搜狐网一则《中国驻尼武官:个别航空公司抬价,想抽他们!》的消息迅速传开,文中称:中国驻尼泊尔大使馆武官刘晓光告诉搜狐新闻记者,目前个别航空公司飞往尼泊尔的航线存在炒作高价票行为。

负责机场疏散的刘武官最后强调:"请大家不要上当、持中国护照全部免费。"

随后"滞留尼泊尔的中国公民可免费乘坐回国班机"这则充满"正能量"的信息被国内各网站,包括各官方主流媒体转载点赞,不少媒体还据此刊发评论,如《尼泊尔地震,中国人又先撤了》《危急时刻,"中国护照"凸显含金量》《发自加德满都的一条微信,让所有中国人都很傲娇!》等。

真相:4月26日晚11时,微信公众号"全球眼"推出文章《别再瞎传了,尼泊尔震后凭中国护照免费登机是假消息》辟谣,"中国人不但不能免费登机,个别倒霉的乘客可能还被某些黑心航空公司宰一笔"。

4月27日,《京华时报》报道外交部相关部门的回应称:外交部全球领事保护与服务应急呼叫中心目前并未接到"持中国护照可免费乘坐航班"的通知。"对于炒作的高价票行为,如果旅客认为预订的票价确实虚高,可以与尼泊尔大使馆联系反映。"

1.听到明天有暴雨的天气预报后,住在城里的小 A 愁眉苦脸,可住在农村的小 B 可开心了,为什么他们会有这样不同的反应?

2.很多论坛里会有这样的帖子"×××牌子的数码相机低价出售,8 成新,功能如何如何好,有意者请跟帖或者致电×××××××联系",如果你刚好有意购买,你会如何去判断和鉴别这则信息的真伪?

1.4　网络新闻采访

网络采访的方式既包括网上采访,也包括传统的实地采访,两者可以根据需要灵活运用。

1.4.1　网上采访

常见网上采访的类型主要有 4 种:电子邮件采访、聊天室采访或微采访、即时聊天采访和网络电话。

1)电子邮件采访

电子邮件是人们在互联网上应用最为广泛的功能之一,网络记者与采访对象联系、了解情况,接收受众反馈信息等,都越来越多地借助于电子邮件。

电子邮件采访类似于传统采访方式中的书信采访,书信采访指记者在同采访对象不能面对面交谈的情况下,通过书面提问的形式进行采访,得到书面答复。但相比书信采访,邮件采访通过互联网的电子邮件进行提问回答,收发可以瞬间完成,省去了邮寄时间。

邮件采访的好处是可以使对方有较充裕的时间思考问题,或准备必要的材料,答复也可以详细一些,不仅可以作为报道依据,还可以作为资料保存。缺陷是不能保证每次书面采访都得到答复;不便于追问,不能观察采访对象和现场情况;非同步交流,造成采访与答复的时滞。

（1）邮件采访适用的场合

虽然邮件采访十分方便灵活，但由于它也存在一些缺陷，因此，并不是所有的场合都适合用邮件采访，其适用的场合主要有：

①内容上。

a.适用于获取基本的情况。邮件采访可用于获取对方的基本情况，例如：4Gamer 对 Rick Seis 的电子邮件采访。Rick Seis 在 Bill Roper 辞职后成为 Blizzard 的新领袖，关于他的资料极少。日本游戏网站 4Gamer 尝试通过邮件方式对这位新领袖进行了采访。了解 Rick Seis 的基本情况和企划，并针对 Blizzard 公司今后的发展方向等提出了问题。下文为 Rick Seis 对采访回复的邮件(4G 代表 4Gamer)。

4G：首先，关于"北方暴雪"的新领袖是怎样的一个人，想来包括媒体在内的很多人都很感兴趣。据我们了解，Seis 先生是于 1994 年加入暴雪，在《暗黑破坏神》中担任高级程序师，在《暗黑破坏神Ⅱ》中担任主程序师，能否告诉我们您还参与过什么别的作品的开发？

Seis：我生于芝加哥的一个五口人之家，是家里的小儿子。我的母亲是中国台湾人，我的父亲则同时拥有德国、爱尔兰、挪威等血统，所以我从小就受到了多元文化的教育。而且幸运的是，我的父亲还有一些"游戏者"的性格部分，因此我在很小的时候就接触到各种游戏，这对我现在的工作可以说有很大的影响。

我至今还记得父亲买回"Telstar Pong System"的那一刻，我被它深深吸引了。在我第一次碰到它的瞬间突然产生了"将来想试试做游戏"的强烈愿望。

我喜欢的游戏类型主要是角色扮演类(RPG)，虽然我基本上对什么样的游戏都感兴趣，但是在我心里留下深刻回忆的仍然是 RPG 游戏。

不过对我来说，还是对 RPG 这种游戏类型有自己独特的粗略分法。比如说，有自己来给爱车升级，参加比赛的《GT 赛车》系列对于我来说其实就是把"汽车作为游戏者的延伸"，在某种意义上也可以算成 RPG。如此，《Quake》《Unreal》也可以算作 RPG 的一种吧。

虽然有些王婆卖瓜的感觉，最近能让我怎么玩都玩不够的，就是我们公司开发的《魔兽世界》(笑)。随着这款游戏的开发进度日渐加快，连我自己也开始像个玩家一样期盼它的完成了。

就我的工作来讲，起初在《暗黑破坏神》中担任高级程序师，在《暗黑破坏神

Ⅱ》中担任主程序师，然后在北方暴雪中担任了一段时间的技术部总监。现在就如你知道的，成为北方暴雪的主轴。

4G:在 Seis 先生就任北方暴雪主管的同时，能否透露一下北方暴雪的下一个开发计划的具体内容？

Seis:关于新的开发计划，我想我们会在开发时透露一些具体内容的。我想首先我们会专注于 diablo2-1.10 版的测试，在这完成以后，我们才会全力投入下一个计划中去。

4G:就《星际争霸》和《暗黑破坏神Ⅱ》在韩国的成绩而言，暴雪可能是目前为止在亚洲市场最成功的。能否谈一下对于今后亚洲市场的展望？

Seis:亚洲市场对于将来的游戏业来说是相当重要的。尤其是有代表性的日本和韩国。不管是计算机游戏还是在电子游戏，在亚洲正在成为主流文化的现象要比北美明显得多。

而对于在亚洲市场上能让我们取得成功的最好方法，是竭尽所能维持本公司的知名游戏最好的平衡性，以及真挚地听取亚洲众多的暴雪 fans 的意见。

4G:现在暴雪正在开发一款叫做《魔兽世界》的网络游戏，我们想了解贵公司对于网络游戏的想法和展望。对于以"不考虑作百万巨作以外的游戏"为宗旨的暴雪来说，如何能在被认为是业界中最严酷的网络游戏领域中取得成功？你们有多少胜算？

Seis:对于我来说网络游戏将来可能成为和"电视与音乐"并驾齐驱的娱乐手段，将是我们这些游戏制作者不得不经历的一个阶段。将游戏者的嗜好换算成一种常数，同时给他们满足各种要求的"体验"，通过这些，网络游戏能够进化成电视那样的有趣且能带来满足感的娱乐。

就《魔兽世界》本身来讲，我们正在把目前为止掌握的所有经验秘诀都应用于其中，另外，就算在游戏推出后，我们仍然会扩充队伍，进行下一步的开发。也就是说《魔兽世界》将一定会由一个专门的辅助小组来维持它的运作。

我的游戏者们，在这个游戏开发第一天起就以他们长远的眼光提出了更多的要求。为了能够回复他们，我们一直在努力制订一个长远的开发计划，争取把《魔兽世界》做成一个充满了冒险和刺激的游戏。我有自信，《魔兽世界》将是一款游戏者们愿意花上数年时间去玩的游戏。

4G:最近暴雪面向游戏机市场发售了《星际争霸——幽灵》，你们是否有计划将几款招牌游戏都进行电子游戏化？比方设计一款由《魔兽争霸 3》的英雄为主角的动作游戏等。

Seis：虽然目前为止我们还没有公布任何关于在其他机种上开发游戏的计划，但是这将会纳入我们今后的开发计划的讨论中。

就我们来说，计划在自己的几款知名游戏的基础上，开发一些新的游戏。这些游戏中也将包括一些游戏机游戏。我多说一句，在将来我们针对游戏机的开发中，和外部开发者的合作是不可避免的。事实上在《星际争霸——幽灵》的开发时，我们就已经这样做了。能否和外部开发队伍很好地协力合作，将会变得越来越重要。

4G：最后，关于《暗黑破坏神Ⅲ》以及《星际争霸Ⅱ》的开发情况，能否少许透露一下？最好能给我们一些设定画面和截图。

Seis：现在还不能发表任何关于这两款游戏的消息（苦笑）。不过就我们来说，因为经常接触到这两款游戏的世界观和各种设定，我们现在很想回到这些舞台中去。无论如何，能受到各种游戏者们的关爱和鼓励我们感到万分荣幸，这次虽然没有任何能发表的新东西，但是还请你们关注暴雪今后的活动。

4G：非常感谢。

b.适用于获取观点或意见性材料。邮件采访可用于获取观点或意见性材料，例如：胡锦涛书面回答华尔街日报采访。在对美国进行国事访问前夕，原国家主席胡锦涛接受美国《华尔街日报》和《华盛顿邮报》联合书面采访，就推动中美关系长期健康稳定发展、外资企业在华投资环境、中国应对国际金融危机政策举措、中国经济社会发展、中国和平发展和政治体制改革、中国同亚太国家关系、朝鲜半岛局势等回答了提问。以下是提问内容：

1.你如何看待中美关系的现状？你认为中美互利合作最有希望的领域是什么？你认为对中美关系长期、健康和稳定发展的最大挑战是什么？

2.尽管外国在华投资持续增长，一些美国公司抱怨中国的商业环境。中国将采取哪些步骤来确保美国和其他国家的在华企业有一个公平的竞争环境？

3.你认为能够从2008年国际金融危机中吸取什么教训？中国为应对这场危机的影响采取了什么有效措施？

4.你认为未来美元将在世界上扮演什么角色？你如何看待人民币国际化问题？一些人认为人民币升值或能抑制中国的通胀，对此你有何看法？

5.你如何评价中国"十一五"期间在经济和社会发展方面的成就？中国的

通胀是否有失控的风险？中国的政治改革是否与经济改革步伐一致？

6.中国表示要坚持和平发展。但过去一年,中国变得更加强硬。你认为这是否会影响中国与美国以及亚洲邻国的关系？

7.中国如何看待朝鲜半岛的紧张形势？中国是否认为朝鲜半岛统一会比保持现状更有利于稳定？你如何看待朝鲜发展核武器的目标？

c.不适用于了解事件的细节、挖掘隐含事实或调查性新闻。细节、隐含事实或调查性新闻都需要记者深入现场仔细观察、采访。邮件采访反馈相对滞后,不能实现与采访对象之间的实时互动,使记者难以控制和把握采访的节奏、进度,也无法通过表情、动作等身体语言或声音来观察采访对象的内心活动,限制了记者更深入、细致地了解和观察采访对象。而调查性的新闻尤其是揭丑新闻,就更需要记者的智慧与勇气,深入新闻现场,采访各方当事人,才有可能取得真实的素材。这都不适合简单地用邮件采访。

②距离上。邮件采访基本不受时间或空间的限制,对于远距离的采访能节省人力、物力,及时获取想要信息。对于同时与几位采访对象联系,电子邮件也是省时、省力的办法。

③记者所在媒体上。目前邮件采访主要以文字的形式交流,因而,它比较适合以文字为主的传播媒体,如报刊、网站等,而以声音、图像为主的媒体,如广播、电视等就不太适合完全采用,但能作为前期联系采访对象,以及传送一些有助于报道的照片、图表甚至视频资料的手段。

(2)采访邮件的撰写

采访邮件的格式主要由标题和正文两部分组成。

①标题。发送邮件要有主题明确的标题,在标题中清楚地点明采访主旨以及记者的名字,这是使收件人优先处理的线索。

②正文。正文分为礼仪性部分和采访提问部分。

a.礼仪性部分:礼仪性部分应包括记者个人背景介绍、记者所在媒体背景介绍,要适当提及采访对象的背景或成就,并说明此次采访的目的。

b.采访提问部分:采访提问部分是邮件主体,记者要把需要采访的内容按照顺序罗列成问题,需要注意的是:

●采访内容要具体、集中。一般一个邮件就采访一个主题,并围绕该主题提问,不要试图一个邮件采访多个主题,否则采访对象难以适从,采访也无法深入。

● 提问切忌过大、过宽。提问要具体明确,忌笼统宽泛,这点与传统采访是一致的。

● 设计问题时要考虑周全。如果是开放性问题,对方有可能展开回答,可以在一个大问题后面追加小问题,使对方的回答更加具体明确。

● 问题的文字表述要准确,尽量避免歧义。

● 在背景资料上能得到的信息就不要再提问。

● 注意行文格式。

(3)结尾

索要采访对象的照片、相关研究的图片和视频等资料,并指明希望对方回复的期限(以免耽误发稿),附上末尾问候语及署名、联系方式。

如以下案例是新华社记者邮件采访记录。

张老师,您好!我是新华社记者缪晓娟,负责大会的英文报道。正在准备一篇中国聚焦栏目稿《在希望的"田野"上:中国人类学研究的世界意义》,通过邮件想采访您以下问题:

1.中国首次获得国际人类学民族学大会举办权,您认为这对世界人类学研究和发展有何意义?目前中国在世界人类学研究中处于什么样的地位?

2.请您谈谈本次大会中的"中国元素",您是否认为"中国参与"极大地丰富了世界人类学研究?为什么?

3.您认为在中国开展人类学研究有何天然优势?在中国开展哪些领域的人类学研究能对世界人类学研究作出较大的贡献?

4.请概括描述中国人类学研究现状和未来方向,中国与世界人类学发展的关系。

5.您认为人类学研究对中国经济、社会、文化发展最深远和最直接的影响是什么?

6.中国发展与人类学研究有何关系?世界人类学是否离不开中国?请您详细阐述。

非常感谢您能在百忙之中接受我的采访,希望您能在本月底前给我回复,谢谢!

我的联系方式:

TEL:××××××××××   办公室电话:××××××××××

邮箱：××××@163.com

qq：××××××××××

缪晓娟

该记者首先进行自我介绍，并说明此次采访的目的和主题，接下来才进入正式的提问。在提问结束后，最好还要对采访对象表示感谢，并说明希望对方回复的时限，以免耽误发稿时间。

2）聊天室采访或微采访

（1）适用场合与采访方式

采访者可以选择不同的采访对象进行不同话题的交流，也可以单独设立聊天室与特定的采访对象进行单独交流。目前，经常运用的是被采访者在特定时间、特定的聊天室接受采访。

①特点（非常规采访渠道）。

a.互动性较强：聊天室采访包括多人提问一人回答、多人提问多人回答等形式，基本以文字的方式进行实时问答、讨论，互动性比较强。

b.问答轻松、跳跃：聊天室或微采访选择的采访对象一般都比较有贴近性，采访氛围和聊天差不多，相对轻松、愉快、有亲切感。如果有网民参与采访、讨论，甚至会显得杂乱、跳跃。因而，近年来的聊天室采访一般都由专门的记者或者主持人独自对采访对象进行采访，避免主题过于分散。作为论坛采访的记者，要明确自己的采访主题，尽量引导采访沿着预定方向进行。

例如下面的例子，是妈妈网对亲子公众号的创始人大J的采访，案例为整理稿（http：//www.mama.cn，2016-05-30.）。

不忘初心，以爱为印
——专访大J小D公众号创始人Jessica
编辑：Nancy

【妈妈网特稿】大J，一位早产儿妈妈，坐标美国纽约，曾是知名外企经理，因为女儿早产，现为全职妈妈。2015年开创公众号"大J小D"，记录与28周早产宝宝一起奋斗的那些欢笑和泪水。分享在美国学到的育儿知识，没有理论翻译,只有在儿童医生指导下亲身实践过的心得。用心的育儿记录,陪伴大家一起成长。

本期【妈妈会客厅】有幸请到大J来做客,跟妈妈网的网友们一起来分享她一路走来的心路历程。

大J小D是个小而美的号,缘起爱的传递

妈妈网:你好!很荣幸你能接受妈妈网的专访。"大J小D"可以算是亲子公众号里面响当当的大号了吧,当时为什么会取名"大J小D"呢?有什么特殊的意义吗?

大J小D:你好,也很开心可以有机会和妈妈网一起分享一些我的故事。"大J小D"这个公众号绝对算不上是大号的,我一直说它是"小而美"(笑)。说起这个公众号的名字,其实是这样的:我的英文名叫Jessica,我女儿的英文名叫Dorothy,于是就取了我们两个人英文名字的首字母成了这个公众号的名字了。

我一直觉得妈妈是女人的一个角色,尽管这是很重要的角色,但绝对不是唯一的。这也是为什么尽管这是一个亲子公众号,但我并不想起像"小D妈妈"这样的名字,因为我分享的不仅是育儿,还有一个妈妈、一个女人的自我成长。

妈妈网:你历经千辛万苦产下28周的早产女儿小D,一般人都会认为这些经历是很私人的事情,是什么促使你把亲身经历拿出来跟妈妈们分享呢?

大J小D:这一路走来,女儿小D的确经历了很多很多难关。曾经有差不多一年多的时间,我都不敢和国内朋友聊天,就怕他们问起很多很多的经历,再说一遍还会揪心地痛。在小D一岁左右时,她的情况慢慢稳定了,头一年走得很辛苦,但我们很幸运,在纽约遇到了太多太多顶尖的医生和康复师。可以说,如果没有他们,小D走不到今天。

我们特别感恩,那时我就和老公商量,如何可以让我们收获到的爱传递下去。于是,就有了开一个微信公众号的念头,把我们的故事和我们在这里学到的知识分享出来给国内有需要的父母们。那时的想法特别简单,哪怕只是影响一个家庭,我们也会觉得很开心。这是一种正能量和爱的传递。

只有经历过的感悟心得,才能写得更深入、细致

妈妈网:我们知道写原创最重要的一个方面就是找选题,开通公众号以来,

43

100多篇文章里大部分都是你自己辛苦原创的,请问这些原创文章的灵感来源于哪儿呢?

大J小D:其实到现在已经有200多篇是我自己的原创了。要说灵感来源,那就是每天和女儿的朝夕相处,和我们康复师团队的日常交流。育儿,本身就是一个系统过程,而女儿因为早产的关系,不仅把大部分早产宝宝有的问题都经历了,也把很多足月宝宝的问题都放大了。所谓"久病成医"吧,这些就是我原创文章的来源。

这也是我现在一直坚持的,我只写女儿经历过的,不做任何理论翻译,因为我自己太明白了,经历过的感悟和单纯从育儿书中了解到的知识是不一样的,只有经历过,我才能写得更深入、更细致。

育儿知识是有时效性的,需要实时更新

妈妈网:你现在生活在美国纽约,分享给妈妈们的育儿经验都是在美国学习到的,不少新颖的育儿知识都让国内的妈妈们深受启发,你认为美国的育儿理念和国内的主流育儿理念有哪些区别?

大J小D:这个话题要展开讲其实挺大的,我简单说说我自己印象最深的几大区别吧。

首先,育儿知识是有时效性的。

这一点在美国体现得淋漓尽致,美国儿科协会每几年都会更新育儿知识,淘汰过时的知识,补充最新的知识。与之相比,国内在这方面的意识不是很强,很多儿保医生甚至还都沿袭着好几年前的陈旧知识。而这一点也是我发表公众号文章的一个侧重点,就是希望可以带给国内的妈妈们更新、更前沿的科学育儿知识。

其次,对于玩的重视。

国内存在一个大的误区,总是会觉得"玩"和"学习"是对立的。美国一直强调,越是会玩的孩子越聪明,但前提是家长需要了解如何引导孩子玩,需要给孩子创造环境进行玩耍。在美国,婴幼儿玩耍本身就是一门系统的科学,从玩具选择,到每个阶段孩子对应的玩耍技能,以及父母该如何互动都是有章可循的。这也是我发表的公众号想侧重分享给大家的一部分内容。

最后,孩子从出生后就是一个平等的人。

平等意味着尊重,再小的孩子都会希望父母把他当成大人一样看待。因此,家长有什么问题会和孩子一起商量;需要做什么事会提前和孩子打招呼;面对孩子发脾气时会同情理解孩子的情绪,并帮助孩子如何度过。而绝对不会"高高在上"地来"教育"孩子,把自己的意识强加于孩子身上,或者总是用负面态度给孩子贴标签。

平等也意味着"不搞特殊",1岁左右的孩子就要开始参与家务劳动,家庭活动不会以孩子为中心,有时也会让孩子承担一下自己行为的后果。从另一个角度看,这就是不"溺爱",任何特殊待遇都是溺爱,毕竟孩子长大后不会一直被特殊对待,倒不如从小就让孩子明白这个道理。

少一些套路,多一些走心。"用户黏性"的秘诀就是回归到人与人交往的根本

妈妈网:经常会看到你在文章下面加上一些微信群的介绍,你平时是怎么管理微信群的呢? 你认为怎样才能增加微信用户的黏性?

大J小D:说起这个,我其实特别感谢很多很多素未谋面的热心妈妈们。我现在是全职妈妈,女儿一周还需要进行13次康复训练,还要一个人打理公众号。如果不是这些热心妈妈愿意来帮助我一起管理这些群,我估计是搞不起来的。

其实,我从来没有考虑过所谓的用户黏性,因为我从来没把运营微信公众号当成一个事业,也没把关注我的人当成用户。相反,我一直觉得自己写的每篇文章就是在和朋友聊天,和闺蜜分享我的育儿经验。有不少妈妈朋友们评价我的公众号是有温度的,我想这就是文字的力量吧,它传递的不仅是知识,还有我的心情状态,我的文笔虽然不美,但我写作时的用心,大家是可以感受得到的。

有不少关注我时间长的妈妈们,我们真的就像老朋友一样,她们会和我说自己的心事,会和我分享宝宝照片,也会关注我住的城市天气,然后提醒我天凉了要注意保暖,还有很多邀请我们去他们城市玩的,等等。如果说,这就是所谓的"用户黏性",那我想秘诀就是回归到人与人交往的根本,少一些套路,多一些走心。

微讲座风格真实,坚持内容为王

妈妈网:在大J小D公众号上经常会看到一些微讲座的活动,策划这些活

动的出发点是什么呢？怎样才能让妈妈们参与到你的活动中来？有没有什么经验心得可以跟我们分享一下呢？

大J小D：微讲座的由来也是"无心插柳"，是因为我的国内闺蜜的儿子刚刚开始添加辅食，于是她就恶补我的公众号之前写过的辅食喂养要点系列的文章，但看完还是有些疑问，就和我进行语音询问，我就叽里呱啦地和她说了好久，听完她就感叹，你这么一说，再结合你的文章，就更容易理解了。然后她还揶揄我，说我写的文章更适合"学霸妈妈"，因为知识点太多，有时她看完不能完全消化，但听我讲一遍就顿时清晰很多了。

受到她的启发，我就尝试性地做了第一次微讲座，就是讲1岁内辅食喂养要点，没想到大家反响特别好，之后的讲座录音上线2天点击率就突破了3万。于是，后来我就把这个形式保留下来了，通过讲座的形式带着大家一起梳理我之前分享过的很多知识要点。目前做了差不多10场微讲座，都是我一个人讲。

要说经验不敢当，毕竟也是刚刚开始。自己的心得是内容为王，只有每次讲座都是"干货"，都能切身帮助妈妈们解决问题，才能形成口碑。而这点我自己还是挺自信的，这些"干货"全是我和女儿"打怪"的经验之谈。

其次，我的讲座风格就是真实，我自己也参与过一些微讲座，发现很多其实就是照书念，说得不痛不痒。而我所有分享的内容都是理论和实践结合的，我会分享很多小D曾经经历过的事，我当时自己的心理变化。我告诉大家的是一个普通妈妈如何克服困难的经验，而这也恰恰是很多妈妈喜欢来听我的讲座的原因，因为"经历过所以懂得"。

"商业"两个字是中性的，即使是商业化也不忘带着初心上路

妈妈网："推广"和"推荐"尽管一字之差，但背后的差别却大着呢。你发的"宝宝人生第一笔"的推广文章的点赞数超过了"头条讲座整理"，当时是一种什么感受？你认为公众号的商业化运营应该如何才能更好地被用户接受？

大J小D：尽管第一篇推广文章里的产品真的是小D使用过而且非常喜欢的，也是我自己非常认可的品牌，我心里还是挺忐忑的。但大家的反应的确是我始料未及的，有不少妈妈给我留言说，"看到你接广告我就放心了，不然你在曼哈顿生活成本太高了，我真的怕你哪一天因为生活压力要回去上班，无法继续这个公众号了。"这让我很感动，感动这份信任，也让我深刻地明白，自己只有做得更好才能回馈这份爱。

我个人一直觉得"商业"两个字是中性的,它不会改变一个公众号或者一个人的本质,它只是缺点和优点的放大器而已。如果说一个人真的在"商业化"中迷失了,那他丧失的无非是他本来就没有真正拥有的。我现在开始接推广,但我有自己的筛选原则,这也是为什么我的公众号推广并不多,我真的每天都会拒绝很多广告,因为我有一条自己的底线在那。不管今后走多远,带着初心上路,不求尽如人意,但求无愧于心。

最大的收获是友谊和让自己时刻保持思考的能力

妈妈网:大J小D公众号从成立到现在有一年的时间了,这段时间以来公众号带给你了些什么?或者说你最大的收获是什么?

大J小D:我最大的收获有两个:一个是友谊。真的没有想到通过这个公众号我竟然收获了那么多朋友,还和一些妈妈见面了。我一直开玩笑说,我青春期都没有跟网友见过面,现在当妈了竟然开始跟网友见面了。而且真的,好多人都感觉特别熟悉,不管是一直在后台给我留言聊天的,还是见过面的,感觉大家都是认识好久的样子,完全没有生疏的感觉。

另外一个收获就是让我自己时刻保持学习的能力。我当全职妈妈两年多了,这个角色因为没有外界约束,很容易让我们产生惰性,人一旦懒了,也就会随之懒得思考了。而因为有了这个公众号,我需要更新文章,我会更有意识地去观察、思考、总结,归纳总结能力、提问能力都比工作时更上一个台阶了,而且因为自己在不断地分享,也让我时刻注意到需要读书学习充电,不然光给予而没有补给很容易就会被掏空。

希望未来大J小D能保持它"小太阳"的温度

妈妈网:公众号运营了这么久,有没有遇到过什么困难?其中,让你觉得最困难的一件事情是什么?

大J小D:曾经我遇到过几个妈妈的宝宝过世,她们找到我,和我聊,后来,还有妈妈得了产后抑郁症来求助我。这时我深深地有种无力感,因为在这样的情况下,我知道任何语言都是苍白的。有好多次,看到她们发我的留言或者语音,我都会哭得泣不成声,但除了静静倾听,我真的不知道还能做什么。这可能是我的公众号运营这么久觉得最困难的事情了。

这也就是后来促成我在这个公众号收集产后抑郁故事和寻找长大后早产

宝宝的原因,我希望通过这个平台,把更多力量聚集起来互帮互助,我一个人的力量有限,但我始终相信再小的力量,凝聚起来就能形成洪流。我希望"大J小D"可以成为凝聚力量和传播力量的平台。

妈妈网:"大J小D"就像是你的另外一个孩子,你对"大J小D"未来的期望是什么?

大J小D:对于"大J小D"的未来,我希望它可以继续保持它的温度,不为了追求涨粉而追热点,不为了博眼球而标题党,而是坚持每一篇文章都是走心的,都是我们亲身经历过的感悟。

"大J小D"是有生命的,它分享的内容会随着小D的成长而改变,我希望它会是见证我和女儿成长以及还有无数妈妈和她们宝宝成长的平台。

当然,我也希望它可以得到更多朋友的关注,可以通过这个平台帮助更多有需要的人。

"大J小D"就像个小小的太阳,温暖了很多早产儿妈妈的心,而且她还是个有生命的公众号,随着小D和所有"大J小D"的宝宝们一起在长大,这大概是大家喜欢"大J小D"的重要原因吧,她亲和得就像你身边的一位好友。

②聊天室采访或微采访的适用场合。

a.适用于采访文体明星等公众人物。文体明星一般是大众关注的焦点,有一定的娱乐性,对他们的提问也没有太高深的专业性,适合用聊天室做采访。事实上,现在很多媒体也主要用网络聊天室采访和关注明星动态,且效果良好,如东快网的"明星会客室"。

b.适用于服务性指导。如请专家谈疾病预防、股评等,这一般由网友就自己关心的问题提问做客聊天室的一两位专家,由专家及时解答问题,做出专业指导。

如下文的例子,来源于新浪微访谈。

访谈简介

"美味不营养,营养不美味",很多注重营养又爱好美食的人都有这样的苦恼。全国著名健康类品牌栏目辽宁广播电视台《健康一身轻》,特邀《健康一身轻》金牌嘉宾——北京军区总医院高干病房首席营养配餐师于仁文,详解营养配餐的秘诀,把健康饮食和美食美味有机结合。微访谈时间9月12日19:00—22:00。

访谈内容(共 162 个问题,71 个回复)

殷舟 z:向 @于仁文营养配餐 提问:#健康一身轻#很喜欢烧烤的食物,但烧烤的方式对健康有很大的影响,怎么样才能既能吃到美味的烧烤又对健康不影响呢?谢谢。

9 月 11 日 18:27 来自微访谈-营养和美食可以兼得…

转发(3)｜收藏｜评论(2)

 本期嘉宾

于仁文营养配餐:#健康一身轻##健康一身轻微访谈#烧烤食物尽量少吃或不吃,如果实在要吃的话,可以选择锡箔纸包好后焗烤,或用泥巴和荷叶包好后焖烤,如果实在不接受,还可以用烤箱烤,尽量不用明火烧烤。吃烧烤类食物时要保证多吃新鲜水果、蔬菜,以减少有害物质对身体的伤害。

9 月 12 日 19:23 来自微访谈-营养和美食可以兼得…

转发(2)｜收藏｜评论(2)

桃子小夏:向 @于仁文营养配餐 提问:#健康一身轻#请问于老师,我常年都有很严重的黑眼圈,用了各种眼霜都没有效果,我才 23 岁,有人说是我身体内部有问题,是这样吗?

9 月 11 日 21:54 来自微访谈-营养和美食可以兼得…

转发(4)｜收藏｜评论(3)

 本期嘉宾

于仁文营养配餐:#健康一身轻##健康一身轻微访谈#注意保证睡眠,每天晚上 11 点前睡觉,中午保证睡眠半小时。多吃一些豆类和瓜类的食物,海带可以常吃。

9 月 12 日 19:19 来自微访谈-营养和美食可以兼得…

转发(3) | 收藏 | 评论(1)

紫苑宁:向 @于仁文营养配餐 提问:#健康一身轻#我血压很低,还不爱吃肉和鸡蛋,有没有什么美味可以推荐呢？谢谢于老师。

9 月 12 日 09:21 来自微访谈-营养和美食可以兼得…

转发(4) | 收藏 | 评论(2)

 本期嘉宾

于仁文营养配餐:#健康一身轻##健康一身轻微访谈#不吃鸡蛋和肉的确比较麻烦,那只好多喝两包牛奶、多吃些豆制品和蔬菜了,否则优质蛋白和脂溶性维生素容易缺乏。

9 月 12 日 19:18 来自微访谈-营养和美食可以兼得…

转发(3) | 收藏 | 评论(1)

牛仔酷妈:向 @于仁文营养配餐 提问:#健康一身轻#您好,我儿子今年 4 岁半,出生就是地图舌,现在气管也不太好,有哮喘的历史,平时应该注意些什么？

9 月 12 日 10:05 来自微访谈-营养和美食可以兼得…

转发(3) | 收藏 | 评论(2)

 本期嘉宾

于仁文营养配餐:#健康一身轻##健康一身轻微访谈#这种情况必须要用药物治疗了,饮食上多吃富含维生素并且健脾养胃的蔬菜水果和五谷杂粮。

9 月 12 日 19:16 来自微访谈-营养和美食可以兼得…

转发（2）｜收藏｜评论（1）

现代张打油：向 @于仁文营养配餐 提问：#健康一身轻#怎样提高烹饪技能？怎么做让色香味俱佳？

9月12日10：15 来自微访谈-营养和美食可以兼得…

转发（2）｜收藏｜评论（2）

 本期嘉宾

于仁文营养配餐：#健康一身轻##健康一身轻微访谈#呵呵，这个好说啊，回家后别让你老婆做饭，天天亲自动手做，色香味搭配好，主要不要常吃煎炸烧烤的食物，多做新鲜蔬菜菌藻类食物，多用五谷杂粮就好。如果不会做饭，可以先做炖菜和凉拌菜。

9月12日19：14 来自微访谈-营养和美食可以兼得…

转发（1）｜收藏｜评论（1）

冬日阳光3458：向 @于仁文营养配餐 提问：#健康一身轻#我爱喝杂粮粥，天天晚饭都是杂粮粥，可以吗？还是一周喝几次？哪些米是不可以天天吃的？比如薏仁米可以天天吃吗？杂粮粥中粗粮和大米的搭配有讲究吗？

9月12日10：24 来自微访谈-营养和美食可以兼得…

转发（2）｜收藏｜评论（5）

 本期嘉宾

于仁文营养配餐：#健康一身轻##健康一身轻微访谈#如果您的尿酸和肾脏没问题，杂粮当然可以天天吃，晚餐吃更好，晚上吃得清淡简单一些对身体比较好。薏米多在夏季常用，秋冬季节如果吃肉较多时也可以吃薏米。

9 月 12 日 19:12 来自微访谈-营养和美食可以兼得…

转发(1) ｜ 收藏 ｜ 评论(2)

瓔珞 money：对 @于仁文营养配餐 提问:#健康一身轻#　请问于老师,人一天能吃几个鸡蛋？老年人呢？

9 月 12 日 12:13 来自微访谈-营养和美食可以兼得…

转发(2) ｜ 收藏 ｜ 评论(2)

 本期嘉宾

于仁文营养配餐：#健康一身轻##健康一身轻微访谈#鸡蛋的话,成年人一天吃一个就可以了,如果换成鹌鹑蛋可以吃四五个,老年人如果没有高血脂,鸡蛋黄也可以吃,如果血脂高,一周吃一两个蛋黄可以,蛋清没问题。

9 月 12 日 19:10 来自微访谈-营养和美食可以兼得…

转发(1) ｜ 收藏 ｜ 评论(1)

晓静007：向 @于仁文营养配餐 提问：#健康一身轻#请问于老师,现在都自己做葡萄酒,酵素这些饮品经常喝对身体到底有没有好处？还有就是天天喝黑豆、黑芝麻、核桃混合的豆浆行吗？谢谢！

9 月 12 日 15:25 来自微访谈-营养和美食可以兼得…

转发(2) ｜ 收藏 ｜ 评论(2)

 本期嘉宾

于仁文营养配餐：#健康一身轻##健康一身轻微访谈# 如果自己的肾脏没问题,每天吃些植物蛋白丰富的食物倒是有好处,如果有慢性肾病、尿毒症、肌酐比较高、有尿蛋白、肌酐清除率低、尿酸高等情况,则不宜吃上述食物。

9 月 12 日 19:07　来自微访谈-营养和美食可以兼得…

转发(1)｜收藏｜评论(1)

Sharon 小竹 :向 @ 于仁文营养配餐 提问:#健康一身轻#上秋之后,开始觉得没精神,午睡的时间比以前长了半个小时,起来还是困。请问下于老师,我这种情况应该吃点什么调节一下?

9 月 12 日 16:43　来自微访谈-营养和美食可以兼得…

转发(2)｜收藏｜评论(3)

　本期嘉宾

于仁文营养配餐 :#健康一身轻##健康一身轻微访谈#要注意增加些碳水化合物类的主食,而且不要暴饮暴食。饭后血液偏向消化道集中,脑部血液供应量相对减少,所以容易感觉困。

9 月 12 日 19:06　来自微访谈-营养和美食可以兼得…

转发(1)｜收藏｜评论(1)

僖鼠妈妈 :向 @ 于仁文营养配餐 提问:#健康一身轻#于老师,能不能将你的自创美食编成一本菜谱呢? 这样更方便、更实用。

9 月 12 日 19:01　来自微访谈-营养和美食可以兼得…

转发(2)｜收藏｜评论(2)

　本期嘉宾

于仁文营养配餐 :#健康一身轻##健康一身轻微访谈#呵呵,这个问题辽台

在合适的时间会帮助解决！

9 月 12 日 19:05 来自微访谈-营养和美食可以兼得…

转发（1）｜收藏｜评论（1）

祥祥 xt：向 @于仁文营养配餐 提问：#健康一身轻#老师您好,我妈老是觉得冷,比如我们夏天都觉很热,就她不觉得热,是不是缺什么呀？这种情况应该吃点什么调节一下呢？请指教哦。

9 月 12 日 17:23 来自微访谈-营养和美食可以兼得…

转发（2）｜收藏｜评论（2）

 本期嘉宾

于仁文营养配餐：#健康一身轻##健康一身轻微访谈#一般情况下,老人的基础代谢水平降低,血液循环相对减慢,血氧饱和度降低,所以容易感觉身上发冷,如果抛除疾病因素,老人适度的运动,多用热水泡泡澡,多吃杂粮和薯类食物养胃健脾,多食猪血或细嫩的红色肉类补充血红素铁,这样都有一些积极作用。

9 月 12 日 19:04 来自微访谈-营养和美食可以兼得…

转发（1）｜收藏｜评论（1）

 本期嘉宾

于仁文营养配餐：#健康一身轻#我的微访谈"营养和美食可以兼得？"开始啦！今天我会在微访谈跟大家聊天,访谈时间是 19:00—22:00,快来提问吧！

9 月 12 日 18:48 来自微访谈-营养和美食可以兼得…

转发｜收藏｜评论

案例分析

①在组织方面,因为此次论坛采访的目的主要是为网友解答一些关于食疗方面的问题,为希望得到营养与美食兼顾的网友解决一些问题。所以在这期间,主持人并不是采访的主要实施者,而是变为广大网友作为采访的主要实施者。这

样的采访方式加强了交互性,可以让受众了解更多自己想要的"采访内容"。

②页面采取最新提问置顶的结构,因而采访记录的开头在最后一页的最下方,由主持人介绍本次微访谈的主题和采访目的,并在旁边介绍访谈的嘉宾与主持人的基本资料。开场比较简单,直入主题,这也符合微访谈的特点,强化了微访谈的优越性。

③在采访过程中的提问技巧方面,由于是许多网友向嘉宾提出问题,在这期间,主持人则作为采访信息的提炼者,将网友的问题进行筛选与组织,虽然不能直接进行提问,但是可以从侧面保证问题的准确性,便于嘉宾与网友的沟通与理解,大幅度确保问题的不重复及回答的质量。虽然从专业的采访角度,有些问题的提问比较片面,但是作为一则服务类型的论坛采访,做得比较得当。

④总体来说,在这次微访谈中,主持人仅作为活动的组织者,主要参与者是网友与嘉宾,而主持人将这次采访也"组织"得十分成功,让网友与嘉宾都得到了比较满意的结果。

c.一般不适合对专家学者的深度采访,除了一些基础好的BBS(论坛)。由于聊天室采访有杂乱、跳跃的特点,很难形成富有逻辑性的采访体系,而且网民素质参差不齐,因此,除了一些基础好的论坛,如人民网的"强国论坛"等,一般不适合对专家学者进行深度采访。

③采访方式。

a.记者、编辑控制。记者、编辑作为版主或主持人,控制整个聊天室采访的进程,对于网民的提问先把关过滤,把较好的问题推送到前台让嘉宾回答,而一些重复的或与主题无关的问题则在后台删掉,不在网页上呈现。这种方式,基本能保证提问的质量,且问题都能围绕主题展开。

b.对网民和嘉宾的交流不作任何干预,只记录交流过程,事后整理成新闻作品。

c.记者作为众多网民中的一员,主动积极参与,获得自己所要信息。记者以普通网民的身份参与聊天室讨论,与众多网民一起,提出自己想知道的问题,这时记者就要注意运用提问技巧,引起嘉宾注意,从而使自己的问题得到回答。

(2)提问技巧

在聊天室采访中,记者参与多方讨论时,需要引起嘉宾的注意。其方式有:

①体现人情味。

②加强针对性。

③适当刺激。

④反复提问。

（3）聊天内容的整理

聊天记录可以直接呈现，但很多网站会整理成新闻稿。

3）即时聊天采访

截至2013年，我国经常使用"即时聊天工具"的网民规模达5.32亿，使用率为86.2%。使用即时聊天工具，不仅可以即时交谈，而且还可以即时传递文件。只要记得被采访者的聊天账号，上网就可以随时呼叫对方。目前使用较广泛的聊天工具如QQ、阿里旺旺等。

运用即时聊天工具进行采访的特点：

①网络寻呼，方便找到交流对象，实时交流。

②主要是文字交流，因此电子邮件采访的注意事项同样适用于即时聊天采访。

③现在有视频、音频功能，因此越来越接近面对面采访。

④采访对象的选择可以是事先约好（认识的），也可以是随机的。随机的情况适合做网上调查，但由于匿名性，需注意鉴别信息的真伪。如下面是记者"刘清荷"采访某惊悚小说作者"追月逐花"的案例。记者以QQ采访的方式进行采访，双方用的都是网络昵称，对话较为随意，而且方便实时追问，适合不是特别正式的采访话题。

刘清荷：你的这部惊悚小说写出来是带有戏剧性的，朝这方面发展是好事。你的格言是：任何理想，只要相信便能实现！我想问一下，你相信梦想是走出来的吗？如果相信的话，那在行动与相信之间，你最先选择哪一个？

追月逐花：准确地说这两者很难分。因为行动才需要相信，因为相信才能行动。准确地说我会相信行动吧。

刘清荷：恐怖小说写作中思想、恐怖效果、社会效应、灵感触击、读者接受程度等是写恐怖小说要注意的几个方面，我想问一下，你认为恐怖小说在哪方面最重要？你是如何做好这方面的？

追月逐花：在思想方面我认为恐怖小说不应该是单纯吓人的东西，应该是批判小说或寓言的升级形态，因为比较尖锐，所以用恐怖来表现。至于在恐怖效果、社会效应、读者接受程度上,我就是拿自己做实验,以自己的感觉来判定。我的"口味"和大众差不多,所以只要我自己感觉还良好的话应该是差不离的。至于灵感方面,我则有些像"改造机"了,我会把我日常生活中看到的任何一个有趣的片段改造成怪谈,不过也许在别人那里会变成写言情小说的材料吧。

刘清荷:好,我赞同恐怖不是单纯的恐怖,更是一种对现实的批判,就如同写讽刺小说、寓言一样。你这部作品的优点在哪里?《红袖》50多万这么高的点击率,你觉得他们最喜欢作品里的哪些内容?

追月逐花:我觉得我的作品优点在于它比较"杂",内容是综合性的,适合各种"口味"的读者阅读。关于读者喜欢哪一点我也得到过很多不同意见,有的喜欢里面的惊悚加搞笑的模式,有的喜欢里面的青春成长类的内容,有的则单纯喜欢惊悚的情节。其实综合起来说,他们还是喜欢我作品中的"杂"。

刘清荷:文辞华丽与思想怪异、恐怖与惊悚、场景的变化无穷及灵异事件的融入等,这是创作惊悚小说要注意的,你是如何处理这几者的关系的?

追月逐花:我的方法还是很原始,就是先写过之后隔一段时间自己再看。我对我的欣赏"口味"还是挺自负的,凡是我认为不适合的立即改掉,认为该加上的再加上。

刘清荷:写作恐怖小说有一种等式:人+爱情(或其他情感)+恐怖+怪异事件+场景变化=恐怖小说。你认为对吗?

追月逐花:不对。惊悚是无孔不入的,即使在一间陋室里,只有一个人,只有一段狂想,也可以造出很恐怖的效果。

刘清荷:呵呵,"作家创造世界",你赞同这样的观点吗?

追月逐花:不赞同。作家是被创造的,作家只是在反映这个世界的形态而已。

……

刘清荷:我是说,一部分人利用恐怖小说的情节或编造恐怖小说的事实来骗钱害人,危害社会,扰乱治安,你认为他们该如何处理?

追月逐花:这种人,呵呵,是有不少传播谣言的,但好像都来自于民间的谣传,来自恐怖小说的真没有多少,因为恐怖小说中的有些情节可操作性很差。这种人国家法律会收拾的,治安管理条例上写明了对这种人的处理方法。

刘清荷:呵呵,开个玩笑。本来是想说:我怕有人模仿你小说中的内容去干坏事呢?

追月逐花:不会的。因为我的小说中的方法都是高难度的,一般人很难模仿。

刘清荷:呵呵,好的,与你交流,我总能学到一些新鲜趣味的知识,也让我认清了恐怖小说只是恐怖的外表,要拥有健康快乐的内心才是真正读懂了你的恐怖小说,有空我一定好好看一看。

追月逐花:好的。欢迎你来看。

刘清荷:还没有吃晚饭吧?

追月逐花:是的。

刘清荷:那行,今晚到此为止,如有需要,我们改天再聊一下。说真的我没有把这次当访谈,只当私下聊天。

4)网络电话

对于记者而言,网络电话的好处包括:

①简单快捷。为了追求新闻报道的时效性和对某些重点新闻事件进行全方位跟踪,使用网络电话采访当然是最迅捷的方式之一,而且网络电话采访能与采访对象声音互动。

②节约费用。由于电话采访的特殊性,长途电话、多次反复通话和单次长时间通话几乎是家常便饭,更有记者全国各地、天南海北地采访或搜集新闻素材,出差时手机的漫游通话费每年也是一笔不小的支出。而网络电话可以切实节省大笔的传统通话费支出,随处用网络电话与任何一个被采访对象进行电话长聊都不必担心长途话费会超出自己的预算。

③辅助采访。为了反映最真实的新闻事件和真相,匿名采访和录音采访等都是最常用的新闻采集手段,网络电话可以不显示主叫用户真实的座机及手机号码(当然用户也无任何权限修改显示号码,这一点也是大品牌网络电话的一种行业自律),并且在一些网络电话的软件客户端还提供有对所有通话的即时录音和智能管理功能,以及客户端的手机短信发送和群发功能等。能够很好地辅助采访是使用网络电话的第三个好处,也是众多记者主动选择网络电话作为通信工具首选的一个关键因素。下文是南方都市报记者采用网络电话对美国"9·11"事件的遗孀进行的采访报道。

南都记者越洋网络电话采访 超越"9·11"：一名"9·11遗孀"的拯救

进行时　● 她的丈夫成为恐怖主义的牺牲品
　　　　● 她却收起仇恨去资助上千个阿富汗寡妇

http://www.sina.com.cn　2010年09月11日14:35　《南方都市报》

瑞蒂克

美国总统奥巴马向瑞蒂克颁奖

瑞蒂克到阿富汗探望当地女孩

纽约世贸中心9年前被袭击的情景

在仇恨面前,没有任何人能幸免。我的亲身经历告诉我,任何形式的暴力,无论是因谁而起,都不是解决问题的办法。

——"9·11"幸存者南希·考夫曼

2001年9月11日上午8时48分,第一架飞机撞向世贸中心北塔,这架波音767飞机是美国航空公司由波士顿飞往洛杉矶的第11次航班。

那个上午,马萨诸塞州居民苏珊·瑞蒂克(Susan Retik)从美国国家公共电台(NPR)得到了飞机撞上世贸中心大楼的消息。直到回到家,她才发现丈夫戴维搭乘的正是那架死亡航班。瑞蒂克感到一切都破碎了,"最悲惨的噩梦已然降临"。

此后,瑞蒂克没有想到,她的人生轨迹会中途突然改变,她的生活与遥远的阿富汗挂上钩。瑞蒂克对"9·11"恐怖袭击事件做出的反应也许是美国人最意想不到的:她放弃了仇恨,将悲痛搁在一边,转而给远在地球另一边的阿富汗人送去希望,而正是来自那个国家的恐怖分子酝酿了她的个人悲剧。

"9·11"9周年前夕,美国《纽约时报》文章称瑞蒂克为"9·11事件的拯救者",文章称"她的事业是联合有信念者与人类共同的敌人——无知、贫困所作的令人振奋的一场战斗,它表明道德和精神力量能真正消灭恐怖主义"。

昨天,南方都市报记者通过网络电话采访了瑞蒂克。她不太想提起个人的伤痛经历,在她看来,现在的生活、工作更为重要。"作为一名'9·11'寡妇,的确非常不幸、非常让人悲伤,但这种个人经历帮我创造了一个慈善平台和说话的机会。我必须利用这个平台来帮助其他的人。"

与阿富汗结缘

"阿富汗妇女本身的生活就已十分艰难,而作为遗孀会遇到更大的挑战。于是,我想去帮助她们,让她们也得到我曾经得到过的那种帮助。"

毕竟,"9·11"是瑞蒂克人生的一个转折点。在那之前,她的生活像其他人一样悠游自在。出生于美国费城的瑞蒂克毕业于纽约科尔盖特大学,取得文学学士学位。在纽约,瑞蒂克遇到了她未来的丈夫戴维。毕业后,瑞蒂克先是在纽约工作,后来搬到马萨诸塞州的尼德姆镇。在得知丈夫遇难时,瑞蒂克已育有两个小孩,同时还怀着第三个宝宝。

在最绝望的时刻,瑞蒂克得到了外界宝贵的精神支持和物质帮助。"我的家人和朋友给了我很大支持,甚至是美国和世界上其他国家的一些陌生人都在鼓励我、帮助我。"瑞蒂克告诉南都记者,很多人给她写信,寄来卡片,甚至是手工缝制的被子,还有人帮她做好饭。

在艰难的日子里,瑞蒂克结识了帕蒂·奎格利(Patti Quigley)。奎格利的丈夫也在"9·11"袭击中遇难,她当时也已有身孕,共同的遭遇让她们走到了一起。一部有关阿富汗妇女的电视节目让她们将目光投向了地球另一边的阿富汗:由于常年的战乱冲突,阿富汗约有100万名妇女丧夫。在这个世界上最贫穷的国度里,寡妇又是最穷困、最无助的群体。在阿富汗那样的父权社会,成为寡妇意味着失去了所有的社会保障和尊敬,会失去仅有的一点财产,连抚养小孩都很困难。在"超越9·11"网站上,关于阿富汗寡妇有这样一组数据:约90%的寡妇有孩子,平均每人有4个孩子,94%的人是文盲。在这样的情况下,她们生存现实的艰难惨淡可想而知。据联合国妇女发展基金会2006年的一份统计显示,阿富汗首都喀布尔5万名寡妇中65%的人将自杀作为她们摆脱痛苦的唯一出路。

瑞蒂克和奎格利感到,她们远比阿富汗寡妇幸运。瑞蒂克说:"我意识到,正是当时获得了那些帮助使我的痛苦得到缓解,而那些阿富汗的寡妇却得不到任何类似的帮助和支持。阿富汗妇女本身的生活就已十分艰难,而作为遗孀会遇到更大的挑战。于是,我想去帮助她们,让她们也得到我曾经得到的那种帮助。"

当美军进入阿富汗,搜寻"基地"组织领导人本·拉登以及其他策划"9·11"袭击的恐怖分子时,瑞蒂克和奎格利意识到,美国的军事行动将导致一些无辜的人受到伤害。"我意识到会有更多的阿富汗女性将失去丈夫,成为寡妇。之所以有很多恐怖分子在阿富汗受训,是因为那里具有滋生恐怖主义的土壤——国家处于失控状态,没有一个强有力的中央政府。而且,一些阿富汗女性有可能会被恐怖分子利用,变成像杀害她们的丈夫一样的人。"

2003年,她们决定共同创建一个名为"超越9·11"的非营利性基金会,专门帮助阿富汗的寡妇。虽然奎格利女士后来退出了"超越9·11"基金会,但她仍然继续从事诸如救助阿富汗孩子等慈善工作。

帮助他人帮助自己

"想到送她们(阿富汗妇女)一张美国大房子的照片,门前停着汽车,有草坪、鲜花……那种内疚我难以言表。"

在瑞蒂克看来,教育和增强能力是创造持久社会变化的关键因素,她牵头的这个组织积极为那些帮助阿富汗寡妇获得谋生技能的项目提供资助。9月8日,《纽约时报》专栏作家纪思道撰文总结了瑞蒂克和"超越9·11"所做的工作:过去几年,"超越9·11"基金共帮助超过1000名阿富汗寡妇做小买卖,让她们能够自给自足。"超越9·11"基金会的一个主要的项目是在阿富汗建立妇女中心,妇女在那里可以编织地毯来赚钱,该中心由一个叫Arzu的救助小组管理。中心里有面包店,并开设了扫盲课程等。"超越9·11"基金甚至资助这样的项目:为阿富汗寡妇购买小鸡,养大后出售鸡蛋赚钱。她们的资助项目还包括,通过一个名为"Business Council for Peace"的小组运营的一家制造足球的工厂来对阿富汗妇女进行培训,让那些失业的寡妇通过缝制足球赚取收入。她们还计划赞助一些小额信贷项目,通过培训护士来降低分娩时的死亡率,等等。

那么多人需要帮助,瑞蒂克如何忙得过来?"面对100万名阿富汗寡妇,我没有神奇的力量,无法帮助她们每一个人,只是尽我们所能。我们的机构帮助她们学会一技之长,帮助她们从事经营,我相信那些接受我们帮助的阿富汗妇女将会有不一样的生活。"她告诉南都记者。

一部《超越信仰》的纪录片讲述了瑞蒂克和奎格利的故事:她们为阿富汗寡妇筹集资金,并最终去阿富汗探望了那些她们帮助过的妇女。那是2006年的事,当时瑞蒂克决定亲自去一趟阿富汗,实地考察阿富汗妇女的处境。

瑞蒂克的日记中仍然记着她当时的出发点:"当我谈到'超越9·11'以及我们所做的工作时,我经常感觉自己像是一个骗子,因为我了解到的(阿富汗妇女)情况都不是第一手信息。我们谈论我们作为寡妇的经历让我们对阿富汗寡妇的遭遇感同身受,但事实上我们与她们的生活有天壤之别,我们根本不可能想象阿富汗寡妇如何生活。"

瑞蒂克说,那次阿富汗之行是一次不可思议的体验,"看到那么多阿富汗妇女直接受益于我们资助的项目,我们很激动。她们给了我们一个难得的机会,在帮助她们的过程中我们也得到了很多宝贵的东西。"

瑞蒂克仍然记得一个细节——她们照了不少相片,结果有阿富汗妇女问瑞蒂克,能否把她在美国的大房子照片给她们看看。瑞蒂克在日记中写下了当时的感受:"想到送她们一张照片,门前停着汽车,有草坪、鲜花……那种内疚难以言表。"瑞蒂克曾经认为她拥有的一切理所当然,而那次的阿富汗之行让她感到惭愧——她们最后一天去了8户阿富汗人家,每户都只有一间房,都没有自来水,也几乎都没有电力供应。

"9·11"事件的拯救者

"继续为阿富汗寡妇奔走,我无悔于自己的选择。我们将继续努力为她们工作,帮她们发声。"

面对阿富汗的现实,瑞蒂克承认一个基金会无法改变一个国家。"但我认为,如果很多、很多机构都来为阿富汗做类似的事,为他们提供教育、就业机会、培训、医疗服务、学校,我们就更有可能把阿富汗变成一个和平的国度,"她说。

《纽约时报》专栏作家纪思道高度评价瑞蒂克的工作,将她称为"'9·11'事件的拯救者"。他说:"我佩服瑞蒂克女士的部分原因是,她为笼罩着这个'9·11'周年纪念日的反伊斯兰气氛带来了清新剂。瑞蒂克女士展示了另一种视野——前往清真寺(演讲)以及和穆斯林一起工作,未来变成寡妇的人将变少。"

过去的9年,瑞蒂克获得了很多荣誉。其中让她印象最深刻的是不久前获得的美国"总统公民奖章",由总统奥巴马亲自颁发。"那是一项很高的荣誉,见到奥巴马总统的感觉很好。获得这样的荣誉是对我们的肯定,将给阿富汗需要帮助的人带来更多的希望。"

虽然瑞蒂克已再婚,但她仍然继续为阿富汗寡妇奔走,她无悔于自己的选择。"这是很棒的选择,我们将继续努力为她们工作,帮她们发声。"至于未来的计划和希望,瑞蒂克表示将继续为阿富汗寡妇筹集资金。"我希望,随着时间的推移,越来越多的阿富汗妇女能获得受教育的机会,能接受技能培训,"瑞蒂克说,"我希望阿富汗的下一代能生活在一个和平的国度里,阿富汗将由他们来重建,并决定这个国家的方向。这就是我的希望。"

综述

9年,这个世界变得更安全了吗?

这个"9·11"周年纪念日前夕,一股反伊斯兰的暗流在美国社会涌动。9年后,美国以及这个世界是否变得更好,更安全?美国以及这个世界发生了哪些重要变化?

美国著名智库传统基金会高级研究员成斌(Dean Cheng)认为,9年是一段很长的时间,显然期间发生了很多变化。在成斌看来,与"9·11"有关的最重要变化包括如下:

首先,无论是美国还是其他国家,都更加重视反恐。"9·11"是一个转折性的事件,必须看到,在那几年里恐怖主义也在其他一些国家肆虐。例如,印度尼西亚遭遇巴厘岛爆炸,伦敦和马德里都遭到恐怖袭击。其次,各国越发重视联合反恐。这其中包括美中之间的合作,以及西方国家之间的合作等,亚洲国家之间也加强了合作。上海合作组织举行联合演习,也是将反恐作为重要内容,这也标志着中国参与到国际反恐行动之中。军事行动只是一个方面,阻断"基地"组织的资金来源也是打击恐怖主义的重要手段。第三,除了恐怖主义,摧毁萨达姆政权也是"9·11"后的一个重要事件。

不过,让成斌感到遗憾的是,国际的紧张局势依旧存在,"核扩散的危险依然困扰着世界,如朝鲜和伊朗这两国。另外一种担忧也一如既往——恐怖分子有可能获得核材料甚至核武器。不幸的是,这种情况在"9·11"之后并没有得到改观,甚至(由于朝鲜已经进行了核试验)变得更为严重。"

美国政府采取的一些行动,是否使美国和这个世界变得更安全?成斌表示:"在'9·11'之前,很多人不清楚文明世界所面临威胁的严重程度。'基地'组织在阿富汗肆无忌惮。现在,'基地'组织的很多高层领导人都已经被打死,他们的融资渠道也遭到破坏。消灭他们的领导人以及经验丰富的骨干人物是消减恐怖主义威胁最重要的手段。"

"超越9·11"基金负责人瑞蒂克不太确定这个世界是否变得更好。她说:"我对此表示怀疑。但我知道,各种各样的人都参与到了'超越9·11'的项目中,不论他们有着什么信仰,他们支持不同群体之间的互爱互助。我认为,媒体的报道经常制造出一种社会充满仇恨的错觉。"

南希·考夫曼是经历过"9·11"的一名美国女性。她认为过去9年发生的最大变化是缺乏安全感。"只要我们在本土,我们就会安全"的观念已经不再存在。她告诉南都记者,只有时间才能证明美国和世界其他地方是否变得更好或更安全。"作为美国人,我感觉更安全,因为我们经历袭击并活了下来。而这9年,美国本土也没有发生其他的恐怖袭击。如果我们从'9·11'吸取了什么教训,那就是——在仇恨面前,没有任何人能幸免。我的亲身经历告诉我,任何形式的暴力,无论是因谁而起,都不是解决问题的办法。"

南都记者　周勇进

1.4.2　实地采访

尽管网络新闻采访有着强大的得天独厚的技术优势,但伴随着网络采访的广泛应用,也出现了一些新的问题。因为网络新闻是依托网络直接进行的,当记者在网络上与采访对象进行通信或交谈时,就会失去耳闻目睹新闻现场的机会,长此下去,就会影响新闻事实的准确性和生动性,从而所做的报道也缺乏现场感。因此,对事件性的报道一般不宜在网络中直接进行采访。

试想,如果是一件惊天动地的大事,或是一场惊心动魄的比赛,仅仅依靠网络,是采访不到深入其境的新闻的。

另外,网络成为一个全新的开放式媒体,上网的任何个人都可以在网上发布消息、检索资料、寻找新闻线索,且一般无人能够阻止和控制,因此,在下载某类信息时,有时会出现失真现象或涉及版权之争。

还值得一提的是,由于计算机软硬件升级换代的速度越来越快,要能熟练地进行网络采访,记者必须投入更多精力去熟悉计算机,掌握不断更新的网络技术。

以上种种局限,决定了网络采访是不能超越传统采访的,它只能是记者采访手段的一把"快刀"。很多情况下,网络记者还是要借助传统的采访方式完成采访,如直面采访、视觉采访、体验式采访、隐性采访等。因为新闻采访课程有专门介绍,在此不再赘述。

实训练习

掌握了以上网络采访的知识点和技能,现在请同学们来尝试运用网上采访的形式进行新闻采访。

网络采访引导文

专业名称	新闻采编与制作			
学习领域	网络新闻制作			
学习情境	网络采访			
学　时	8 课时课内+8 课时课外			
组　别		姓　名		座　号

任务描述:
通过本学习情境的学习,能够完成以下工作:
1.信息的收集和整理。
2.明确报道思想。
3.查找新闻线索。
4.确定并联系采访对象。
5.选择合适的采访方式。
6.列采访提纲。
7.实施新闻采访。

资讯阶段	1.近期校内外有哪些值得采访的新闻事件或人物? 信息渠道:校园网、校报、校园广播台……还可以通过其他什么渠道获得线索? 2.本次新闻采访后要完成的报道体裁? 消息、通讯、深度报道…… 3.打算采用的新闻报道媒体形式:文字、视频、音频、图文…… 4.网络采访有哪些注意事项? 哪些情况适合网络采访? 哪些情况不宜用网络采访? 5.选择的采访主题是否可以结合网络采访? 6.是否需要传统的采访方式辅助? 需要什么采访方式?

续表

计划、决策阶段	1.此次采访的主题、角度？ 2.需要采访哪些人？ 3.可以使用哪些网络采访方式？ 4.针对采访对象拟订采访提纲。 5.是否需要实地采访？需要哪些采访器材？ 6.优化实施计划,确定最佳实施方案。
实施阶段	1.联系采访对象。 2.用网络进行事件、人物的采访。 思考:①采访的目的是什么？对象选择是否得当？ 　　　②采访过程中应注意的事项。 3.实地采访的辅助。 4.整理新闻素材,检查是否需要补充采访。 5.确定新闻写作主题。

续表

检查、评估阶段	1.采访的评分标准。 ①报道思想明确。（25分） ②新闻主题明确,采访角度合适。（25分） ③网络采访方式得当,实地采访配合良好。（25分） ④采访素材及时、明确、完整,能作为新闻素材。（25分） 2.根据以上评价标准进行考核评估。

组 名	自 评 （10%）	小组互评 （30%）	教师评价 （60%）	合 计

岗位任务2　网络新闻写作

2.1　写作前的准备

当经历了第一阶段的采访后,接下来的工作环节便是新闻文稿的写作。但请注意,不要匆匆动笔或急于坐在计算机前敲击键盘,有些新闻稿的写作还应当有一个过渡环节,严格上说也是一道程序,即写作前的准备。那写作之前还要做哪些准备工作呢?

2.1.1　对采访素材的判定

在福州城区内有两辆汽车相撞,事主都受了伤,那么,当地报纸、电视可能会将其当做新闻报道,但网络新闻却可能不予关注,除非两个事主都是社会名人,或者这件事存在很大的蹊跷。因此,首先得对采访的素材进行判断,看其是否具有新闻价值。因为有些事件在当地是新闻,但放在网络这样一个全国性的新闻大背景中就未必是新闻了,充其量它只能放在社区新闻中。当所采访的素材不具备新闻要素时,就要勇于放弃,放弃也是新闻记者必备的心理素质,没有百分之百的成功采访。不要害怕和羞愧于失败的采访,敢于承受失败才会积累更多的经验,直到理解了什么是真正的新闻。

那么,究竟什么是新闻呢?要给它下一个定义的确有些困难。按照国外的理论定义,它可以是:

①"人咬狗";

②你从未听说过的事情;

③幸福或痛苦,快乐或烦恼;

④编辑和记者所说的一切。

除了"人咬狗",我们对后三种提法可能没有异议。其实"人咬狗"就包含在第二条定义中,同属于"你从未听说过的事情",只是西方记者把它加以形象化地表述罢了,所以不必对此定义进行嘲讽。如果记者能依据上述的几条定义去判断自己的采访素材,就基本知晓了什么是新闻。

2.1.2 对新闻素材的整理

几乎所有采访所得的素材都会不同程度地存在着芜杂、凌乱和无序,如果没有将这些原始素材归类整理、去粗取精、去伪存真,新闻的价值就会大打折扣。整理素材的行为包括将采访的文字、谈话录音、影像等进行归类、筛选,直至留下有用的部分。当然这里还有个人习惯和新闻要求的不同,有的人更愿意在写作的过程中对新闻素材进行归类、整理和筛选。一些重大新闻因为时效性的要求,有时就无法做太多的写作前准备,完全凭借记者自身的丰富经验和直觉一挥而就,但一个初入门的记者则尽可能不要如此行事,还是多做些写作前的工作为好。

经过以上两个环节的准备,现在可以正式进入写作了。

2.2 网络新闻写作

人们喜欢将写文章比喻成盖房子,是按照一定的结构来进行的,这个比喻虽有些老套,但还是很符合写作的基本程序。在网络新闻写作过程中,它就必须像盖建一座楼房一样依循设计的完整结构进行,这个结构应当是:

标题—导语—正文—结尾。

四个部分可以看做四道程序,不管网络科技发展多快,但它还必须依照传统的写作程序写文章,下面就先来分解第一道程序——网络新闻的标题。

2.2.1　标题

在说明这个问题之前,必须先分清网络新闻标题与报纸新闻标准的区别。这是因为网络新闻的标题是以电子文本形式付诸于阅读,而报纸与之相近,只是以纸质文本形式呈现,两者都属于文本阅读的语境,既有其共性,但也存在着差异。具体差别主要表现在报纸上。报纸新闻标题除了遵循标题的一般性原则外,它主要表现出下面几个特点:

1)报纸新闻标题讲求的效果

"耸人听闻"的文字;刻意设计的字体、字号、字色;多标题的呈现。

①为何要"耸人听闻"的文字?依据阅读报纸的心理习惯,人们总是从浏览版面上标题开始看报,当标题的视觉具有强烈的震撼和耸动效果时,其新闻受关注的程度就高,被阅读的可能性就越大。因此,用"耸人听闻"的文字来书写标题最恰当不过。"耸人听闻"的文字不能简单地看作是一种噱头或是市场卖点,它契合阅读习惯和记者、编辑的编排意图。请看这样一个案例:

【苹果时报】头版标题

<h2 style="text-align:center">台北车站黑暗期来了</h2>

这是我国台湾《苹果时报》2011 年 1 月 17 日在头版上发表的一条消息。乍看的确容易被它的文字所吸引并产生诸多揣测:台北车站的"黑暗期"是经营恶化?还是设施环境变糟?甚至可能是政治隐语?当读者带着疑问去阅读文章内容时才解开谜团。原来台北火车站年久失修,屋顶漏水,公厕破旧,当局决定从即日起对车站进行为期 8 个月的修葺,这就是所谓的"黑暗期"。标题确有些耸人耳目,但如果记者用大实话"台北火车站要修葺 8 个月"来做标题,恐怕读者浏览了标题后就已达到信息饱和点,无须继续阅读,那这则新闻也就白写了。

再看下面这个标题。

【东南早报】A22 版 2011 年 5 月 17 日

<h2 style="text-align:center">故宫丢了文物又丢人</h2>

单就故宫博物院丢失文物,这个标题已经够耸人听闻了,谁都知道那里面收藏着很多国宝级文物,损失可谓之大,可不仅丢失文物还丢人,这又增加一层

悬念。因为乍一看还以为故宫的什么重要人物跟着一起丢失。原来是故宫在丢失文物之后，又做了一件丧失颜面的事情。原来事情是这样的：

2011 年 5 月 8 日，香港两依藏博物馆在北京故宫博物院展出近代文物，但其中有 9 件文物被盗。案发后，警方在 24 小时内就宣布案件告破并找回其中的 6 件被盗物品：金嵌钻石百宝匣、金嵌钻石粉盒、金錾花嵌钻晚装手袋、金嵌宝石龟饰粉盒、金嵌珐琅花饰粉盒、金椭圆形嵌珐琅斜格纹粉盒。

故宫博物院为表感谢于 5 月 13 日到北京市公安局赠送锦旗，然而，在赠送的锦旗上一面居然写有"撼祖国强盛 卫京都泰安"的字，引起社会舆论一片哗然。因为稍有文化的人都会看出"撼祖国强盛"的"撼"字和锦旗所想表达的意思完全相反，"撼"为"摇，动摇"之意。难道他想要说动摇祖国的强盛？堂堂的故宫居然写出错别字，实在太离谱。于是媒体纷纷报道这个消息，连网民们也大加嘲讽。

上面所举的就是《东南早报》一篇报道的标题。这个标题不仅因"故宫丢失文物"几个字而抢眼，还因为"丢人"而多了一层悬念。标题主要在两个"丢"字用得巧。前一个为本义，后一个则为引申义即没有因同字重复而带来文句的累赘，又可以在一个字上产生两种解读效果，令人发笑，也令人回味，这就是"耸人听闻"文字的效果。好的标题总是以一个有悬念或有韵味的句子引发读者的好奇。

当然，并不是所有新闻标题都需要用上"耸人听闻"的文字，有些重大政要新闻单是作为信息播报就已经很受人们的关注了，例如中共的党代会、政府的重要工作会议。用"耸人听闻"的标题反而失之严肃和庄重。

②为何要刻意设计的字体、字号、字色？"耸人听闻"的文字仅仅是内容的显现，要达到吸引眼球的最佳效果，形式的表现也颇为重要。因此，这些"耸人听闻"的标题常常用加大字号，变化字体和套色相匹配，以强化标题的视觉冲击效果。以上两例均用一号字与正文的小四号字形成较大的反差，标题的视觉效果更强烈。

③为何要多标题的呈现？虽然"耸人听闻"的标题具有强烈的视觉效果，但也有不足之处。因为要强化某项行为、某个细节、某句话语，标题就不可避免地存在一定的片面、突兀甚至是不知所云。如果此时在主标题之下安上一个副标题，使之对主标题加以进一步说明、解释、补充，就可进一步吸引读者继续阅读的兴趣，防止了单标题的语义不全而导致读者舍弃的念头。上面列举的两个标

题都存在一定程度的突兀和不知所云,所以都配有副标题进一步说明。比如"故宫丢了文物又丢人"的标题就有一条副标题"送锦旗出现错别字 引发网友强烈反响"来解释说明丢人是怎么回事,又产生了什么社会效果。当然,有时一个副标题尚显不够,作者还会再多加一个标题而形成三级标题的互补形式。由于可以采用多标题化,报纸新闻的标题尤其显得重要,几乎可以与内容平分秋色。相比之下,网络新闻标题的分量就没报纸的那么重了。那网络新闻标题又该怎么拟呢?

2)网络新闻标题遵循的原则

在网络新闻的页面上,新闻标题几乎是中规中矩地按新闻类型排列,比如国际新闻、国内新闻、体育新闻、财经新闻,等等。既没有突出的字体和字号,也没有惊悚的文字出现,网络新闻引人入胜之处在其内容和超强的链接以及其他方面,无须在标题的表现上大费周章。因此,网络新闻标题只是遵循了文章标题的一般原则:概括性、简洁性、单标题、准确性。

①概括性:用一句话概括出新闻文稿的内容。

概括性是阅读的要求。人们一般是通过标题的浏览确定是否要了解这篇新闻,那么概括性的标题就使上网者知道这篇新闻的主要内容,有助其进行阅读选择。

②简洁性:用最少的文字写成标题。

这不仅是文字修养的体现,还因为版面空间的有限,不得不采取"缩水提纯"之举。

③单标题:网络新闻一般采用单标题的形式。

网络新闻标题基本放弃了报纸新闻标题那样追求刺激眼球的策略,同样也就避免了片面、突兀和不知所云的问题,副标题失去了生存的空间,显得多余。

值得一提的是,有时候对标题的拟定并不在文章之前,而恰恰在文稿写完之后,记者依据所写的内容才能确定出新闻文稿的标题。因此,有时这道最先的写作程序却完全被置后。

请看新华网 2016 年 11 月 26 日的部分新闻标题。

军改一年间:改革强军迈步新长征
习近平访拉美:让命运共同体之船远航
● 李克强:建职业资格目录清单 破创业困扰

- 怎样理解党员干部在大是大非面前不能态度暧昧
- 江西丰城电厂事故理赔正进行 国务院调查组成立

特稿：向共同迈向全面小康砥砺奋进

- 新华社记者对话航天员：太空是家 祖国是梦
- 里程碑式的失误？莫迪"换钞"反腐新政惹怒前任
- 古巴革命领袖菲德尔·卡斯特罗去世 享年90岁

国家相册：这70年黄河上都发生了什么

- 彭清华当选广西党委书记 赵克志为河北省委书记
- 最严国考周末开考 考生有这些行为将永不录用
- 深港通将于12月5日正式开启 港股通股票共417只
- 减税降负是新一轮改革主基调 咋衡量税负高低？

这些新闻标题没有夸张的形式，也不用耸人听闻的文字刺激眼球，除了第一条政要新闻以稍大些的字号并辅之一条副标题外，其他则是以排列式、单标题式和概括简明的语言上榜。如果报纸这样做，那它一定准备放弃市场了。

④准确性：写标题需要注意其准确性。

写标题除了掌握前面所涉及的几个基本要求外，准确性是万不可忽视的。准确性的含义指标题上涉及的人名、数据、客观条件等因素，对于大众来说，这些因素未必对他们阅读产生影响，但是由于有些标题牵涉当事人，如果出现错误就会使事情变得复杂起来。

曾有一个记者报道了一则校园抢劫案新闻，标题为：某中学一女生穿校服抢劫。想不到新闻登出后，这位女生的家长将记者告上了法庭，理由是记者所报情况不实。他们的女儿确实参与了抢劫，但未穿着校服犯法，记者的报道有诽谤之嫌。这位家长虽过于较真，但标题的影响力大，比在文章中的细节描写更具传播性，本来就因为女儿不争气而郁闷的家长终于抓到出气的机会找记者理论，结果记者不得不对此道歉和赔偿，差点还丢了饭碗。这虽是个案，但对初入媒体的新闻专业学生来说，提醒一下未尝不好。

2.2.2 导语

网络新闻导语从根本上讲是与报纸新闻导语同质同构的，所以只需从文本媒体导语的一般性原则阐发说明即可。文本的新闻导语存在着几种不同的类型，其中最主要的类型为概括式导语。请阅读下面一段文字：

【俄克拉荷马城】　周三,俄克拉荷马城市中心一声巨响,半吨重的汽车炸弹将9层楼的联邦大厦几乎炸飞了一半,导致包括12名儿童在内的至少13人死亡、200人失踪,使美国心脏地带陷入一种深深的恐惧之中。

这是1995年4月发生在美国亚利桑那州俄克拉荷马城的一桩恐怖袭击事件。当地的《亚利桑那共和报》在第二天就报道了这条新闻,而这段文字就是新闻的导语。它为读者首先提供了此次灾难的概要报道。与此同时,美国几乎所有的报纸都在其主要新闻报道中努力做这项概要性报道工作。

《堪萨斯城星报》

【俄克拉荷马城】　周三晚间,神情严肃的救援人员在血迹斑斑的瓦砾堆中寻找因汽车炸弹炸毁的联邦办公大厦中数百名遇难者的尸体。这起汽车炸弹爆炸事件严重摧毁了美国人的安全感。

两段文字都属于概括式导语。它概括介绍了这起事件的时间、地点、发生的事件及后果。

再看一条国内新闻导语,标题为:

广东汕头三名歹徒开枪拒捕　四联防队员受伤

【广州日报】　前日下午5时许,三名持枪歹徒在汕头潮南区峡山街道溪心、桃溪居委和两英镇古溪连续抢劫3辆摩托车后,被峡山派出所组织的近百名民警和联防队员设卡围捕。

这条新闻导语概括介绍了事件发生的时间、地点、相关的人员及事件结果。

可见,概括性导语的内容都存在共同的要素。那么,概括式导语都有哪些要素作为支撑原则?

1)概括式导语的两大原则

(1)第一大原则——倒金字塔结构

被称为倒金字塔结构的传统写作方式通常采用概括式导语。在倒金字塔结构中,新闻报道是按照重要程度递减的顺序排列段落的。导语概括了新闻事件的要点,当导语交代完,从第二段以及随后的每个段落按重要程度递减的顺序提供次要的或支持性的详细内容。新闻报道所有的段落中包含的信息都是有新闻价值的,但每一段都比后一段更重要一些,结果变成新闻报道的高潮一下就出现在文章开头的导语中,形成了倒金字塔结构特殊的信息传递方式。而小说、戏剧以及新闻特写、通讯等文章结构则完全不同,如果一下就展现高潮,那文章就无法阅读下去。因此,这些文体通常是通过一定铺垫逐渐走向高潮的。

为何是倒金字塔结构?使用倒金字塔结构的实例最早出现在 19 世纪中叶,但目前大部分新闻史学家认为,倒金字塔概念是在美国南北战争期间发展起来的。当时战场上的报社记者利用电报发回新闻报道,由于害怕系统出错或被敌人破坏电线,记者们就把最重要的信息集中放在开头的几个句子中。后来,不管是用电报还是电话发送新闻,这种对信息传输手段不可靠性的顾虑一直延续下来,于是逐渐形成了如今媒体共识的倒金字塔新闻结构。尽管违反了文章的一般常规,但新闻报道似乎对它"一见钟情",因为,它使读者在简要地浏览了导语段落之后便可快捷地了解到当天新闻的概要,也使读者能决定是继续读新闻报道,还是在看完其中任何一段后停下来。倒金字塔结构还能方便地从报道的最后进行删减,让自己更容易嵌入紧张而宝贵的新闻版面。因此,一种不得已的历史条件反而成了这种特殊的新闻文体结构,直到 20 世纪 70 年代计算机的出现,这种结构才与更多的其他结构共存。当然,倒金字塔结构还是占据了主要地位。

(2)第二大原则——写好五个"W"和一个"H"的六要素

①何为六要素。概括式导语告知了读者、观众、听众新闻事件最重要的六个要素,即五个"W"和一个"H",它们是:

a.事件发生在何时(when);

b.事件为何会发生;背后的原因是什么(why);

c.事件发生在何地(where);

d.事件发生在谁身上或是谁对谁采取了行动(who);

e.事件发生了什么或将发生什么(what);

f.事件是怎样发生的(how)。

只要是新闻报道,不管多大多小的新闻事件,也不论什么时候发生,记者都要找寻这六个要素。记者用收集到的事实来回答"何时""何地""何事""何人""为何""如何"这些问题,分析每个事实的重要性,然后开始写导语和新闻报道。

②不要将六要素"一锅烩"。那么是不是每个导语部分都要满满地用上六要素呢?当然不是。那就会使导语显得十分冗杂。大多数情况下,记者只是选取其中最重要的要素放在概括式导语中,其他次要一点的要素放在第二段及随后的段落中。

③如何确定所需的要素。一般来说,事件新闻更侧重时间、地点等要素,而人物新闻则更侧重何人、如何等要素。

请看下面的例子:

伊朗当地时间 2011 年 1 月 9 日 19 时 45 分(北京时间 1 月 10 日凌晨 0 时 45 分)左右,一架波音 727 客机在伊朗西北部乌鲁米耶市附近坠毁,机上共有乘客和机组人员 105 人。目前至少造成 77 人遇难,27 人受伤。(摘自新浪网新闻)

这是一条以事件为主的新闻导语。在这条导语中,记者抓住了这样几个要素:

何事:伊朗一架波音 727 客机发生坠机事件。

何时:2011 年 1 月 9 日 19 时 45 分(北京时间 1 月 10 日凌晨 0 时 45 分)左右。

何地:伊朗西北部地区乌鲁米耶市附近。

如何:至少 77 人遇难,27 人受伤。

英国王子威廉与未婚妻凯特·米德尔顿 8 日应邀参加了一场好友的婚礼,提前感受了一把贵族婚礼的气氛。当晚,即将告别平民身份的准王妃在威廉以及至亲好友的陪伴下度过了她的 29 岁生日。(摘自新浪网新闻)

这是一条以人物为主的新闻导语。而在这条导语中,记者则使用了这样几个要素:

何人:英国王子威廉和未婚妻凯特·米德尔顿。

何事:参加好友婚礼,提前感受贵族婚礼气氛;当晚为凯特·米德尔顿过 29 岁生日。

何时:2011 年 1 月 8 日。

两条新闻导语使用的要素各有侧重,第一条事故中"时间、地点"是关键,没有必要将遇难者人名一一列出,除非其中有什么重量级人物。第二条"人物"是关键,"时间"是顺带,地点则无须被提及,但如果"地点"这个要素在第一条导语中被忽略,那简直不成新闻。当然,这两条导语中也有些共同的要素。

a.评判出"W"和"H"重要性。

在确定五个"W"和一个"H"后,还必须按照重要程度对它进行评定。这对于刚走上岗位的记者来说不是件容易的事情。这里有三条原则可以帮助其来完成这项评判工作:

● 进行调研。如果有可能的话,在对新闻事件及卷入该事件的人进行调查之后再报道该新闻事件,这样能更容易发现最新的新闻、关键的问题。

● 尽量在采访过程中就确定五个"W"和一个"H"。六要素是新闻报道的基础,要在观察和倾听的过程中找到它们。在做笔记时,用下划线或星号标出最重要的因素。

● 善于与编辑交谈。编辑经常会告诉记者他们希望这条新闻报道的导向是什么,这样六要素中的一些关键因素就会被确定下来。

b.使用导语的思索过程。

几乎有过从业经历的新闻记者可能都会有这样的感受,当他们采访消息来源、报道事故现场时,他们已经在同时思考着如何写导语和新闻报道。甚至这个过程在他们做笔记之前就已经开始,并一直延续到写完新闻报道。有时他们在写新闻报道之前就已经打好了导语的腹稿。

有这样几个因素会影响记者对新闻导语的思考:

● 对已经报道过的新闻,记者就不能原路重返,否则就不是新闻。

● 尽管新闻事件是客观的,但记者在报道每一条新闻时都或多或少地带入了自己的感情和偏见,这往往形成了新闻报道的"主题"。要注意的是这个"主题"须经得住大众的检验。因此,记者使用的要素也得经得起检验。

● 有时编辑对记者的影响甚至是指令,可能会左右记者对导语的思考和写作。作何抉择要看编辑与记者之间商讨的结果。

2)撰写导语要注意的问题

(1)避免字数过多

概括式导语通常是一个长句,那么多少字数为宜? 国外的要求一般不超过35个单词,这当然是指以字母为符节的数量,而汉字略有不同,中文字数一般在60个之内为宜。因为如果导语太长就会分散新闻要素的效果,面临着不易读懂的危险。要学会用最少的字数概括出一条新闻的能力。

有的导语之所以显得冗长是因为有的人写导语时把细节部分也纳入其中,尽管细节会使新闻事件生动,但概括的原则就应当不保留细节,将其安排在后面的正文里。来看这样一条报道:

周六,一座高层大楼内发生的三级火灾引起了一系列爆炸,金属和其他碎物在"黄金英里"地段上空飞舞,致使两名妇女受伤,密歇根大街部分地段关闭近7个小时。(《芝加哥论坛报》)

这条导语的原文有44个英语单词,就是中文翻译过来也有近70个汉字。

这是由于记者把事件的琐碎因素加以表述,致使一个句子里面包含了太多的信息,下面是修改后的导语,其中用括号括起来的 12 个汉字可以被删除,而英文单词正好是 9 个。

周六,一座高层大楼内发生的(三级)火灾引起了一系列爆炸,(金属和其他)碎物在"黄金英里"地段上空飞舞,致使两名妇女受伤,密歇根大街部分地段关闭(近 7 个小时)。

再看国内一条新闻导语。

网友发布火车票抢票秘籍:首推电话订票(标题)

最近以来南京火车站售票大厅以及市内各处代售点都挤满了购票返乡的人潮。每年的这个时候,为了买到票许多人都费尽了周折,而在网络上有一些熟悉铁路的热心网友还发布了一些春运购票攻略,以帮助市民成功购票。(摘自《扬子晚报》2011-01-23)

这则导语竟达 97 字之多,且不说信息是否太多,单从行文上看就不够简练。如果我们还珍惜版面所带来的广告效应,那就应遵循自古不变的文章法则——惜墨如金。

最近(以来)南京火车站售票大厅以及市内各处代售点都挤满了购票(返乡的)人潮。(每年的这个时候,)(为了)买(到)票(许多)人都费尽(了)周折,而在网络上(有)一些(熟悉铁路的)热心网友(还)发布了(一些)春运购票攻略,以(帮)助市民成功购票。

总共删去 28 字,基本符合导语的字数要求。也许这样修改似乎有些斤斤计较,但对初入门的记者来说,就应当自觉树立行文简洁的意识。

下面这条导语就更长了,有 144 个字。

国内出现民众自发建立春节回家拼车联盟平台(标题)

晨报讯(记者 肖丹)拼车回乡过年经济又方便,很多人都想通过这个渠道踏上返乡路。但是找到合适的拼车对象并不是件容易的事。日前,国内出现首个由民间自发组织的解决春节回家问题的民间公益平台——春节回家互助联盟 www.jlfhome.com 建立。记者了解到,1 月 5 日至 23 日,互助联盟报名人数已超过 10 万。首批配对成功的车主和乘客已于昨日踏上返乡旅途。

你能否尝试将它"缩水"？

接下来要注意的几个问题可能与现行的新闻体制所形成的记者思维和行文习惯有关。

（2）无新闻型导语

有人提出现今的中国报纸记者不会写新闻导语,这话可能有些过激,事实是,确有相当多的报纸新闻导语没有新闻价值。我们以《中国青年报》2001年2月4日和2月7日的两条新闻导语为例：

本报北京2月3日电（记者 苏敏）全国假日旅游办公室负责人、国家旅游局副局长张希钦日前表示,春节的"黄金周"平稳度过,"旺而不乱,平安有序",假日七天,没有发生大的旅游安全事故。

本报昆明2月6日电（刘德安 记者 殷红）云南省重点经济干线剑兰公路（剑川至兰坪）近日试验通车,这项投资1亿多元的工程由于有检察机关的直接监督,质量优异,工期缩短,参与工程的干部廉洁作为,无一人"落马"。检察官全程监控公路建设确保国家利益、预防职务犯罪的举措备受舆论好评。

这两条新闻最大的问题是没有新闻。按照"人咬狗"的新闻基点,没有事故就不算新闻,新闻事件应当是社会正常节奏被破坏或打乱。平平稳稳、顺顺当当的事一般不能成为记者报道的新闻。

（3）会议型导语

毋庸讳言,很多党务政务会议占据了报纸、电视和网络的主要版面。当然对于决定国家或地区发展的大政方针的会议记者必须及时跟进,全面报道,而一些务虚性、表彰性、总结性会议即可节约版面。

本报上海2月15日电（记者 林蔚）上海市"两会"刚刚闭幕,团上海市委、市青联、市学联今天就召开上海团员青年投身"十五"发展学习动员大会,为团员青年学习领会上海"十五"精神、积极投身"十五"建设拉响了热身前奏。（摘自《中国青年报》2001年2月16日）

本报讯（记者 吴湘韩）在近日召开的共青团湖南省委十一届五次全会（扩大）会议上,中共湖南省委副书记郑培民要求团组织突出抓好青年的理想信念教育,进一步增强青年思想政治工作的针对性和实效性。（摘自《中国青年报》2001年2月16日）

可能在中国,人们最不关心的就是媒体上出现的各类会议新闻,而在国外,记者们反而喜欢跑会,因为会议里面往往有大新闻。不管哪一级政府或哪一领域会议,只要有专家、官员聚集一起,怎么不会有好的新闻素材和新闻线索呢?以下就是美国某市的市长召开的一次新闻发布会后,记者根据市长的关于本市税收政策的讲话而写出的一条新闻导语。

市长凯西·瑞迪周一称今年不会以增收财产税的形式来承担联邦拨款削减的压力,但市政府可能不得不提高消费税来支付人行道重修工程款项。(摘自《印第安纳周报》)

敏感的记者们发现,市长的新闻发布会所言根本就是拆东墙补西墙的做法。人们的财产税负担少了,但消费税上涨同样落在大众头上。那么这样的新税收政策是激动人心还是使民心不满?导语把结论留给读者去思考。这也是会议报道的导语,但这条导语很有张力。

当然不是说一般会议新闻就无法写成或写好导语,关键在记者能不能从会议中找对角度,同样是一个会议,聪明的记者总是试图把会议新闻导语变成"行动性导语",就是说应当把会议的目的、作出的决定和采取的行动放在导语中;而一个新手、思想僵硬的记者则习惯采取编年史的写作手法:

非行动性导语:福州市公安局今天就城市道路交通规划召开会议。

行动性导语:福州市公安局今天决定下个月起将在市内五四路、五一路等路段禁摩、禁电。

非行动性导语:全国人大九届四次会议今天在京隆重闭幕。

行动性导语:全国人大今天修改《婚姻法》,未婚人员同居将会受到通奸罪指控。

(4)表彰型导语

这种导语在新闻里经常被滥用。一般媒体重报喜、轻报忧,于是经常看到各种表彰型新闻导语。

本报北京2月15日电(记者 昊天)由团中央、科技部共同评出的2000年度全国杰出青年星火带头人近日揭晓。他们是:陕西省耀县董家河镇冯桥村委会主任冯玉清、黑龙江省齐齐哈尔市富拉尔基区农业技术推广站站长刘万贵、河北省磁县棉麻集团董事长兼总经理沈玉田……(省略号皆为获奖者名单 编者注)另有102名同志获"全国青年星火带头人活动组织奖"。(摘自《中国青年报》2001年2月7日)

在人们心目中,世界上除了著名的诺贝尔奖、奥斯卡电影奖以及中共中央、国务院颁发的国家级最高奖项外,人们很少关心他们认为陌生的奖项,因此获奖人员就不要在导语中一一列举了。

本报北京2月6日电(记者 王海洲)记者今天从团中央了解到,2000年度神农奖日前揭晓。(摘自《中国青年报》2001年2月7日)

神农奖无疑是为医疗行业作出突出的贡献和成果所设立的奖项,但对于大多数普通百姓而言并不知道这一奖项是针对谁以及为何大众要关心这件事情了。

其实还是记者采访视角的问题,如果没有真正站在读者、观众的角度去理解新闻,报道他们感兴趣、关心的人和事,那么就只好重复这些"官样"文章了。其实记者完全可以从一些不知名的小人物身上去发现新奇、新鲜、反常的甚至奇异的小故事来做导语。颁奖会议可以作为背景或由头,万不可将其作为导语来写。

(5)无故事新闻导语

这又是一种不符合要求的导语形式。新闻记者在写作上必须具备一种能力——讲故事,这需要小说家的叙述技巧。在美国,大学新闻学院的教授和传媒的专家们相信,新闻导语的写作是新闻传播学专业学生绝对的基本功。他们要求学生必须会写《华尔街日报》的导语或轶事导语,因为他们认为以故事开头的新闻导语最有感染力和战斗力。

反观我们的新闻报道,经常是没有故事的新闻充斥版面,让人感觉无味,难以卒读。

下面我们将有故事和没故事的导语各举一例,请读者来分辨一下哪一个更好读。

【例1】 开假首日 福州书记市长下工地

昨日,农历正月初七,是春节长假后上班的第一天。一大早,省委常委、福州市委书记袁荣祥,副省长、福州市长苏增添率领福州市直有关部门负责人下到甘洪路扩宽改造、三环路淮安大桥、螺洲大桥等工地一线,调研重点工程建设,慰问一线建设者。袁荣祥、苏增添要求继续打好五大战役,大干"十二五"开局之年,加大力度,在确保工程质量的前提下,力争各重点工程如期完工。(摘自《海峡都市报》2011-02-10)

【例2】 广西取缔非法采金恢复生态

新华社南宁1997年5月29日电(记者 陈吉)广西渌水江畔的农民在过去的几年里虽然住在河边却无法用这里的水浇灌农田。

"这条河差点被淘金的人给毁了。"一位村民说,他的脸上就流露出愤愤的神情。

不过,现在这条河又恢复了昔日的平静,看着眼前清澈的河水汩汩流过,村民们都掩饰不住内心的喜悦和兴奋。

那么,怎样才能使导语具有故事性呢?

基本原则:要以小见大,从微观到宏观,用细节描写反映大变化和大主题,在采访过程中留心能够形成强烈反差的例子,用新鲜活泼的具体事例反映变化。

(6)概念型导语

概念型导语是指记者在写作过程中大量使用形容词来进行所谓的"升华",从而形成某种概念,这和新闻"以事实说话,以形象的细节感人"的原则背道而驰。英国记者格林说,"要让事实说话,而不是让形容词来拔高这个事实,要抛弃那些形容词"。清华大学新闻传播专业给学生这样一个硬性规定:导语中不能出现形容词,甚至连正文也不允许使用,出现一个形容词就扣一分,一切要通过作者深入现场采访的细节和感人的事实来表明。

除了不用形容词,还需要排斥排比句和成语。要用朴实的语言来表达。比如,新华社辽宁分社一位记者采写的一句导语为"最近辽宁省一位艺术家通过微雕作品表达了对邓小平同志的深切怀念"。显然这种语言抽象,不具体,不会太引起读者的注意。为了达到引发读者兴趣的效果,总社的编辑把导语具体化、细节化,将其改为"辽宁一位艺术家把邓小平的讣告刻在了一根头发丝上"。

杜绝概念型导语要注意少些综述,多一些新闻事实。把综合性导语写成新闻导语。如某报纸报道上海的危房改造工程用了这样的导语设计:"上海提前完成'九五'危房改造计划",而新华社的英文电讯稿则改为"上海告别马桶"。

另外,从读者的角度看,概念型导语、笼统型导语、综合型导语和抽象型导语统统属于无新闻型导语的行列。为了避免它们,记者采访完一条新闻后,在动手写导语前,要给自己提三个问题:第一,这件事有什么意义?(这正是新闻导语要回答的关键)第二,在稿件中应报道哪些素材?(实际上是提醒记者应该扔掉那些读者不喜欢的内容)第三,如何突出新闻价值和意义?比如,一位新华社记者在报道中国科学院古脊椎动物研究所研究员恐龙研究最新成果时,他的稿件经过以下几个阶段的导语修改才得以发表:

中国科学家在最近的恐龙研究中有重大发现。

中国科学家在最近的恐龙蛋研究方面有新发现。

科学家最近发现恐龙的智力比人们想象的要高。

科学家最近在研究恐龙的生蛋方式时发现,体形庞大,貌似呆笨的恐龙其实比人们长期想象的要聪明得多,恐龙在保护后代繁殖方面表现了较高的智力。

试比较一下几次的修改,说说记者的思考过程是怎样的?给了你什么样的启发?

在这一程序将结束时,不妨来提炼一下导语的写作技巧。

3)导语写作的技巧

清华大学新闻传播系李希光教授说:"导语应该是故事的高潮,导语就是事件的高潮。"美国著名的新闻写作指导罗伊·彼得·克拉克认为:优秀的撰稿人会花很多时间和创作精力在导语的写作上。导语是新闻写作中最重要的部分,是将读者吸引到新闻报道中来的段落,也是新闻标志性的段落。记者总是喜欢描述他们是如何多次重写导语直到"满意"为止。

随着互联网、手机和有线电视等新电子媒体的出现,新闻的出口越来越多元化。但是,无论今后还会出现什么样的新媒体,其根本属性不会改变,即为不同思想和观点的人提供共享的信息环境。新闻的另一个作用是促使读者关心政治、关心公共政策、关注政府的所作所为、关心人民的疾苦、关心国际局势。因此,新闻记者必须准确诚实地、有责任心地报道事实。虽然,不同的记者有不同的写作习惯和行文方式,但总有一些规律性的东西可以遵循,这些规律性的东西称之为技巧,以下是导语写作的 9 个技巧,可为记者的写作借鉴使用:

①导语中选用的事实,必须是到了非要写出来与大家分享不可的地步。这种事实有一种紧紧抓住读者的力量,所报道的事实或描述的观点有新意或新的味道。

②坚持倒金字塔结构,导语一般不超过 60 个字,因此,要删除任何一个读起来是多余的字。美国人严格坚持用一句话写导语,我们不妨放宽些,但最多不超过两句话。

③导语内容越具体越好,但不要进行细节描述。导语的作用是让读者将新闻往下读,要提出和回答"为什么"。

④要为导语设一个兴奋点或卖点,导语要调动读者的情绪,而非他的大脑。导语选择新观点或言论的时候,编辑和记者必须跟着当地读者走,按照他们的情绪写文章,否则会引起读者对媒体的反感。

⑤用讲故事的口吻写导语,好像记者在与一个坐在其对面的人讲故事。

⑥只使用最明确的事例和数据,可以用最近发现的历史档案作导语。

⑦导语要有视觉感,让人读后难忘。

⑧导语要以小见大,导语最好能见到人,人还要有名有姓,这样读起来可亲可信。

⑨千万不要忘记,导语必须首先牢牢地抓住编辑,通过有特点的写作技巧引起编辑的注意,文稿才有上版面的可能。

2.2.3　正文

正文是继导语之后对新闻信息做更详细的报道和背景说明。那么完成这道程序又有哪些技术含量的东西,这是本部分要解决的问题。为便于识记和掌握,梳理出这几条技术范式:一个主题,两类风格,三种结构。

1)一个主题

一个主题是指记者在新闻报道中一般根据当下发生的事件,采用某个视角进行写稿。一件事情的发生虽然是客观存在,但用什么样的角度去看、去写则有一定的主观性,不同的人就会产生不同的看法。生活中绝对没有所谓的纯客观新闻,这就确立了新闻主题的地位。比如,公共汽车上发生了一伙窃贼偷老者的钱包,一乘客站出来揭发窃贼行为,结果招致围殴而受重伤,生命垂危,但车上其他人都默不做声,只做看客。对于这样一条新闻,记者至少有两个可选择的主题:一个是详尽报道乘客见义勇为的行为及其背景(职业、年龄、家庭情况等),受伤后社会、单位对其施救情况,其新闻的聚焦点在这位英雄身上;另一个主题则可将重笔落在车上那些看客身上,通过他们的自私、冷漠反映出记者对社会公德意识普遍缺失的忧虑。

如果记者将事件的全过程都记述下来,那不就有两个主题吗? 这样或许也对,但只能算一条简单的信息,因为记者不可能在两个方面都展开详尽的报道,那会使新闻变得冗长而主题含糊。

当然对于是否要确立新闻主题,目前尚有不同的看法,英美国家新闻界主张新闻报道必须依据事实进行所谓纯客观还原,因此不讲求记者的视角投入,也就没有所谓的主题。而法国等欧洲国家和中国新闻界却认为新闻报道可以融入记者观点、感情,他们在新闻报道中会适当加入一些倾向性和感情色彩的语句,这样读者就很容易读出文章的"态度",这就是新闻的主题了。我们认为,记者不是单一的传声筒和录影机,他们还肩负着传达正义、公平、仁爱的使命,一个新闻工作者以冷漠、急功近利的态度去写新闻,只会给自己和社会带来不利的结果。以图 2.1 为例进行说明。

这是一张大家熟悉的图片新闻,题为"饥饿的女孩"。1993 年,苏丹大饥荒时,一只兀鹰紧盯着一个赤身裸体又奄奄一息的小女孩。画面没有一点悦目之处,但这张记录照片让拍摄者,南非摄影家凯文·卡特名声斐然,14个月之后,他登上了美国哥伦比亚大学图书馆的讲台,接受了当年的普利策摄影奖。

图2.1　饥饿的女孩
(摘自"百度图片")

但是,随着获奖而来的还有尖锐的批评。一些人在道义上谴责卡特,说他不过是把镜头对准了苦难,还有人说他本身就是个捕猎者,是在场的另一只鹰。甚至连卡特的一些好友也怀疑为什么他不去帮那个小女孩,把她解救出危难。面对种种的责难,卡特陷入了无尽的痛苦之中,他一方面坚持记者的专业要求;另一方面也受到良心的自责。两个月后,这位普利策奖得主,在自己汽车的排气管上套了一截绿色软管,把废气导入车内而死于二氧化碳中毒,明显的自杀行为。人们在座位上找到了一张字条:"真的,真的对不起大家,生活的痛苦远远超过欢乐的程度。"卡特的话耐人寻味,读者可以去品味什么是欢乐,什么是痛苦。

尽管有人为卡特辩解说他坚持了新闻的客观性,没有介入个人的感情因素,但评论家还是对他的作品提炼出这样的主题:南非摄影家凯文·卡特仅用一张照片向我们展示了整个非洲大陆的绝望。这就是这张照片的主题。就连卡特自己在谈到这类问题时也说:"我不得不从视觉的角度考虑问题。在给一个死者拍近景时,我要去摆弄他浸在血泊之中的咔叽制服,死者的脸色是灰色的,我要拍照,但我心里在喊'上帝啊!'。但这是工作,别的只能以后再说,如果做不到这点,就别干这一行。"遗憾的是,卡特切入的视角是否缺少前面所说的新闻记者应当遵循正义、公平、仁爱的普世价值观?

当前关于新闻客观性的科学意义还存在较大的争议,至少存在4种内涵的表述,但不管坚持客观性还是对其怀疑,记者在报道时是以一个有思想、有感情的人参与其中,该怎样做读者可以自己去判断。

2)两类风格

(1)第一类风格:罗素的讲述普通人的普通故事风格

新闻记者的核心任务是准确无误地向大众传递信息,满足其对知情权的诉求。但传递信息仅仅是记者完成了其一半的工作。在当今的新闻理念中,新闻报道还要在其中讲述一个能渗入读者和观众灵魂的好故事,这就是记者的另一半工作。那怎样才能使新闻报道变成渗入读者灵魂的好故事呢?记者必须用艺术家那种苦心孤诣的精神,钻研写作艺术,要勇于探索,大胆实践,用人性的观点,敏锐、精确的构思和娴熟的语言来写作。

那为何又叫罗素风格呢?这是因为美国著名记者和专栏作家罗素·贝克是最擅长在新闻中讲故事的人,他的童年自传《成长》曾打动了千千万万的读者,虽然这本自传不是新闻报道,但是这对其形成的讲故事风格一脉相承,特别是对以后的人物专访、人物特写等新闻报道产生极大影响。今天,美国媒体都喜欢把新闻(news)称作故事(story),电视主持人在新闻报道中间出现广告插播时总把下一时段新闻提前预告为下一时段的故事有哪些,这就是一个明显的例证。

故事1

近日,家住江苏省扬州市邗江区头桥镇的刘文迅老汉"意外"地收到了一笔两万元钱的汇款。钱是从一江之隔的镇江市汇来的,署名"陈良心"。开始老刘挺纳闷的:是不是弄错了?我不认识这个人呀!可是看了附带的留言,他就什么都明白了。原来,38年前,一个小偷偷了自己家2 000元钱,事隔多年,这个陈姓小偷良心难安,还了自己两万块钱。今天的新闻故事给您讲述这38年的良心债……

事情发生在1970年,当时刘文迅还是一个20岁出头的毛头小伙。署名"陈良心"的人是老刘父亲的一个朋友,家在镇江,当时两家经常来往。一次"陈叔叔"来他们家借钱急用,说好了半年后一定还。老刘的父亲就很爽快地将准备盖房子的2 000元钱借给了他,当时多数人的月工资只有三四十块钱,2 000元钱算是一笔"巨款"了。"陈叔叔"也算讲信用,不到半年就赶过来还钱。

刘文迅说:"记得那天父亲很高兴,还让母亲炒了几个菜,他和陈叔叔喝了不少,因为交通不方便,当晚陈叔叔就睡在我家里。"他说,自己之所以记得这样清楚,因为第二天家里出了事。第二天一大早,陈叔叔告辞回家,父亲还送了他。可回来后,怎么也找不到陈叔叔还给自己的两千块钱了。钱究竟去哪儿了?会不会晚上睡觉时,老陈把钱偷走了?大家也这么想过,而且可能性也相当大,但毕竟没有证据,不好开口,当时的人也没有报警的意识,父母亲为此唉声叹气了好一阵子,最后也只好不了了之。

刘文迅说,从这以后,"陈叔叔"再也没有跟他们家来往过,这也证实了大家当初的想法,但想归想,事情没有人再提了,自己也没有将这件不愉快的事情告诉孩子们。8年前,父亲去世了,这事压根被大家遗忘了,自己做梦都没有想到,过去了38年,竟然有人"还钱"了!

在随汇款的留言中,"陈叔叔"写道,"哥哥、嫂嫂,你们身体还好吗?我是个不值一提的小人,拿了你们那么多钱,一走了之。天知道给你们全家带来了多大麻烦!这么多年,我一直在难受和不安中煎熬,一想到这件事,就好像有人用鞭子抽自己,我常常骂自己,连起码的良心都没有,还算个人吗……过去了这么多年,两万块钱肯定没有当年的 2 000 块钱值钱,但我已经尽力了,请你们务必收下!"

老刘说:"拿到这笔钱,我和老伴一夜没睡好,两个人一直在说这件'离奇'的事情。"他们夫妇商量了很久,决定让这笔钱派上该派的用场。现在不像过去了,可以说衣食无忧,也不怎么缺钱花。自己琢磨着将这笔钱设为"家庭良心基金",子女或者亲戚,谁凭良心做事,谁做了暖人心的好事,自己就从"良心基金"中拿出钱来奖励。"钱不是主要的,'还钱'这件事,应该是我们这个大家庭的'活教材',人不管在什么时候,做事都要对得起良心,亏心事绝对不能做。"(来源:《扬子晚报》 责编:单丹丹)

故事 1 是讲述普通中国人的故事,发生在农村,但是他们的经历有一定特殊性,因而构成了普通百姓故事,让人读起来饶有趣味。如果普通人的新闻故事也能找到这样题材,那新闻一定有很高的市场占有率。

故事 2

安全部门设置障碍阻挠破案?
英国特工加雷斯被害案扑朔迷离

2010-08-31 14:44《环球时报》特约记者 章鲁生

英国军情六处特工加雷斯·威廉姆斯惨遭杀害后,他的死因一直是英国民众关注的话题。虽然警方在加紧破案,但案件或许并不会如人们期望的那样很快真相大白。据英国《每日邮报》8 月 27 日报道,由于某种原因,"有些人"不想将此案查个水落石出,频频设置障碍阻挠破案。

至于坊间流传的加雷斯是"异装癖""因同性恋送命"等说法,加雷斯的家人愤怒地予以反驳。加雷斯的父母认为,这是安全部门故意散布的玷污加雷斯声誉的言论,以分散公众对此案的注意力。

1.特工被碎尸,机密信息或被盗

8月23日,英国伦敦警方接到一名男子的报案电话。该男子称,他在军情六处工作的朋友加雷斯·威廉姆斯已经很多天没有露面了,他怀疑有不测发生,请警方予以调查。

警方马上赶到加雷斯的住处——伦敦市中心一栋住宅楼进行调查。敲门后长久不见有人回应,警方于是破门而入,发现加雷斯已经遇害,尸体被肢解后装在一个大旅行袋里。旅行袋放在浴缸内。

在旅行袋旁边,整齐地摆放着加雷斯的手机和多张SIM卡。警方怀疑凶手先进行了某种古怪的仪式,然后下了毒手。

据英国媒体报道,警方在加雷斯的房间内找到了用来玩SM(性虐待)的绳索、同性恋用品、女性衣物等。

加雷斯现年31岁,生前在专门进行窃听工作的情报机构——国家通信情报局工作,担任通信主任,后被借调到军情六处一年,本该在9月3日回到国家通信情报局,不料惨遭不测。

加雷斯公寓所在的住宅楼位于泰晤士河边,距军情六处总部约1公里(1公里=1千米,以下相同),安全措施严密,大门口设有眼球扫描仪。

由于现场没有强行闯入的痕迹,警方怀疑凶手与加雷斯认识,于是调取了住宅楼附近摄像头拍摄的监控录像,以寻找线索。

虽然加雷斯的房间没有失窃的迹象,但情报部门担心,加雷斯可能将机密信息存放在一部笔记本电脑或MP3播放器中,案发现场找不到这些物品,或许已被凶手拿走,转卖给他国情报部门。

情报部门的一名工作人员告诉《每日邮报》:"无论凶手的行凶动机是什么,都很可能有物品失窃。麻烦的是,我们很难确定加雷斯究竟在家中保存了什么情报。"

2.被恐怖分子杀死还是被"同志"杀死

加雷斯的尸体被发现时已经腐烂。警方推测,当时加雷斯可能已遇害两个星期。在被肢解的尸体上,警方发现了多处刺伤,因此认为加雷斯系被利器刺死。但警方发现,这些刺伤并非致命伤。目前警方正在等待毒物学的检测结果,以确定死者的死亡原因。

加雷斯所住的小区内,有多所公寓为军情六处所有,加之这里离军情六处总部很近,情报机构担心,这一区域已被恐怖组织或外国情报机构盯上了。

英国《太阳报》援引消息人士的话称,警方怀疑加雷斯死于基地组织的暗杀,因为军情六处的特工常常收到基地组织和塔利班的恐怖威胁。有保安专家认为,加雷斯级别不高,容易下手,因此很容易成为恐怖分子的目标。"在英国本土杀死一名特工可震撼整个政府"。

还有一种猜测认为,加雷斯可能因同性恋送命。英国《每日电讯报》报道称,加雷斯是一名同性恋者,案发前曾与同性恋人发生激烈争吵,结果被"同志"杀死。

此外,加雷斯的住处位于伦敦"同志"喜欢流连的沃克索十字路,一些人相信他是被同性恋人所害,还有人表示曾在伦敦的同性恋酒吧见过加雷斯。有英国媒体称,不少国外间谍组织利用长相英俊的间谍,引诱军情六处的男特工泄露机密。

3. "有些人不想将此案查个水落石出"

目前,此案的侦破工作已由苏格兰场(伦敦警察厅)刑侦处接手。路透社的报道称,这意味着警方没有将这起案件与恐怖活动或间谍行动挂钩。

然而,据《每日邮报》报道,警方消息人士8月27日透露信息称,警方在调查取证时,时常受到安全部门的阻挠,警方无法接触几名关键证人。

据称,"关键证人"之一是加雷斯"最好的朋友",同样在国家通信情报局工作的一位25岁女士。加雷斯出事前,这位女士被调到与美国五角大楼有业务往来的情报部门工作。该女士的丈夫也在国家通信情报局工作,与加雷斯认识。加雷斯出事后,他"突然"被调到科罗拉多州丹佛市"执行秘密任务"。

警方非常想与这位女士面谈,但却被安全部门告知,这位女士"绝对不可能"接受他们的调查。

另一名"关键证人"据称也在安全部门工作,警方试图接近他时,被安全部门挡了回去。

苏格兰场的一名警官说:"我们的调查遇到了很大阻力,有些部门不给任何解释,就直接对我们说'不'。"

另一名消息人士补充说:"此案的调查相当混乱。如果反恐指挥部的人来调查,绝对不会遇到这么多阻碍。但问题是,由于某种原因,现在有些人不想将此案查个水落石出。由刑侦处调查此案,他们便可以防止机密信息外泄为借口,轻而易举地设置障碍,如此一来,想把案件调查清楚就没那么容易了。"

4.被害前,银行账户转入神秘款项

加雷斯早年以优异的成绩毕业于英国班戈大学数学专业。2000 年,他到剑桥大学圣凯瑟琳学院继续学习数学,但一年后因未能通过考试而退出。家人和熟人都称他"数学天才",他中学时的数学老师杰兰特·威廉斯说:"他或许不是我见过的最出色的数学家,却是最好的逻辑学家。"

后来,加雷斯成为国家通信情报局的密码专家,因表现出色被借调到军情六处工作一年,据称他经常在家中办公。

在军情六处工作的一年里,加雷斯去美国国家安全局执行了三四次秘密任务,遇害前的几个星期才从美国回来。目前,美国情报人员正在对他的工作及个人生活的细节进行调查,以判断他的遇害是否会给美国国家安全带来危险。

据《每日邮报》8 月 27 日报道,警方日前在调查中发现,被害两星期前,加雷斯的一个银行账户里有神秘款项转进。这些款项总额为 2 000 英镑,分 3 笔转入,后又被分 3 笔取走。警方推测,最后一笔款项被取走后的第二天,加雷斯遇害。

警方认定,这些款项并非来自加雷斯 42 000 英镑的年薪,他们正在调查这些钱的来源。

坊间流传着有关这些款项的多种猜测。有人认为,作为密码专家的加雷斯将掌握的一些机密信息出卖。买方按事先谈好的价格,将钱打入加雷斯的账户。

严格地说,加雷斯也是一个普通人,只不过他为英国军情六处工作,为这个普通人蒙上神秘的面纱,加上他的死因扑朔迷离,就更为这个平民故事增加了极不平凡的色彩。相信这样的故事面世,不管是街头小报还是很有影响力的大媒体,人们都会把眼光投放过来。

故事 3

《猴山风云》(上)
远道而来争霸一方　摆平骚乱母仪天下

2008 年 06 月 15 日　06:32:09　杭州网

- 这是一出没有剧本的连续剧,究竟会上演何等情节,只有老天才晓得。
- 这是一场无声的博弈,谁能拔得头筹,坐定江山,唯有打斗才能定局。

"这几天的气息有点不大对头,看来免不了一场鏖战啊!"入夏以来,杭州动物园猴山的饲养员隐隐察觉到,表面上风平浪静的猴山,猴儿们正心怀鬼胎,私底下在摩拳擦掌。特别是几只体形硕大的猴子，更是蠢蠢欲动，难道它们想造反了？

猴子想造反不是一天两天的事了，它们虽然不会说话，可是脑子里盘算的小心思，就算是饲养员，也未必能猜到。这"鏖战"两个字，说来话长，要追溯到 10 年前，猴山来了一批河南"客人"：30 只猕猴，其中大的有 3 只，其余都是幼年小猴。

不进猴山先进"铁窗"

它们长途跋涉远道而来，可是身负前来优生优育，改良家族的特殊使命。老猴王已专政多年，龙钟老态已显，山中尽是它的徒子徒孙，由于近亲婚配，猴儿们体质越来越差。

焦俊　画

有客自远方来，不亦乐乎，可猴子们却不理会这一套，要想进入它们的山头，没有想像的那么简单。

原来，猴子脾气争强好胜，喜欢占地为王，这一群河南猴子初来乍到，必定会受排挤，所以一定要让它们在安全的距离下，先和地主们互相熟悉起来，等到相互间的敌意减少了，才可放猴进山去。

河南猴压根没想到，到了人间天堂，却要进"铁窗"关一个月时间。

猴子的防范戒备之心，比人都厉害。本地猴早就闻到了异样的气味，纷纷朝着铁笼嘶叫显威；河南猴也不示弱，抓着"铁窗"栅栏，龇牙咧嘴，尖声狂吼。

一时间，猴山游客莫名不已，饲养员安抚大家："别怕别怕！猴子没发疯，这是两边阵营在打探实力呢！"

个把月后，吼声少了，双方都平息了下来。是时候让河南猴进山了。饲养员苦心孤诣，生怕新来的猴子打不过本地猴，先是请走了老猴王，再看二王三王也身强力壮，气势汹汹，又把这两位也请出来，把它们关进玻璃猴房，享受优等待遇。

另外，饲养员在猴山外准备了一些小石头，"主要是干预一下，万一这边本地猴打得太凶，我们可帮帮河南猴。"

河南猴终于等来拨云见日，走出"铁窗"这天，它们在猴山上四处奔窜，嗷叫显威。

击败外敌皇后坐镇

局势立刻紧张起来。原住民们一看来了不速之客，一股脑儿地候在石头边，"咕咕"地大叫着。这在猴界是口水战，看谁底气足喉咙响。

双方对峙一阵后，河南猴子看看没有新的动静，就顾自往前审。这时，一只威严的大母猴跳出来，对3只河南大猴又撕又咬，好不凶猛。

原来，虽然老猴王、二王、三王都不在了，那只皇后也不是省油的灯，老猴王不在了，它似乎感觉到自己责任重大，要带领猴儿们捍卫家园，奋起出击。在大家的簇拥下，皇后龇牙咧嘴，冲锋在前，自立为王，就像武则天、慈禧那样，搞起了母仪天下那一套。

和所有灵长类动物一样，猴子的天下，也是打斗出来的。争斗进行了三四天，3只河南大猴，被咬得遍体鳞伤，有一只身上还开了口子。再打下去要出猴命了，饲养员赶紧把重伤员送进兽医站缝合疗伤。幸好，另外两只只是皮肉伤。那些河南小猴，倒是逃过一劫。兴许，重权在握的母猴根本没把小东西放在眼里，兴许，猴界也讲敬老爱幼，童叟不欺。

母猴做王后，作威作福的架势，不比前猴王逊色。它要走这条路，别的猴子必须把道让开；游客扔下去的美味，只能母猴先尝；猴们有什么纠纷，那是一定要由它来出面解决的。毕竟它当皇后那么多年，猴王的做派风范，早就是耳濡目染了。

众猴尽显马屁功夫

猴山一时恢复了平静，一个阶段的打斗后，双方势力已显山露水，河南猴终于败退。没有任命布告，满山的猴子们都知道，现在是女王的天下，应该靠近女王，顺应女王。反应快的，便开始接近它，抢着为它梳理毛发。

理毛这个事，在猴界相当于一种外交手段。只有关系比较亲密的猴子之间，才会互相理毛、清理皮肤。若是两猴交恶，别说理毛了，一见面就会互相撕咬。

有一只河南籍小猴，就在这当口脱颖而出了。别看它年纪小，理毛的功夫却不得了，一层层慢慢打理，把母猴的毛梳理得光洁齐整，也博得了它的欢心。因为马屁功夫好，后来母猴王时刻把它带在身边，甚至允许它和自己共进三餐。它们的关系，颇有些像慈禧与李莲英。

跟在母猴王屁股后头，"李氏"算是位高权重，过得非常滋润，因为吃得好，一阵子下来，毛色和体况都特别出色。

可是，"李氏"一路顺风，颇得器重，也有同来的猴儿不服气呢！它就是不服母猴王的管教，三天两头惹是生非。我们明天接着说。（来源：《杭州日报》　记者：孙磊　楼时伟　编辑：罗祎）

一群猴子算不上什么明星或显赫人物,但如果它们被按照人类社会活动的特点带上了人的性格来写,那就很有故事性了。这样的新闻故事难道还不能吸引读者的眼球吗?这也提醒记者,在写普通人物故事时,不妨把眼界、视野拉得开一些,要知道地球可不但只有人存在,新闻是关注所有生命的。

此外,适当为自己的新闻故事配些图片,不仅增强视觉效果,也更好地凸显了文章主题。当今在文字新闻上配图片、视频已经是一种趋势。网络新闻由于其强大的链接功能,图片、视频对版面占有的空间几乎不是编辑们所担心的问题。

当然在新闻作品中,最难采写的是那些几乎没有新闻价值的普通人故事,这些普通人的故事却是广大普通人民群众的缩影,其社会意义可能比某个有新闻价值的人和事更大,他们的故事是生活更深层次地展现,是更贴近真相的社会现实。

罗素·贝克是从《巴尔的摩太阳报》这样一家地方报纸初为记者的,由于采访写作和新闻敏感性超人,被总编辑派入白宫做记者。但是,贝克到了白宫发现"白宫是个单调的场所,你坐在那里只是听到人们的呼吸"。后来,《纽约时报》总编聘他为专栏作家。贝克两次获得普利策奖,后来还担任了普利策奖的评委。《成长》是一部获普利策奖的作品,写的是他个人的故事,作为个人故事,首先要吸引读者,在作者的生活和性格上找到与读者的关联点,在作者和读者之间建立一种联系。找到这种联系不是一件简单的事,颇费一番头脑。下面是《成长》的节选。

故事 4

我8岁时就开始投身新闻工作啦。这是我妈的主意。她特别希望我能"出人头地",在对我的勇气进行了一番冷静的赞美后,她说要是我还想跟得上竞争的脚步,我最好现在就开始。

自打我记事起,我跟我妈就为此而展开了较量。也可能在我还没懂事前,我还是北弗吉尼亚的小乡巴佬时,我妈因为不满我爸平凡的工人生活,就已经下定决心要我长大了不能像他那样,手上长茧,身穿工作服,肚子里只有小学四年级的墨水。她对生活充满了幻想。她把我介绍到了《周六晚报》,她想尽早让我跟我爸的世界脱离关系,那个世界的人日出而作日落而息,一生劳碌,到死也不过留下几件破烂家具。我妈脑子里的好生活应该是这样的:西装革履、写字楼的白领生活,晚上读读书,聊聊天——如果幸运的话——每年能有5 000美元的收入,一所大房子和一辆别克车,还能到亚特兰大去度假。

就这样,我卖起了报纸。我很害怕沿街叫卖时会有狗会突然跳出来咬我。我总是惴惴不安地去摁陌生人家的门铃,要是没人答应我就松了口气,要是有人答应我就害怕得紧。妈妈的指导言犹在耳,但我依然不得推销要领。门开后,我只会问:"要买《周六晚报》么?"很少有人说要。这是座有3万人口的小镇,一周下来我几乎摁遍了所有人家的门铃。可是我很少能把我的30份卖完。好几周,我六天的时间都在游说整个镇子买我的报纸,可周一晚上还有四五份没卖出去,然后我就特别怕周二早上的到来,那时又会有新的30份《周六晚报》放在我的门前。

"你今晚最好出去把剩下的报纸买完。"我妈说。

我总是在一个繁忙的十字路口叫卖,那儿有盏红绿灯指挥纽瓦克来的通勤车。灯一变红,我就站在路边,用只有蚊子一般大的声音叫道:"要《周六晚报》么?"

一个雨夜,路上所有的车窗都朝我紧闭,拒人千里,我湿淋淋地回到家,一份也没卖出去。妈妈叫来了多丽丝(我的妹妹)。

"跟哥哥一块去,让他瞧瞧怎么卖报纸。"妈妈说。

当时还只有7岁的多丽丝踌躇满志地陪我回到了街角。她从袋子里拿出一份报纸,红绿灯已变成红色,她就大步迈向离她最近的车,捏紧小拳头一个劲儿地敲着紧闭的车窗,司机大概是受了惊吓,以为小矮人在攻击他的车,放低了车窗张望,这是多丽丝给他塞了一份《周六晚报》。

"你需要这份报纸,"她说,"只有五分钱。"

她的推销术是无法抵挡的。红绿灯的变换还没到12次,她就已经处理掉了整袋报纸。我一点儿也不觉得惭愧。恰恰相反,我非常高兴,决定请她吃东西。我把她带到贝尔大街的蔬菜店,花五分钱买了三个苹果,给了她一个。

"你不该浪费钱。"她说。

"吃你的苹果吧。"我咬了一口自己的苹果说。

"你不该在晚饭前吃,"她说,"会影响你食欲的。"

当晚回到家,她很负责地报告了我浪费五分钱的事实。可我不仅没有受到责备,反而被拍了一下肩膀以示奖励,因为我知道不该买糖果儿该买水果。我妈从她那丰富的格言宝库里找出了一条送给多丽丝:"一天一苹果,瘟神也得躲。"

与故事1、故事2、故事3比较,故事4显然没有离奇的故事情节,特殊的人生经历,近乎平淡琐碎。但细细阅读会发现,作者的叙述手法和态度就像走钢丝那样,在自嘲和自豪中寻求某种平衡。他正是采用了这种近乎平淡无奇的写作风格在讲述自己的故事。但是,他文字的优美之处恰好就在于其简单和朴实的文风,以至于读者在阅读他的故事的时候,完全沉浸在他的思路里,全然忘记了他在语言上是否存在雕琢和装饰。

当然,这种写作的水平很高,有一定境界,初入门者难以做到,那我们不妨先从故事1、故事2、故事3那些让人读起来刺激有趣的新闻写起吧。

(2)第二类风格:斯诺的讲述代表时代的故事

讲故事的新闻作品通常报道的对象不是名人大腕,也不是专家学者,他们通常是社会的普通人。当然,除了普通人因具有不普通的经历而构成的新闻故事外,在他们当中,那些看似平常无奇却代表着时代发展的某种趋势,有着积极社会意义的新闻故事也是一个新闻记者应当去叙写的对象。这被称之为斯诺的讲述代表时代的故事。

早期的埃德加·斯诺正是这样的一名记者。20世纪30年代,斯诺在燕京大学任新闻学教授期间,美联社曾请他做兼职记者,但是他选择了做《星期六晚邮报》和《纽约太阳报》的兼职记者。他之所以这样做,是因为他"不想整天急急忙忙地赶写新闻稿而耽误了写书、写文章"。那么,一位新闻学教授当记者,不写新闻,写的是什么文章和书呢?斯诺施展了记者最了不起的绝技——讲述具有代表时代的普通人故事,完成了《西行漫记》这一史诗般的新闻杰作。

《西行漫记》体现了斯诺写具有时代意义的新闻故事的理念,当然《西行漫记》中的人物已经不是一般的人,他们都是缔造共和国的英雄,是创造历史的人。但在当时他们都尚处在最艰难的时候,没有明星耀眼的光环,算是一群劳苦大众。斯诺将目光锁定在他们身上,足见其深刻的政治洞见。

《西行漫记》已是历史,它留下的影响却十分深远,不论国内还是国外。在这方面,《中国青年报·冰点》特稿栏目做得堪称典范。《冰点》叙述的人和事听起来都是很普通的,没有什么轰动效果,但采访报道和叙述起来却十分困难和复杂,如环保、教育等话题,越是苦难重重,越是需要记者高超的采访和写作的艺术技巧,以吸引读者的注意。虽然没有轰动效果,但是普通人的故事在当前各种媒体激烈争夺眼球的时代,通过叙述通讯这个体裁可以紧紧地拥抱读者。这种叙述能力来自新闻学的专业叙述技能。这种技能通过某个人物感人的故事叙述和某件事件细节的描写,能够把貌似单调乏味的题材变成人人关注的话题。

从《西行漫记》到《冰点》,讲述时代意义的新闻故事艺术特点是什么?接下来就对《中国青年报》2002年12月4日《冰点》的《从底层开始》这篇通讯进行讨论。

从底层开始(节选)

记者　蔡　平

大部分时间记录的都是这个表演队在迁徙,驻扎,演出,再迁徙之间的日常活动,比如演员们身着演出服装沿街宣传,请当地公安人员喝酒吃饭,以及这个大棚内部之间的明争暗斗。

上次在山西,我跟他们在一起又待了20多天,经历一些非常奇怪的事情,他们怎么样被派出所扣押,被文化站罚款,收东西,然后跟他们调解这个问题。我往北京家里打电话,很奇怪的一种感觉,感觉到北京是一个跟你没关系的地方。但我也不想说我跟他们的关系就融合得跟兄弟一样,事实上我肯定很快就要离开,你拍的东西对他们的生活事实上没有任何的改变。等这个片子拍完了,你可以给别人看,跟别人谈,你听到一些批评,听到一些赞扬,你去了国外,你坐了免费的飞机,但是他们依然继续着在路上的生活。……你在利用这些素材最后得到一些东西,但是对他们来说,他们依然一无所有,你不会因为拍了这个片子而拯救他们。比如说你拍了一个希望小学,第二天一卡车东西就送了过去,然后那个地方大家都上学了。不可能的,你也知道你改变不了什么东西。

斯诺曾说叙事报道要"坚持报道社会现实中的真人真事,敏锐地追踪时代的发展趋向,追踪的是事实,获取的是第一手资料,从未亲眼目睹的事实我是不愿写的"。叙事报道的力量在于事实胜于雄辩。诚然,叙事报道也不是简单罗列事实的见闻录,它蕴含着作者周密思虑的见地,渗透着出于正义而迸发的激情。讲故事要求记者既要具备记者的敏锐感,又要有历史学家的鉴别力和政治家的推断力。一个成功的叙事报道记者是一个能认识事物本质,有分析能力,能够洞察事态发展趋势的人。他应该力求从现实的关联中显示过去和未来。

……

总有人问我是如何同一个弹棉花的人交上了朋友。其实同他一样,我也来自民间,来自底层,是一种民间的情感与力量使我们血脉相通,是一种民间的血缘使我们无所不谈,不用唯唯诺诺,不用担心说错了话,得罪了谁,不用害怕人事、圈子等让人头痛无聊的东西。

……

真正触动我的是我与他之间的关系,作为一个拍摄者与被拍摄者之间的关系。一个最让我尴尬的事情就是,首先当你把机器举起来的时候,就和被拍对象构成了一个审视和被审视的关系,我和他之间就构成了一个不平等的关系,而且不可能平等。这是你回避不了的,如果回避,那只能说明你不能真实地面对自己这种心态。他不可能把机器对准我,因为我们之间的关系是确定的,在我所说的那种"平等的朋友谈话"这样一种外衣下进行着一种不平等的摄制关系,是我在审视他的生活,而不是他在审视我的生活。我是隐藏起来的,他是暴露的。我可能对他构成了一种伤害,这是每一个纪录片制作者都会面临的问题。诚然,我们之间是朋友,正因为如此,他才向我袒露他内心已经结疤的伤痕,但作为一个记录者,我的摄像机的存在对他又构成了新的伤害,例如拍他到厕所打水被赶那个场景,当时,我是一声不吭,以免破坏了现场,出来后,我们很长一段时间没说话。作为记录者,我坚持了记录的原则,作为人,我则有一种来自良心和道德上的自责感,这是拍摄过程中会经常碰到的。

除了追求真实,叙写代表时代性的主题外,故事还十分注重形象化的描述,善于捕捉生动的细节,读起来如身临其境,有强烈的现场感。下面再看其中一段。

1998年10月份的一个傍晚,我骑着自行车从北京医科大学一个朋友处回校。当时,天快黑了,在经过塔院小区的一个拐角处,我停了下来,我看见一个人蹲在路边,正在往一个柴炉里添煤,旁边是来来往往的车,在他的背后,两堵墙的夹角,用塑料编织袋搭了一个简易窝棚,旁边立着一个板子,写着粉笔字:加工棉花被套。显然,这是一个外地来京的打工仔,做着弹棉花的生计。他的头发、眉毛、衣服上沾满了星星点点的棉絮。

我站在马路对面,看着他慢条斯理地淘米、添火,他已经结束了一天的劳作,正在做饭。他坐在一个倒扣着的塑料桶上抽着烟,神情悠然,就像一个耕作的农民,累了,靠在自家的地头歇息一样,旁边是来来往往的车,周围是楼房耸立的小区。

我走上前,蹲下去,和他聊了起来,很快我们就熟了,他叫唐旦震,湖南零陵人,24岁,来北京弹棉花谋生。那天的晚饭,我们就在一块吃的,我们喝了大半瓶二锅头,在那空气微冷的街头。

《从底层开始》在写作上还具有的特点是语言简洁有力,笔调风趣诙谐,叙事明白清晰,描写生动活泼,人物对话和事情经过的穿插精练简洁。同时文章十分注重人物刻画,包括他们的生活态度、品位、动机渴望和喜怒哀乐等,对这类普通人物的刻画,应当像一个雕塑家一样,把一块泥巴揉成一个个鲜活的人物形象。

下面是《中国青年报·冰点》栏目的一篇文章的节选,请对照《从底层开始》,看看《冰点》的这种代表时代的作品是否具备了上述的几个写作特点。

《中国青年报》
冰点栏目采访《暖》作者(2)

作者　冯玥

"人家老板都亲自背木头给村里盖学校,咱们再忙明天也要出工呀!"

大厂村小学最终没有盖起来。

闵杰章要到县城打听砖价,让小杨在村里租辆车,他发现小杨报的车价有水分。学校修厕所,实际用去资金1 684元,但小杨给他的报价是2 100元,他把自己的监工费也算了进去。

尽管闵杰章一再说这不是哪个人的错,"谁都不是坏人,否则在外面打工一个月也能挣几百元,人家干吗当这个村小老师,每月才100多元。"但是因为缺乏对委托人的信任,闵杰章觉得这事不能做。离开大厂村之前,他和小杨长谈了一次,告诉他城里人挣钱也不是那么容易,君子爱财要取之有道。

闵杰章沮丧地回到宁蒗县城,住在前一年在这里认识的浦礼顺家。

浦礼顺是本地人,中专毕业后一直在县城工作,妻子和妹妹经营着一个小小的家庭旅馆,闵杰章2000年曾经在这里投宿,并且和浦礼顺成了朋友。浦那年29岁,比闵杰章长两岁。

闵杰章说起修建学校的事,问浦有没有其他的地方。浦礼顺说:"这样的学校在山里太多了,到处都有。"商量之后,两人决定去浦礼顺的老家牛窝子村。

牛窝子村位于宁蒗彝族自治县翠玉普米族傈僳族自治乡,距金沙江30公里(1公里=1千米,下同),距泸沽湖48公里。村里世代居住着藏族、傈僳族、普米族和汉族4个民族90多户人家。

"当天晚上,我和浦礼顺一起找了辆破旧的吉普车出发到牛窝子村。"闵杰章后来在一篇网上流传颇广的文章中,这样描述那晚的经历:"天下着雨,走了20公里公路后,车上了山村土路,全是泥坑。司机告诉我,说话时不要把舌头放到牙齿中间,否则车子颠簸会把舌头咬断的,18公里的山路,足足走了3个小时。晃晃悠悠,车子终于在一个水库边停了下来,浦礼顺说这里到村子里还有两公里路,不通车了,要步行。于是他打着手电筒,在前面带路,雨天别说什么路了,连下脚的地方都没有,村子是在大山上,每户人家相距很远,稀疏地散落在山上,不像内地的农户一家挨着一家。我穿着运动鞋,刚开始还挑地方蹦着走,后来不断陷入稀泥中,就干脆不顾及鞋子和脚了,直接趟着泥水走。"他们到村里时已经是后半夜了。

牛窝子村长坪小学建于 20 世纪 60 年代,都是木架子房,浦礼顺自己的小学一年级至三年级就是在那里上的。

让浦礼顺印象最深的是下雨天,教室里的地变得很泥泞,自己穿的布鞋会陷在泥里,下课了都拔不出来。这么多年,木架子房的状况更差了,屋檐、瓦片到处漏雨,教室周围的土坯围墙也塌了大半。

在和村主任、支书一起讨论后,确定长坪小学的基本预算 2 万元。学校拟建 3 间教室,108 平方米,后来证明预算不够,又追加了几千元。之后是选择施工队伍。第 3 天,村里召开动员大会,要求每家每户都出义务工。因为从山外采购的水泥、钢筋、砖头、白灰、木板等建筑材料,由拖拉机或货车拉到水库边,离学校还有两公里,必须由人力或畜力搬运,这两公里全是稻田和泥埂,很难走。

"村里人对你拿着钱来修学校是什么态度?"我问。

他笑了,"我还真专门做了个调查。开始时,一多半人都说,还不如修条路呢。"

学校开工了,难度超出了闵杰章和浦礼顺的想象。

浦礼顺说:"因为连续下雨,被水泡后,一块砖有 6 斤重,一匹马一次只能驮 30 块,一共是 2 万多块砖啊。还有几吨其他的东西。"

雨一直下着,两公里的土路越踩越泥泞,马腿陷下去都拔不出来。还有不少骡马都滑下泥埂,跌入渠沟。老乡们也是怨声载道,对浦礼顺说:"我的马出事你负责吗?"

那时正是秋收的季节,村民们白天忙着秋收,傍晚时艰难地在泥地上往返运砖头。50 天过去了,第一批义务工用完了,村民忙着秋收,再发起第二批义务工十分困难,毕竟庄稼是村民的命根子。

有一天白石灰运到了,却连下车卸货的人都找不到。浦礼顺正着急,看到有袋子破了,没过脑子就拿手去拢,结果手脱皮疼了十几天。

最后,闵杰章和浦礼顺、村主任商量,我们三个扛木板吧,扛两天看村民们的反应,或许能打动他们。

闵现在想起那种感觉还记忆犹新。"木板就堆在水库边,每张板有 3 米多长,30 厘米宽。我第一次扛了 3 块,刚开始还不觉得重,可是要不停地爬山越埂,放在肩上不容易平衡,走起来跟跟跄跄。后来肩头疼得不行,换了左肩,一会儿左肩也磨红了,我找了些布叠起来垫在肩头,也没什么用。后来只要板子搭在肩上就烧着疼。"

"可真疼啊，两边肩膀这边换那边，垫那么厚的棉布也不管用。"他龇着牙说。

他们三个扛木板时，山上有很多收割谷子或犁地的村民，都看到了这一幕。后来村里人议论了："人家老板都亲自背木头给村里盖学校，咱们再忙明天也要出工呀，这活哪能让人家老板自己干！"当地人把外面来的人都称作"老板"。

第二天，就有义务工开始扛材料了。他们又马上通知在县城里的卡车赶快发材料。吃饭时，闵杰章来到村主任家。"村主任从屋里拎了一桶自酿的白酒给我倒了满满一碗，这里的村民们都会酿酒，因为村民们复工，我们都特别高兴，喝着包谷酒，计划着将来在学校建个篮球场，农闲的时候村民们可以打球娱乐，还要建一个国旗竿，在大山里升一面国旗。"

闵杰章临走前，村民们为了表示对他的感谢，给他做了一个木头蒸笼，让他带回去酿酒用，还详细地教他酿酒的全过程。"可惜这笼子太大，我没法带上车，只好留在村里。"他挺遗憾。

"人家有热情，我不能冷。"

学校建好后，闵杰章去上海，在办公室见到了领导。

"我拿了人家的钱，一定得给人汇报吧。"闵杰章拿出工程结算单、合同给领导看，结果领导说你别拿这些来，我不看，那和我没关系。直到闵杰章把学校的照片拿出来，他拿起来看了半天，说照片我留下，其他的你都拿走吧。

另外，闵杰章把修建学校的过程写了一篇文章《大山里建学校》，贴在了他常去的天涯社区、深圳磨坊等几个旅游论坛里，算是给网上那些关注他做这件事的朋友们一个交代。

他觉得这事到这儿也就结束了。

西行途中，闵杰章经常用网名"信天谨游"把自己在路上的经历和感受记录下来，和网上的"驴友"分享，2001年还出版了25万字的《探险：一个网友的西行笔记》一书，很多旅游论坛里的人对"信天谨游"这个名字并不陌生。

第一次见闵杰章时，我曾好奇地问他，"信天谨游"什么意思？

他回答，如果要解释，应该说一方面是信马由缰，自由自在；另一方面是要谨慎小心，踏踏实实，无论是旅游还是做人。

让闵杰章没想到的是，这篇《大山里建学校》引起了那么多人的注意。

北京、上海、深圳、广东等地的"背包客"通过联系身边朋友捐助、"驴友"捐助，以及一些网站、户外活动俱乐部通过讲座、影展、义卖等方式，先后一共筹集到4万余元。

　　凹里落小学 2002 年 9 月 16 日开工，实际工期两个月。浦礼顺作为闵杰章的委托人，在当地具体处理各种事务，协调关系。闵自己和深圳的几位驴友，在"十一"期间也到宁蒗，现场检查施工，审核材料费用、运费等。

　　"我这个人，不刻意做事情，不过有机会呢，我就试试吧，就这么种心态。"闵杰章说，"人有热情，我不能冷啊，否则那算什么呢。何况，那里太需要了。"

　　"10 月 1 号，更远山里的次波落村的人听说我们在修建凹里落小学，专门赶到凹里落和我们见面，希望我们能去他们那里考察村小。"

　　说起这个次波落村，信天叹了口气，"这本来是我们计划中的第 3 所，现在已经排到第 9 所了。"

　　浦礼顺告诉我，他已经先后领了 4 批人去看过，现在都不好意思再去了。

　　闵杰章还记得，去年 10 月 2 日，他和几位"驴友"一早骑马出发，次波落不通车，只能骑马或徒步。陡峭泥泞的山路，马走起来也很困难，没多远就有一个"驴友"被马摔在了泥巴、水和马粪混合的泥地里。他们只得下马步行。

　　那是一所什么样的小学啊，"大家看到的是用木板简易围成的校舍，屋顶透着两个大洞，光线直射墙上，四周跑风漏气，几个小学生用惊异的目光看着我们。这个地方从来没有外地游客来过，小孩子还没见过我们这样的外来人。"

　　闵杰章说，那个地方，谁看了都说应该盖，可是太难了。他们做的预算是 6 万多元，比一般的地方要高出不少。因为到村里有 22 公里的泥泞土路，还有 7 公里不通车的山路，砖头和钢筋水泥等材料全部要用马帮人力驮运，云南多雨，雨季经常塌方，运输成本高，太困难了。

　　"一般一所学校的预算是多少？"

　　"基本就是四万四，关键是当地能不能提供木料、石头、沙子，有的地方有石头，有的没有，有的老房子木头能用，有的必须换新的，每个村情况都不一样；再看出不出义务工，这可能出入几千块钱。如果没有这些原料，不出义务工，大概就要到五万四。"

　　"能盖起一座什么样的学校？"

　　"3 间教室、108 平方米，两间老师办公室，再有厕所、围墙、大门、国旗竿。"

　　闵杰章说，他们选建的都是村小学。在深山里，由于低年级的学生年龄小，无力跑到离村太远的完小上课，都在离家较近的村小先上学，等到了三四年级，再转移到完小。完小是国家投资建的，师资力量等各种条件相对完善。而村小一般只有一两个年级，有的干脆就是"一师一校"。（所谓完小，就是完全小学，根据国家集中办校的政策，在一个相对人口集中的地方建的一至六年级都有的完全小学。——编者注）

读者不妨也来总结一下这篇文章的特点。

3)三种结构

新闻作品正文的三种结构为:倒金字塔结构、沙漏式结构、循环式结构。

(1)倒金字塔结构新闻报道

倒金字塔式新闻报道结构如图2.2所示。

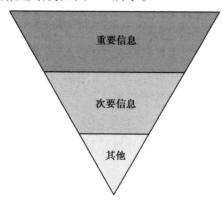

图2.2 倒金字塔结构

这是最常见的结构。这种结构按照重要性递减的顺序来展开。一篇作品中,首先在导语部分嵌入最重要六要素,激发读者阅读的兴趣,接下来则是正文,导语把新闻最主要的、最精华的内容率先呈现给读者,其次重要的在导语之后的第二段,再次的则安排在第三段,以此类推。每一段都进一步解释或补充了前一段的内容。尽管倒金字塔的结构头重脚轻,但绝不意味着正文的部分可以被轻视,作者也应当不遗余力地将读者兴趣保持到最后。

美联社记者克罗约夫曾经撰写过一篇关于俄罗斯米尔空间站的报道,就是一篇典型的倒金字塔结构的新闻作品,下面就节选其主要部分,来了解一下这种结构的成品形式。

导语部分:【克罗约夫,俄罗斯(美联社)】 米尔空间站在结束了历经15年、行程22亿公里的漫长旅行之后于周五回到地球,其碎片燃烧着坠入南太平洋。

正文部分:

没有即时的迹象表明航天飞船的碎片全部坠入水中而没有击中其他物体。澳大利亚紧急处理中心执行主任戴维·腾普曼说:"现在我们还没有收到任何其他损失的报告。"

俄罗斯当局称,一系列用于确保人口稠密地区不受威胁的精密点火装置已按计划正常工作。

"米尔空间站已经胜利地完成了它的航行。"一位任务控制中心的报告员说。任务控制中心称米尔号的全部残余碎片尽数坠入大洋中。

米尔号燃烧着的残余碎片在滑过斐济上空时清晰可见。

当时正飞行在8 000英尺(1英尺=0.304 8米,以下相同)高空的飞行员内利·瓦塔列夫说:"它从海拔很高的上空飞过,速度非常快。它很亮,拖着一条长长的烟尾巴,在空中停留了几分钟。"

附载在米尔号上的进步号载物航天飞船上的引擎点燃了两次,帮助飞船减速并将其送入椭圆形轨道。然后,东部时间子夜后不久,引擎最后一次爆炸,将航空站抛入了澳大利亚和智利之间的水域。

过渡语运用在整个新闻报道中,帮助引入更多的消息来源。请注意这篇新闻报道是如何游刃有余地从一个部分转移到另一个部分,如何从一个消息来源转到另一个消息来源的。

俄罗斯航空官员们称这是一个完美无缺的成功,他们为此欢呼雀跃。

俄罗斯航空机构负责人尤里·科普特夫说:"这是一次典范式的操作,我们的专家没有在任何一步犯任何错误,一点儿也没有。世界已经相信俄罗斯不仅懂得如何制造航天飞船,而且知道如何控制它们,如何预测它们的飞行。俄罗斯仍将是伟大的航天大国。"

米尔号的回收标志着俄罗斯航天计划一个辉煌篇章的结果:它证明了长时间的航天飞行是可能的。它的结束令很多人依依不舍,也引起了一些人的抗议。周二约有15个示威者聚集在任务控制中心外面,手里举着俄罗斯第一位登上太空的宇航员尤里·加加林的画像。

标语牌上写着:"不要放弃俄罗斯的航天工业。"但是米尔号的使命已经结束了。贫困的俄罗斯政府在履行建设国际空间站义务的同时无法支出巨额资金让它运行在轨道上,也无力进行良好的维修。

在两段解释说明情况,介绍最新动态的背景后,史华茨通过过渡语将读者带入新闻报道的另一个场景。

莫斯科附近的任务控制中心内气氛十分严肃、专业。控制中心工作人员抑制着对米尔号终结使命的遗憾,专心致志地研究着图表和数据,准备发出重要指令。

"我们所有的情感都只能等到明天空间站落地后才能表露,"任务控制中心值班主任安德烈·帕瑞什科说，"今天我们要抛开一切感情做好我们的工作。"

在它最后的一天，这个年久的太空站吸收着太阳的能量，为可调节储量的电池充电，调定准线。

它的目标落地点宽 120 英里（1 英里 = 1 609.344 米，以下相同），长 3 600 英里，大约以南纬 44 度、西经 150 度为中心。

俄罗斯当局称航天飞船最后落地时仅偏离了一点点——在预定地点往西北方向偏离了 930 英里，落在南纬 40 度，西经 160 度为中心的地域，大约在新西兰惠灵顿往东 1 800 英里处。

航天专家称在最后的几分钟，米尔号的坠落速度达到 200~300 千米/小时。以这样的速度，一片瓦砾可以冲破一块 6 英尺厚的水泥砖。

任务控制中心发言人亚瑟沃罗德·拉蒂舍夫称，俄罗斯不会做任何努力回收太空站的残骸。"为什么要回收残骸呢？"他揶揄地说。

航天官员们已经表示他们曾使几十艘进步号航天飞船和其他航天飞船坠落在太平洋的这个区域，完全有信心安全回收太空站。

但是米尔号是迄今为止回收的最重的航天飞船，其体积和形状都使科学家们很难精准地预测它的返回。

由于这篇新闻报道的正文很长，只能将其中的一部分供读者阅读，但它沿用了典型的倒金字塔结构，通过一系列段落为读者提供新闻的不同消息来源的直接引语、过渡语、背景和其他事实。

组织倒金字塔结构新闻报道应遵守的原则：

①导语简洁。撰写一个不超过 60 个字的导语来概括新闻报道的要旨。第二段提供一些不适合在首段写出的新闻要素。

②提供背景。在第三段或另一个或几个较为前面的段落提供背景，为读者进行解释说明。背景可以来自消息来源以解释一些技术问题，或来自记者，以更清晰地叙述报道。甚至重大新闻报道也要提供背景以说明之前发生的事情。比如在报道一件谋杀案开庭的第一天，撰稿人可以在第三段、第四段或第五段叙述谋杀案的详细案情，这就等于向读者提供了背景资料。如果有多个重要的新闻要素，可将这些要素全部置于新闻报道中较前的背景段落，然后在后文中再逐一进行叙述。

③重要性递减。要按照重要性递减的顺序安排段落、报道新闻。倒金字塔结构很少按时间顺序组织新闻。当记者想写一篇按时间顺序安排的新闻报道时，通常会采用另一种写作形式——沙漏式结构。

④使用引语。使用直接引语的最佳时机是在向读者、观众、听众提供了新闻要旨和背景信息之后。在不同的直接引语中间插入补充性新闻和记者的转述，将直接引语间隔开。要将引语分散在整篇新闻报道中，而不是堆砌在一起。切记，引语是非常有用的，因为它可以让新闻中的人物与读者、观众、听众形成直接交谈的态势。

⑤自然过渡。一段说明，一个背景段落，一个直接引语，都可以用作过渡语从而使读者顺利地从上一段落进入下一段落。过渡语还将提醒和暗示读者下文内容将出现变化，这通常称之为承上启下。

⑥不要评论。新闻报道和新闻评论是构成新闻的两大基石。作为新闻报道，记者的任务只是向读者、观众、听众报道他们的所见所闻。为维护新闻的客观性，不应当将个人的意见观点表露在新闻报道中，即便其所报道的新闻事件激发起他们的情绪，这种情绪一般也只能通过采用新闻报道中的人物的直接引语来表露。直接评论会导致新闻报道主观化从而变成了新闻评论。

⑦不要硬"结束"。持续报道新闻一直到文章结束，这将有助于读者了解虽然这篇作品已然结束，但新闻报道还没有结束。结束一个新闻报道的有效方式通常是采用一个直接引语，不要硬生生地使用所谓的结束话语。

现在将提供一条新闻，请根据新闻对照分析上述的倒金字塔结构的7条规则，将每一条的具体内容填写进任务书（表2.1）。

表2.1

七条规则	相应的文句
1.简介性导语	
2.提供的背景	
3.重要性递减	
4.使用的引语为	
5.自然过渡句为	
6.是否加了评论	
7.结尾是否硬生	

实训练习

【明尼唐卡,明尼苏达州(美联社)】 15名来自这个明尼阿波利斯郊区的童子军在夏令营探险中经历了比他们想象中更危险的情况。

他们租了一架私人直升机前往华盛顿州的喀斯喀特山脉。直升机降落在比预定地点高出4 000英尺的山上,将他们孤零零地置于冰川和雪地之中。

崩落的石头和陡峭的山壁挡住了他们的去路。

几个人经历了痛苦磨难的一天后终于爬到了安全的地方,寻求到了帮助。

"我们期待着艰难的历险,"童子军队长布雷德·斯特罗特说,"但没有料到要在丛林中开出下山的路,让我们的孩子陷入到如此危险的境地。"

飞行员称原定的位于北喀斯喀特国家公园内的一个私人矿场着陆点不安全,因此他把他们降落在了更高的山区。

斯特罗特说:"我们头顶上是冰川,四周都是雪地,流水清澈得不需要过滤,还有漫山遍野的野花。"

但是他们本应该沿着下到原定的露营地的小路被崩落的岩石、瀑布和陡峭的岩壁堵住了。

"我们一开始的印象是感觉到自己进入了天堂,只是你找不到出去的路。"加里·约翰逊说。他是17岁的童子军乔丹·约翰逊的父亲,是这支童子军队伍的成人领导。"天堂变成了地狱。"

两天之后,他们意识到了处境的危险。7名大一点的童子军和2名他们的领导者出发去寻求帮助,考验了他们的童子军生存技能。

"每个人都觉得他们将丧生于此,"乔丹·约翰逊说,"要爬过那座岩壁,任何人都可能滑落下来。"

穿行了15英里之后,求救队伍来到了一个有一辆汽车的营地,这里的人开车将他们送到华盛顿州的斯特赫金。他们在那里给那位飞行员打了电话。飞行员连夜回去开来了直升机。

上周三下午5:00,童子军们每次3人乘直升机离开了山脉,于本周一乘火车返回了家。

(2)沙漏式结构新闻报道

大部分新闻报道都采取传统的倒金字塔结构,但也有一些其他的结构可供使用,比如沙漏式结构。

所谓沙漏式结构是正反金字塔折中式结构(图2.3)。沙漏式结构的新闻写作方式是截取倒金字塔结构和金字塔结构的优点,而避免它们的缺点。在这种结构中,撰稿人在报道的前几段提供主要新闻内容,像在倒金字塔结构中一样按重要性递减的顺序写作。然后撰稿人使用一个转折段,即引导出按时间顺序叙述报道的过渡段,转折段后的报道按时间顺序写作。这样

图2.3　沙漏式结构

就形成了金字塔结构,与前面的倒金字塔结构互接从而形成了沙漏式结构。沙漏式结构的新闻通常被用于报道审判、治安和消防的新闻。虽然其报道的门类较窄,但有一定的针对性。

沙漏式结构是由美国佛罗里达州圣彼得堡波因特媒介研究学院的罗伊·彼得·克拉克发明并进行积极的倡导。他认为沙漏式结构新闻报道有如下几个优点:

①重要的新闻内容在文首提供。

②撰稿者可以利用记叙体的长处。

③最重要的信息会在记叙部分重复,使读者有机会充分了解吸收。

④与倒金字塔结构头重脚轻不同,沙漏式结构更平衡。

⑤它将读者吸引到报道中并将他们带到事件的真实结尾。

⑥它使编辑无法从结尾删减报道。

克拉克认为沙漏式结构是自然讲述故事的一种方式,"你一开始就将很重要信息告诉读者,然后有人会想,真的很有意思,它是怎么发生的? 我看过很多报道,包括一些有关政府会议报道的撰稿者都是在文首报道主要新闻内容,然后按时间做顺序讲述新闻事件是怎么发生的。我想当有的报道不适合用倒金字塔结构写作时,沙漏式结构为记者提供了另一种选择。"

下面这篇选自《费城问询者报》的新闻报道是由雷德·卡纳蕾用沙漏式结构撰写的。这篇新闻报道的是一辆卡车冲进一幢办公楼,将一名正在办公桌前工作的男子撞死,算是案件新闻。

奇特的车祸

昨天上午,一辆牵引式挂车猛冲过切斯特县一个繁忙的十字路口,撞入一名特拉华县商人所在的办公室,致其死亡。

事故发生在早上 8:09,伯明翰镇 202 号公路和布林顿的大桥的十字路口,卡车司机严重受伤,据官员称,没有其他人受伤。

警察称这辆装载钢卷的平板挂车的刹车显然已经失灵。据伯明翰警察局局长韦德·L.安德森称,卡车在迎面驶来的车流空当中拐来拐去,撞上一辆货车后猛冲过这幢办公楼,在撞上一辆停在那儿的货车后终于停了下来。

据医院女发言人多娜·佩宁顿称,这名商人叫詹姆斯·E.迪福,50 岁,住在桑顿的石桥路,在西切斯特的切斯特县医院进行的紧急外科手术中死亡,时间是上午 10:30。她称迪福的伤势为"多处外伤"。

卡车司机斯蒂夫·罗,26 岁,来自俄亥俄州的切萨皮克,身上多处受伤,被送往切斯特县医院。昨晚病历记录为良好。

死者的儿子托马斯·迪福说,他父亲是西切斯特传送设备制造商洛根公司的销售人员。

安德森讲述了事故的经过。

罗的牵引式挂车在 202 号公路上往北开。到布林顿的大桥路时遇到红灯,此时卡车显然无法停下来,而是冲到往南向行驶的车流中,与一辆货车车头相撞后左转冲到路中。来自特拉华新卡斯尔的货车司机约瑟夫·A.克斯克斯兹卡没有受伤。

卡车横过南向的车道,冲上一个斜坡,撞入十字路口西北角的伯明翰职业大厦的停车场。当时整个两层楼的大厦内只有迪福一人。当罗的卡车冲过他一楼角落的办公室时,他正坐在办公桌旁工作。卡车随后撞上安德森停在那儿的一辆货车。卡车的冲力毁掉了迪福办公室的两面墙,并将他压在废墟下。

货车侧翻在地,撞毁了旁边帕特森·史华茨房地产公司办公楼的前窗。

安德森说,当罗的卡车冲过来时,他刚离开伯明翰职业大厦地下室的办公室,坐在一辆巡逻车上。

"我可以看见卡车已经失去了控制,卡车司机竭尽全力试图避开所有的物体,"他说,"他干得非常不错。他避开了我,避开了那些车。他想以更小的冲撞力撞到大厦,但是没有成功。"

安德森估计损失达 75 000 美元。他称目前还没有任何起诉,但事故仍在调查中。

除了他的儿子托马斯之外,迪福还有妻子芭芭拉和另外两个儿子。

报道的前六段是典型的倒金字塔结构,最主要的新闻要点在文首,第七段是转折段或过渡段——由其中一个人物安德森讲述事故发生经过。在这之后就是报道的叙述部分,为金字塔结构。

沙漏式结构的第二部分(金字塔结构)不应该重复第一部分内容。当然,有一些事实将会重复叙述,但第二部分应该更清楚地记叙随后发生的事件。在上述例子中,第二段交代了车祸发生在 202 号公路和布林顿的大桥路的路口。第八段报道称,这辆牵引挂车正沿着 202 号公路往北驶,到布林顿的大桥路时遇到红灯,此时卡车显然已经无法停下来等红灯。这一段重复了车祸发生的地点,但提供了更多的细节内容。

前面曾谈到沙漏式结构适应于哪些新闻报道,当然也有一些不适应于沙漏式结构的新闻,比如人物专访、天气预报和节日庆典的预发新闻。正如克拉克所说:"新闻报道的写作方式不必拘于一格,记者需要寻找最佳的结构,尽可能将新闻报道组织得最好。"沙漏式结构能为撰稿者协调两个极为重要的方面:①在文首突出新闻要旨,以节约读者时间;②用记叙体很好地组织新闻报道。

(3)循环式结构新闻报道

循环式结构是另一种较为常用的新闻写作方式,特别是常用于特稿,被形象地称为"圆圈式写作"或"首尾呼应式"(图 2.4)。在这种结构中,撰稿者通常以围绕着新闻事件或重要消息来源的记叙或描写开篇,通过生动形象的描述将读者吸引到报道中。

央视新闻频道的《焦点访谈》节目就经常采用循环式结构。以《焦点访谈》2010 年春节特别节目中的《梦想》一期为例。整个节目从一首英文诗歌《梦想》开始,一个纯真的女声朗读着诗歌,在这充满希望的声音中透露出安静祥和。既而,节目的叙述转到朗诵诗歌的女孩身上。女孩是一位瘫痪者。故事的平衡被打破,从不平衡中重新开始陈述。女孩名叫郭辉,12 岁时瘫痪,四处求医,医疗效果微弱,15 岁时开始自学初中和高中教程,考上大专、本

结构完整
首尾呼应

图 2.4　循环式结构

科、研究生,现在是北京大学的博士生,仅仅用了八年的时间走过了正常人要用十四年才能走完的路。随着主持人敬一丹的追问:"她能否适应北大的生活?"女孩把自己在北大的生活娓娓道来,故事渐渐地走向平衡,由不平衡达到了新的平衡。如果故事在 30 分钟的报道中无法达到新的平衡,《焦点访谈》将在以后的节目里追踪反馈,使其最终达到平衡状态。采用循环式结构不仅使得整个节目显得完整有序,而且也使得观众的情绪稳定缓和。

阅读性新闻也有一些典型范例。美国亚利桑那州立大学新闻专业学生琳

达·贝克赛尔写了一篇有关因闯红灯而造成全国交通事故最多也最严重的菲尼克斯市的新闻报道中，首先描写了一个20岁的少女在一次车祸中脑部受损后是如何恢复生活的。

克里斯特尔·菲利比正在去钱德勒高中的班级舞会的路上，身着一袭长袍的她正期待着一生中最美好的夜晚。

然而就在一瞬间，这名各科成绩平均积分达到4.0的高中生被笼罩在车祸的恐惧之中。事故是因为一名闯红灯司机引起的。

贝克赛尔在报道中引用了很多消息来源的话。她还做了仔细的调研，从美国脑部损伤协会、公路安全保险学会和其他组织获得了事故数量、死亡人数和受伤人数等信息。她还采访了州立法委员和其他官员。

贝克赛尔讲述的这篇故事很长也很复杂，我们只能节选一部分。但是在整篇文章中，她不断地回到克里斯特尔·菲利比这个人物上来，使得这个复杂的报道充满了人性。报道的结尾呼应文首，又回到了克里斯特尔·菲利比。

"我想了解我自己，了解发生在我身上的一切以及将来会发生什么，"她补充说，"我是一个战士。我只是往前走，而且要一直走下去。"

那么循环式结构有哪些优点呢？
①有助于简化一个复杂的新闻报道，使报道充满人性。
②撰稿者可以采用记叙和描写的写作方式。
③读者与文中重要的消息来源紧密联系在一起，感觉新闻报道既在报道一个更广的主题，又在讲述关于消息来源的故事。
④问题结构完整有序，避免了倒金字塔结构头重脚轻的缺陷。
⑤循环式结构是一种有效的讲故事方式，能将读者、观众、听众兴趣一直保持到文尾。
⑥由于首尾呼应，编辑们无法从最后删减报道。

2.2.4　结尾

肯定没有撰稿者会在新闻报道的结尾说"结束"，或是以一段评论来结束新闻报道。在把所有相关的信息都包括进来后，报纸会按所分配的版面空间来确定文章长度，就即刻结束新闻报道；而广播和电视的新闻稿会按照规定的时间长度来收尾。网络虽在版面上有相对大的空间，但也决不能自由行事，往往会按报纸的版面空间来约束自己，何况现在网络上很多的新闻都转载自报纸。它们通常用一个直接引语结束新闻报道,让消息来源直接与读者交谈。该引语将读者从感情上紧紧地吸引到新闻报道中来,提醒他们虽然文章已经结束了,但文章所报道的故事和人物命运还在继续。

最后一段也可以报道其他事实,这些事实对新闻报道来说很重要,但没有前面报道的事实重要。还是以米尔号的新闻报道为例,其结尾提供了背景和其他新闻事实。接上面的报道,其结尾表述如下。

该太空站围绕地球运行了 86 331 圈。"米尔"在俄语中的意思是"世界与和平"。米尔空间站一共接纳过 104 名宇航员,其中 63 名来自国外,包括 7 名美国宇航员。其他 38 名美国人曾因航天飞机在空间站停留而拜访过它。

女发言人科尔斯滕·拉尔森称,国家航天航空局对米尔空间站的撤废将不发表任何意见。该局一直在跟踪关注太空站返回地球。

太空宇航员曾做过 23 000 个实验,种小麦、制半导体、研究长期失重对人体的影响等。

但是在它运行的最后一年,米尔空间站成了运行轨道上的一个破烂不堪的物体。1997 年,它的一个氧气生成罐着火,一艘供给航天飞船撞上了空间站,导致电脑系统瘫痪,动力失灵。

12 月,因为老化的电池突然断电,导致任务控制中心与空间站失去联系长达 20 多个小时,在其后的电力中断事故中,虽然航天官员都尽力与之保持联系,但每一次事故都会导致中央计算机瘫痪数天。

"这些材料来自各个地方——俄罗斯、美国和南太平洋的人们,"史华茨说,"虽然新闻报道的署名是维拉迪米尔——一般都是由撰写新闻刊头的记者署名,但是无疑是我将新闻报道的材料组织到一起的。恐怕有的人会认为这是一个枯燥、无功的工作,但我却发现这个工作令人兴奋,就像是拼起一张巨大的拼图,所有的图块都在不断变化形状和体积,这是一个挑战。当你收到信息时,你需要迅速消化这些信息,并把它们融合到新闻报道中。我的工作就是努力把这些零碎的信息整合成一个连贯的新闻报道。"

2.2.5 其他形式的网络新闻写作

1)关于视听新闻的写作

网络新闻从早期的电子文本形式发展到如今,已成为综合性的媒体,网络视频及在线收视和在线收听使网络新闻更加丰富多彩,快捷有效。这种融合了多种媒体的传播样式,其理念与新闻报道并无二致,但应当看到电子平面媒体与电子视听媒体新闻文体的写作还是有不同之处的。

网络视频如同电视频道,主要通过图像传递信息,文字则作为声音传递;网络广播则与电台一样,主要传递声音信息,二者都将文本诉诸听觉。由此,这就决定了网络新闻在以视听形式发布时需注意以下几个方面:

①由于新闻播报时按时间而不是版面计算,其时间同样受到一定的限制,因此更强调新闻写作简明扼要,甚至有时会放弃深度要求。

②由于"听"稍纵即逝,人们听并理解信息的机会只有一次,不像阅读可以重复,这就要求新闻的语言更加通俗和口语化,要让人一听就懂。

③视频新闻由于播放了大量的影像,似乎将文字挤到了边缘位置,这是误解。文字和影像的互文性一直是视频新闻节目的记者、编辑们孜孜以求的目标。只是将文字简单地作为图像的说明,那么文字的确就显得多余了。

具体几项细节要求如下:

(1)直接引语

报社记者大量使用直接引语,电台和电视台记者也这样做,只是他们在采访时把这些话录在带子上。这些采访中录下的内容成为现场录音、录像片段,相当于平面媒体中的直接引语,这些片段可以给报道增加色彩和权威性。在广播电视新闻报道中应避免像报纸那样采用很长的直接引语。主持人(播音员)读出直接引语时,听众无法看到稿件上的引号,所以搞不清直接引语的出处——是读稿人说的,还是被访人说的。记者通常应转述消息来源并加以压缩,比如据××市长介绍……同时尽可能将市长的整段话剪辑成一句或两句,把其他的话变成记者自己的叙述语言。

(2)姓名和头衔

大多数播音员认为,广播电视新闻撰稿人应避免在导语的第一句话中就使用大众不熟悉的姓名。在姓名出现前应该有一个铺垫,让听众的耳朵先"预热"一下,否则就很容易听漏或误听这个名字。比如报纸可以写"张三,福州市一位著名的企业家当选为省政协委员"。但到了广播稿里就会写成"福州市一位著名的企业家——张三,今天当选为省政协委员"。建议:当播报一个新闻人物时,头衔应放在他的姓名前面,让观众或听众能在心里预期到随后出现的人名。如果所提的头衔很长,播音员很难把它和名字连起来,那就将它分成两个句子来播。这一方法同样也适用于叙述的长句,一般而言,广播电视的文句都不应太长,即使是长句也要想办法将其拆写成短句,便于听者更好地理解。

(3)缩略词

在撰写网络视频、音频新闻文稿时,使用缩略词有一条非常简单的原则:尽量不使用缩略词。因为即使是常用的缩略词,播音员也有可能念错。播音员为了确保念准每个缩略词,很可能会出现犹豫不决的状态。再则,听众对缩略词也未必听得明白,比如"福建商专"一词,单听起来确实不易明白,而且会误听为"福建山庄"或"福建三砖"等。最好还是将"福建商业高等专科学校"全部读出。当然有一些大众熟知的缩略词则可以使用,哪怕是英文字母或拼音字母的缩写,比如 WTO、APEC 等。

（4）其他词语

方言、俚语、术语、行话、不常用的科技用语在网络视频、音频的新闻稿中也属于禁忌范围,在使用不常用的科技用语和行话时应加以解释。另外,"前者"和"后者"这两个词也应避免,因为听者无法回忆到前面去寻找相应内容。

2）关于微博新闻写作

在绪论中已经提到,微博是当今互联网中发展最快的一种信息传播形式。几乎所有的媒体从业者都在使用微博,因为微博上有大量的有价值的新闻在这个互动圈内出现,可供记者在其他媒体上使用。就微博本身而言,其写作非但没有技巧,反而是对传统写作规范的颠覆。在传统新闻活动中,记者使用专业化、模式化的文体进行新闻写作。比如,在撰写硬新闻时普遍使用倒金字塔结构,在撰写特稿时使用华尔街日报体等。这些模式化的文本形态往往讲究平衡、完整、严密并由严格规定的部件按特定的逻辑搭建而成。比如在导语的写作上,在引语的使用上,都有其规范。而微博所代表的文本形态是碎片化的,是个人话语的集合。通常,微博发布的信息限 140 个字,用户喜欢用片段式表达、即兴的、灵感式话语来表达,同时这种话语环境又反过来影响用户的思维。下面介绍的新浪网的微博新闻就体现了这种碎片化特点。

【内蒙古锡林郭勒遭沙尘暴大幅降温】 受蒙古气旋影响,昨日内蒙古锡林郭勒草原出现大风强沙尘暴天气,锡林浩特市区昏黄一片,能见度很低,当地气温随之下降 8 摄氏度左右。

整条新闻不足 60 个字,完全不按照新闻的写作要求,充其量仅是一条信息源。但是微博正是以这样的方式解构了传统新闻。

再看一条微博新闻。

由北京政府直接控制的一家中国基金组织有意购买尤文俱乐部的部分股权:《都灵体育报》报道,中国投资有限公司董事长楼继伟先生在几个月前和费拉里斯大街的主人进行了接触。唯一拥有自己体育场的意足球俱乐部在营销和市场方面的动作引起了中国人的注意。中投大约拥有 4 100 亿美元,这可是一笔非常可观的财富。

　　这条微博新闻相对长一些,也不足 140 字,但它透露了一些十分重要的细节和数据,比如中国一家基金组织欲购买意大利一家足球俱乐部的部分股权,两家的主要人物接触的细节以及中国基金公司的经济背景等。也许在正式的媒体新闻中,未必会语涉中国公司的经营背景及实力状况,而微博新闻则无太多的顾忌,因此可以看出,微博以全民参与的视角,实现了个人话语的集合。

　　当然微博独特之处不仅在其微型化的新闻文本范式,它还可以把图片、视频、文本和传统内容融合处理,通过互动建立"联系"生成"意义",如图 2.5、图 2.6 和图 2.7。

小沈阳:有一种像放风一样的感觉

图 2.5

李小冉:声色戛纳 寻找梦幻岛

图 2.6

　　用图片传递心声,用光影镂刻年华。

　　微言细语,独唱合唱。

　　让时光停在芳华流转的刹那。

　　以上是搜狐微博首页的滚动图片,它将明星的图片、话语粘贴上,与网友形成了一种交流互动,从而实现了它独特的社交意义。

　　微博成为个人话语集合地,当然也面临着一个危险,每个人都有空间势必导致话语权过分分散,结果新闻信息显得杂乱而无焦点。为了避免出现这个问题,微博

手机微博活动:今天有个特别的时刻

图 2.7

采取的一个策略是,选取几位人气高的明星挂在微博上,即作为网民关注的中心,并以这个中心进行信息的辐射,又可以利用明星的言行形成号召力,这样一来就保障了一个网站有相对稳定集中的信息。

下面是新浪微博首页十个顶级演艺明星关注度指标的排行榜(截至 2010 年)。

- 姚晨　8 111 426
- 小 S　7 234 582
- 蔡康永　6 596 068
- 赵薇　6 428 107
- 何炅　5 946 349
- 谢娜　5 881 196
- 杨幂　5 558 152
- 李冰冰　5 357 397
- 黄健翔　5 194 257
- 陈坤　5 028 285

而搜狐微博也推出了十大顶级明星的人气推荐榜(截至 2010 年)。

人气推荐

- 3 928 755 刘烨 1

- 3 323 782 张朝阳 2

- 3 309 040 刘亦菲 3

- 1 869 836 崔永元 4

- 1 442 052 娱乐头条 5

- 1 279 052 赵本山 6

- 1 182 514 刘晓庆 7

- 1 163 426 杨澜 8

- 1 070 779 王学兵 9

- 1 066 241 草根屁民 10

新浪微博排序首位的是姚晨,有 800 多万人关注。十大明星加起来高达 5 000多万;搜狐微博首推是刘烨,不如姚晨,甚至不如新浪榜最后一位陈坤,仅为 300 多万。但十个人气指数相加也有近 2 000 万之众。这仍是一个庞大的数字。各家网站正是通过这种方式把"阅众"拉到自己的周围。明星的人气指数越高实际上是这家网站的人气指数高的体现。新浪微博目前在国内发展势头最猛,人气最旺,从它的明星关注度就可以看出。新浪微博的 CEO 曹国伟自己也说:"假如能好好经营微博的话,你自己就拥有一个媒体。"另一个研究微博的沙海先生则说:"你的粉丝超过一百,你就好像是本内刊;超过一千,你就是个布告栏;超过一万,你就好像是本杂志;超过十万,你就是份都市报;超过一百万,你就是一份全国性报纸;超过一千万,你就是电视台;超过一亿,你就是 CCTV 了。"微博正是以标举明星的方式聚集人气,将自身打造成最受关注的媒体。如今就连一些官方机构都发现微博的广泛意义,也开始在网络上开通微博,发布信息。如公安部门通过微博征集破案线索,发布交通信息等。下面是河北石家庄公安机关在 2011 年 5 月 18 日的一条微博信息。

石家庄公安

石家庄公安网络发言人发表的微博(648)

交通提示 由于太行大街和环城水系施工,307 国道和黄河大道通行均受到影响,虽然修建了临时绕行路,但是通行能力大大降低。建议向东出市区的朋友可以绕行黄石高速、307 国道副线、湘江道等;东部进市区的朋友可以绕行黄石高速、307 国道副线、石环公路等。

假如出行时能有如此快捷、有效的信息获取,那将大大方便出行者。而公安机关想借助其他媒体来公布信息,恐怕难以达到如此效果。

可见，微博新闻的焦点当然不只是标举了几位明星人物让网民追捧，其根本目的是为大众创造一个话语空间，它可以是官方的，也可以是民间的。它使整个社会进入了个人媒体时代，在微博的空间里，新闻不一定由新闻机构发布，人人都可以成为新闻人，只要愿意说话。而且，"空间"提供的话语量是平等的，每人限在140个字内，不管作者是多大的名人。这种表达方式不仅更适用于现代人快捷的生活节奏和快餐式文化的消费习惯，更重要的是，微博新闻正在逐步消解着传统媒体文本的叙事方式，使得信息、观点的消费去中心化态势更加明显，信息和观点消费过程中个人定制的色彩得到前所未有的加强。微博的崛起使草根网民获得了一定的话语权，成为挑战传统媒体话语权的重要工具。美国著名的IT专栏作家丹·吉摩尔在《草根媒体》一书中就警告说："世界培养了我们（媒体人）的自满和傲慢，我们坐在装满民脂民膏的列车上，虽然它还撑得住，但不可能永盛不衰。"丹·吉摩尔的话的确是给媒体人一剂清醒的良药，也提醒媒体人应更多关注微博，学习微博，借鉴微博。

但是微博传播也有一些明显的缺陷，它特别易于传播不实信息和不恰当的观点，其把关机制与传统媒体相比存在一定的差距。传统媒体作为一种专业机构，在发布新闻前均有编辑把关，职业编辑基本保证了新闻品质，他们不仅核实信息的真实性，全力保障其客观、公正，同时还把握信息的格调，防止包含诸如暴力、色情等内容的信息被不加区别地传递给公众。这是传统媒体建立公信力的一种有效机制。尽管微博也建立了自身的举报机制，但其执行力还令人置疑。其次，微博的许多信息也缺乏新闻价值，有的纯粹是个人情绪的发泄和对一件事情的感悟，对他人来说不仅莫名其妙，也没有丝毫意义。作为媒体人对微博信息须审慎判断、选择，不可盲目使用。再次，在信息的具体内容上，微博信息也不可能像传统媒体那样有专业编辑进行删改、纠错、撤销，微博用户自己充当编辑的角色，自觉核实信息，通过选择关注的对象来筛选信息，通过转发和评论来表达自己对新闻的判断。基于此，一个使用微博的媒体工作者，在微博上就不是普通用户，他应该承担着更重的责任，避免成为不实信息和不恰当观点的传播者。

近几年，一些别有用心之人就借助网络，尤其是微博等新的网络平台造谣传谣，吸引粉丝，非法获利并严重扰乱社会秩序。为此，国家公安机关从2013年开始集中整治打击。

2013年9月8日，"江苏警方打掉4个利用网络敲诈勒索团伙"的消息被媒体爆出。这是全国公安机关集中打击网络有组织造谣传谣等违法犯罪专项行动一个月内，公安部门通过媒体重点公布的第五起典型案例。五起典型案件的嫌疑人，多数已经被刑事拘留，并追究刑事责任。

在全国公安机关的这一轮集中行动中被抓的,很多是网民耳熟能详的角色,甚至很多人都可能转发过他们的帖子。

"秦火火案"是第一个典型案例。"秦火火"是秦志晖在新浪微博上的"马甲"。根据公安部门调查,2011年"7·23"动车事故之后,"秦火火"发布微博说在事故中遇难的意大利籍旅客家属获赔3 000万欧元。此外,他还发布微博称雷锋穿着奢侈,某明星的孩子不是亲生,张海迪是日本国籍等。警方初步认为,"秦火火"在网上的造谣行为,涉嫌寻衅滋事罪。

第二个典型案例的主角是"立二折皿"。他是一个网络推手,据他交代,他曾炒作了"别针换别墅""郭美美""干爹门"等事件。这些事件都曾轰动一时。"立二折皿"还向北京警方交代,他曾帮助客户删除帖文。刑法规定,未经许可经营、专营、专卖或其他限制买卖的物品等行为,情节严重的,构成非法经营罪。这个罪名列举了几类犯罪,最后有一个兜底条款"其他严重扰乱市场秩序的非法经营行为"。

而周禄宝的出名,开始于他在网上贴出不少官员的手表,他被很多网民视为反腐和维权斗士。警方调查发现,他在网上发布负面新闻,并向事主要钱,不给钱就炒作,给钱就删帖或发布"正面文章"。周禄宝涉嫌的一个罪名是敲诈勒索罪。这是第三个典型案例。

第四个典型案例的主角是傅学胜。上海警方抓获的傅学胜并不知名,但他涉嫌的两起案件,影响已经不限于国内。傅学胜承认,自己发布了上海某副区长贪污20亿元,拥有60多套住房,包养十几个情妇的帖子。上海市公安局有关人士称,涉事副区长当时压力很大,那篇帖子也给当地政府形象造成了严重影响。这一"举报"曾引起上海市纪委的注意,经过核实,认定举报内容为假。警方介入,将傅抓获。警方调查期间,发现年初轰动一时的"中石化非洲牛郎门"也是傅学胜所为。傅承认,因为竞标失利,他编造帖文称中石化的一个女处长接受了某公司"非洲牛郎"的性服务。上述中石化的女处长对记者称自己精神压力大,"处于崩溃的边缘"。她将相关网站告上了法庭,该案于2013年9月6日在北京朝阳法院开庭。傅学胜被认为涉嫌诽谤罪。

第五个典型案例,即江苏警方破获的网络敲诈系列案件,涉及11家网站,这些网站多数都在工信部备案。主要犯罪嫌疑人称,注册这些网站就是为了敲诈勒索。警方查明,嫌疑人仲伟等人开办了"社会焦点网"等网站,向有关单位发"核稿函",如果不出钱就在网上发稿。按照现行法律的规定,对被害人使用威胁或要挟方法,强行索要财物,就是敲诈勒索。上述案件办案民警认为,与其他敲诈勒索相比,利用网络敲诈勒索并没有特别之处,网络只是一种作案工具。

值得关注的是,在上述五起典型案件中,"记者"的身影频繁出现。在这些案件中,也有嫌疑人确实在新闻媒体供职。

周禄宝曾自称是"公民记者",在徐州警方破获的系列网络敲诈案中,仲伟等人冒充记者,还自己印制了工作证,樊宇肖曾在多家新闻单位供职,张才山被抓前还是某报记者。除此之外,被湖南衡阳警方抓捕的格祺伟,也曾是记者。

"记者"被抓,引发了外界对新闻从业者的担忧。一些人担心,这可能会给人造成表达空间收紧的感觉。

中山大学传播与设计学院副院长张志安一直关注公安部门的这一行动。在他看来,警方抓捕周禄宝,不是在打击言论,而是在打击敲诈勒索。

"公民记者更像是一个江湖,它的专业伦理很难保障。"张志安说,一些打着"公民记者"旗号的人,实际上收取费用,所谓的"调查"不是以公开真相为目的。他说,真正的记者本身不卷入利益纷争中,报道的目的是为公开。

张志安称,利用网络负面批评报道进行敲诈勒索,"不是一两个记者的问题"。他说,一些报纸的发行量非常有限,有些地方记者站主要通过负面报道给政府、企业施压,以让对方订报、投放广告的名义从中捞取个人好处。甚至一些中央媒体,也存在灰色地带,左手做批评报道,右手以此与对方达成合作协议。

复旦大学新闻学院教授张涛甫赞成依法惩治谣言制造者,也包括制造谣言的记者。"记者首先是公民,不能逍遥法外。"张涛甫说,新闻从业人员首先要遵守法律,还要遵守职业道德和行业规范。

事实上,"两高"之前出台的司法解释已经对记者有特别的规定。一般的敲诈勒索,2 000 元以上,算是"数额巨大",而如果是利用或冒充新闻工作者敲诈勒索,"数额较大"的标准可以降低 50%。

这些对正常采访报道的记者,并不造成障碍。但是张涛甫认为,这也给媒体一个提醒,打铁还需自身硬,舆论监督的能力要过硬,对国家的法律法规理解要更加精确到位。

2013 年 9 月 5 日由最高人民法院审判委员会第 1589 次会议、2013 年 9 月 2 日由最高人民检察院第十二届检察委员会第 9 次会议通过了《关于办理利用信息网络实施诽谤等刑事案件适用法律若干问题的解释》,自 2013 年 9 月 10 日起施行,该《解释》全文见附录 2。

"两高"司法解释规定,利用网络信息诽谤他人,同一诽谤信息实际被点击、浏览次数达到 5 000 次以上,或者被转发次数达到 500 次以上的,应当认定为《刑法》第 246 条第 1 款规定的"情节严重",可构成诽谤罪。这点作为普通网民也需特别注意。

结束了写作任务的教学,你可以按照下面的引导文完成老师布置的任务。

校园新闻采写与制作引导文

专业名称	新闻采编与制作		
学习领域	网络新闻制作		
学习情境	网络新闻写作		
学　时	8 课时课内+8 课时课外		
组　别		姓　名		座　号	
任务描述: 通过本学习情境的学习,能够完成以下工作: 1.信息的收集和整理。 2.新闻主题的确定。 3.能设计新闻的标题、导语、正文结构及相关背景。 4.新闻稿的写作和修改——最终体现形式——校报。 5.新闻图文形式的制作——最终体现形式——校报。 6.新闻音频形式的制作——最终体现形式——校电台。 7.新闻视频形式的制作——最终体现形式——校园电视台。 8.相关的新闻链接。 9.新闻网页的设计和制作——最终体现形式——校园新闻网。			
资讯阶段	1.近期校园内有哪些热点新闻? 可以将视角触及校园周边的社区。 2.如果暂时找不到热点新闻,那请将学校塑胶跑道的垃圾成灾的现象做一次报道。 信息渠道:校园网、校报、校园广播台……还可以通过什么渠道? 3.需要与哪些部门、人员进行沟通、探讨? 4.所报道的新闻是否有益于问题的解决? 是否采访相关部门谈及此事? 5.不同媒体的新闻语言是否有区别?			

续表

计划、决策阶段	1.新闻主题及相关背景知识。 2.新闻的采访对象。 3.报道的体裁:消息、通讯。 4.报道的形式:文字、视频、音频、图片…… 5.以小组为单位,讨论小组分工事宜。 填写下表:

流　程	任　务	责任人	完成时间
工作分工	采访		
	拍摄		
	撰稿		
	网页合成		

6.需要哪些采访器材?

7.以小组为单位确定写作内容、形式,并汇报实施计划,由老师点评。

8.优化实施计划,确定最佳实施方案。

续表

实施阶段	1.分组进行校园事件、现象的采访; 思考:①采访的目的是什么? ②采访过程中应注意的事项。 2.整理采访素材,确定新闻主题及采访对象; 3.新闻标题、导语、正文结构、文风的确定; 4.撰写新闻; 5.小组讨论并修改新闻报道; 6.将文本式新闻制作成多媒体形式的新闻; 7.合成网络新闻的网页。
检查、评估阶段	1.教师提供网络新闻的评分标准。 网络新闻的评分标准:从新闻采写,新闻主题的确定,新闻标题、导语、正文结构、语言,多媒体制作和网页合成能力这5个方面进行考核。 ①新闻采访必须能够为新闻报道所用。(20分) ②新闻主题的确定:主题明确,立意鲜明。(20分) ③新闻标题、导语、正文结构、语言:符合新闻主题的要求,结构合理、语言简练。(20分) ④多媒体新闻的制作:能根据需要和新闻主题特点,运用多媒体表现形式。(20分) ⑤网页合成能力:能根据新闻选题、风格,设计网页的风格和形式,并将多种形式的新闻报道合成新闻网页。(20分) 2.根据以上评价标准进行考核评估。

组　名	自　评 (10%)	小组互评 (30%)	教师评价 (60%)	合　计

岗位任务3　网络新闻编辑

3.1　对网络新闻稿的把关

　　随着科学技术的发展,电子网络媒体把大量新闻信息同步传送到千家万户。但是也应当看到,正是网络的发展带来了一些虚假不良信息,甚至有些新闻在事件明朗之前,互联网就已经捷足先登,把信息传播出去,结果极大地影响了新闻的客观和公正,造成公众对网络新闻严肃性和公信度产生怀疑。为了避免让自己的稿件与网上一些不负责任的信息混为一谈,记者和编辑应对稿件认真把控。要做好这项工作,应当从以下两个环节进行把关。

3.1.1　维护新闻的真实性

　　真实性是新闻报道的生命,记者、编辑十分清楚这一点。问题是有些人为了追求速度和时效原则,不惜以牺牲真实性来换取公众的关注和热议,这种现象在互联网又显得十分突出。报纸尚有审核校稿把关,电视还有个提前录制过程可供掌控。相对而言,网络所受的限制就小了很多,现今的互联网几秒钟之内就可以把信息传播到世界各地,速度和时效超过所有传统媒体。但也因为如此,网络某些不负责任的行为使其公信度和严肃性与传统媒体相比较暗淡了许多。2011年3月10日,日本发生了9级特大地震,导致福岛核电站爆炸而造成一定的放射性物质外泄。这原是日本人民的不幸,但奇怪的是,远在几百千米外的中国人却莫名其妙地抢购起了碘盐,据说是食用了它可以防核辐射。事实是,就连日本本土都未过多地受到放射性核污染的危害。谣言散布者正是通过互联网这一快速便捷的通道发布信息的,结果这种荒唐的抢购碘盐行为竟然波及近十个省份。虽然最后查出是一次个人行为的造谣,但不排除其背后存在着集团利益的驱使,同时也让人看到互联网影响力之大。网络新闻记者、编辑要学习怎样避免成为利益集团的枪手,应以此为鉴,否则极容易成为谣言的传播者。荷兰的一位学者就警告说,网络媒体正在从内容为王的时代,演变到谣言为王,甚至谎言为王的时代。此话虽过,却也道出了网络新闻在真伪取舍上存在的严重问题。网络新闻必须避免为谣言推波助澜,更不该是始作俑者,网络新闻工作者应当以报道真实信息为己任,重树网络新闻在公众心目中的良好形象。

如何重树网络新闻在公众心目中良好的形象,提高公信度? 美国的新闻界对此提出了这样一些要求:

《坦帕论坛报》(The Tampa Ribune)的守则:"不能因为互联网的特性而降低我们的判断、采集和传播信息的标准。"

《林肯每日星报》(Lincoln Journal Star)规定:"网上发布的信息必须经过充分扎实地核实,而且必须坚持新闻报道公正性的全部标准。"

《弗吉尼亚领航报》(The Virginian-Pilot, Norfolk)的守则:"来自任何网站的事实都必须毫无例外地经过核实方可被引用,除非你确信这家网站的权威性。"

《罗阿诺科时报》(The Roanoke Times)规定:"不得引用任何来自网上的貌似事实型的信息,除非你确信这家网站的权威性或对这条信息进行了独立的核实。"

维护新闻的真实性首先要求记者、编辑以新闻的客观性为前提。了解新闻的客观性,有助于深刻认识新闻本身的意义。尽管目前新闻的客观性被不同的学者定义,显现出较为繁复的概念,但笔者认为,从学习的角度来看,每一种概念都有一些可以汲取的营养成分。下面就介绍有关新闻客观性的几种概念作为参考。

1) 作为业务规范和叙事框架

这是站在新闻文本生产实践的角度,将新闻客观性视为新闻报道和编辑的原则、方法以及由此衍生出来的一套具体的新闻写作模式。它包含了以下几个要素和形式条件:中立、真实、准确、平衡、公正、全面以及事实与意见分开,等等。

这个概念强调在写作或编辑新闻时,事实要与意见分开,禁止记者、编辑涉入事件或在论题上有立场,要求公正公平地呈现各方意见。

2)作为策略性仪式

社会建构论者盖伊·塔奇曼(Gaye Tuchman)从现象学的角度,把客观性理解为媒体和记者生存战术里的一种"策略性仪式",认为记者、编辑应崇尚价值中立、形式平衡的客观报道,其真实意图在于尽量回避对事实真相进行评估,在规定的截止时间之前发稿。同时,对于媒体组织来说,通过采用客观性这一通则,也可以有效地确保新闻生产流程的高效,降低运作成本和控制难度。

盖伊·塔奇曼认为这种策略性还应当尽量避免得罪权势阶层,以规避法律纠纷等职业风险。

3)作为专业信念

华人新闻学者黄旦在《传者图像》一书中很谨慎地对事实和客观性进行了区分,依据是否达到"自觉的职业道德精神",把第一次世界大战以前以事实为标准的新闻写作规范归入朴素经验主义范畴,称为"新闻客观性的实验",从而把新闻的客观性真正确立的时间始点放到了 20 世纪 20 年代。在这一框架下,新闻客观性虽然在技术上永远没有办法达到,但其更重要的是,作为一种价值观,其"骨子里是一个职业团体对自己职业规范、职业理想的明确申明和维护",是新闻从业者的"专业信念和道德准则"。

4)作为话语体制

在这一理论语境下,以传播批判学派为代表的研究者把新闻客观性纳入一个更加广阔的社会历史背景之中,新闻客观性真实建构现实图景的观点遭到了瓦解和颠覆,新闻与权力、资本、利益集团以及民主政治之间的交错关系浮出了水面,并且备受批判。

值得注意的是,在持续变动的社会历史语境中,新闻客观性的含义也始终处于不断地丰富与延展之中。而且,以上四个层次的划分反映的只是不同的研究指向和维度,它们之间并不是割裂、对立的关系。作为话语体制的新闻客观性既是"渗透到新闻体制、新闻理论、新闻伦理到新闻采写、编排各个领域的一种职业精神,又是一种文化形式和一套高度程式化了的、操作性很强的程序"。从这个意义上说,新闻的客观性既是媒体的生存策略,又是职业道德准则,还是这个行业领域的技术规范。总之,站在哪一个角度它都站得住脚并相互交叉。当然,依据我们的国情和对传统价值观的传承,我们认为,新闻的客观性还是应将职业道德准则放在首位并贯穿于整个工作过程。

当记者、编辑一旦参与了诸如事实性错误、欺骗错误、误导读者错误、违背诺言错误报道,就要诚恳地在媒体上及时道歉,以取得公众的谅解。当然,虚假信息出现的背后的情况也各不相同,有主观因素,也有客观原因,应当给出不同性质的认定。假如出于善意,传播的却是虚假信息,那由此产生的欺骗性后果尚属于信息沟通的认知性缺陷;如果在信息沟通过程中,传递的信息是真实的,却被误以为是虚假信息,那这种缺陷则被认为是道德性缺陷。此外,若信息沟通既传递了虚假信息,又存在有意欺骗的意图,那么这种缺陷则是兼具认知与道德的双重欺骗。

有意思的是,这些错误在美国学者眼中就统统被类比为各种程度的犯罪,下面是美国学者对失去公信的虚假报道是如何"定罪"的:

死刑:编造引语、编造信息来源、编造事实、剽窃、不诚实、按自己意愿引用别人的话;

重刑:写错人名、地名;

犯罪:片面报道、玩世不恭、歪曲报道、小题大做;

罪过:肤浅报道、不愿意报道正面新闻、不全面报道新闻事件。

为了避免"犯罪",我们在写作和编辑网络新闻时就要杜绝以上的各种行为。

尽管如此,清华大学新闻传播学院教授李希光先生还是对网络新闻对道德规范的共识表示了担忧,他说:"网络媒体很难就网络媒体的道德规范达成共识。网络媒体权利分散化和全球化使制定一个全球性的网络媒体道德规范成为一个艰巨的任务。互联网成了一个任何拥有计算机和电话线或网络线的人可以发表任何东西的系统。在这样一个公开和复杂的系统内,将如何实施和坚持道德规范和价值标准? 对互联网的任何管理都是困难的,因为网络媒体环境培育的是一种绝对的和完全的新闻自由。另外,不断变化和发展的媒体技术也使制定和实施一个道德标准成为一件艰难的事情。"

李先生的担忧虽不无道理,但笔者认为,"绝对的和完全的自由"必然会脱滑出社会正常运行的轨道,走向极端,从而使人类付出更大代价。美国学者奥诺拉·奥尼尔在《信息沟通的道德规范研究》一文中就认为"不要将新闻媒体的'言论自由'与个人的'言论自由'相提并论"。因为"'言论自由'并不适用于(新闻媒体)力量强大的机构。对新闻媒体等这些强大的组织所享有的'言论自由'必须加以限制,否则就容易伤及无辜"。相信人类在经历过一段无序之后,会理性地对待网络新闻的所谓绝对的自由,建立起有效的道德制约机制,使网络新闻走向良性发展的路径。对此笔者持的是乐观的态度,关键是每位网络新闻工作者必须从约束自己做起。

3.1.2 对新闻价值的衡量

确立了新闻的真实性不等于就确立了新闻的价值。真实准确既是前提,也是要素,它是记者们对生活事实的忠实还原,但是被还原的事实都一定具有新闻意义吗? 答案是否定的。按照新闻价值公式:一般人+一般事≠新闻。因此,网络新闻编辑接下来的工作还必须判断该新闻是否有价值。当然这个判断建立在记者敏锐的视角和构思上,只有记者提供了有价值的新闻,编辑们才好进行下一步编排工作。这本来是一个简单的交接程序,但问题的复杂性在于,记者有时提供的文稿并非是有价值的新闻,他的努力由于不符要求而被否定,尽管这在一定程度上伤害了记者的积极性,编辑们还得铁面行事;而有些新闻一眼看上去,价值不高,可以放弃,但如果换一个角度报道就会产生不同的效果,这就要求记者修改。一般情况下,编辑都很忙,他们要收集各路记者的稿件并一一审核,无法主动找记者沟通,所以更多时候应当是记者主动找编辑,告知自己的想法,形成有效的沟通,让编辑和自己一起判断新闻的价值并提出修改建议。从这个意义上说,网络上一篇好的新闻是记者和编辑共同努力的结果。

衡量新闻的价值,笔者认为可能只有一些原则性东西,无需做太多的技术细节探讨。关于原则性毫无疑问应当是关乎国计民生、文明进步的大事。在这个大原则引领下,网络新闻也不应排斥那些群众喜闻乐见、有趣无害的"小事",做到了这样的平衡,网络新闻才能保证其页面的丰富性和可链接性。网络新闻可以从传统媒体——报纸和电视中汲取各自的优点以达到价值的平衡。

1)学习报纸的严肃性

报纸提供的是文本性的阅读,这个特性决定了其新闻可以走向深刻的层次。一份有分量的报纸总会报道涉及公众重大利益的严肃选题。就以《中国青年报》为例,它曾在2001年4月刊登了一系列相关新闻和时评:

4月2日《经济时评:民工也是纳税人》(作者 鲁宁)

4月4日《快递巨无霸飞临中国:"我们将把包裹送到每一个地址"》(记者罗旭辉)

4月6日《面对"骗局"指责,北京电信开口自辩》(实习生 张灿灿)

4月6日《上海向垄断开刀》(记者 罗新宇)

4月10日《经济时评:要命的"保护"》(作者 刘毅仁)

4月10日《专栏文章:办也不办》(作者 王得后)

4月11日《380元超低价惊现京沪航线,东航快线搅翻一池春水》(记者 罗

新宇）

4月12日《失信的"大鹅工程"》（记者 陈宝林 元树新）

4月12日《声音：邮局凭啥不寄信》（作者 一群中学生）

4月13日《上海专家建议：出台〈反垄断法〉,设立公平交易》（记者 袁梦德）

4月13日《经济时评："巨无霸"带来的近忧》（作者 承伟毅）

4月16日《经济时评：出租车怎样才能规范运营》（作者 徐永恒）

4月19日《经济时评："规范"成了路障》（作者 钱塘人）

4月22日《北京一社区宽带网协议突然中止,电信夺人之食是否公平?》（记者 张东操 实习生 王立莉）

4月24日《市场压低高昂的头,杭州主题公园狂打折》（记者 董碧水）

4月24日《经济时评：企业比赛 谁当裁判》（作者 承伟毅）

4月24日《〈电信夺人之食是否公平?〉报道追踪：利用市话要挟用户属不正当竞争,专家呼吁尽早打破电信垄断》（记者 张东操）

4月26日《采访附记：垄断行业还有多少黑洞》

4月26日《经济时评："限价"难限市场规律》（作者 承伟毅）

4月26日《沈阳查处EMS乱收费,邮局对封套和详情单收费标准上下说法不一》（记者 程刚）

4月26日《谁也无权对产品评优》（记者 鲁宁）

4月27日《众国际快递商聚会纷纷指责,邮政又背垄断骂名》（记者 罗旭辉）

一个月内《中国青年报》就发表了22条与百姓生活息息相关的消息和评论,几乎每日都有一条公众关心热议的普遍性问题,这样的新闻怎么会怀疑其价值意义。网络新闻记者、编辑应当向报纸学习如何寻找和思考有价值的新闻,向着深度迈进。

2)学习电视的娱乐性

有人对报纸、电视做了这样的定论："深刻的报纸,浅薄的电视""电视是提供给只有小学五年级水平的人观看的"。这些言论或许有些偏激,但也在一定程度上说明了电视媒体的特性。电视是以影像为表达方式,向人们提供视觉信息,因此它追求视觉上的"奇观"效果,即如何吸引人的眼球。无论新闻还是专题或电视剧都具备了这个特性,于是"思想深刻"这种在文本中可以大胆发挥的抽象事物,在形象化的电视中可能就不太有市场,我们所看到的是各类娱乐节目大行其道,虽然人们认为电视娱乐性有些泛滥成灾,但它只是按照自己的特性行走得过头了点。只要遵循市场化的运作规律,相信其终究可以自我调整和修复。而现今的网络新闻已不单纯是电子文本形式,也带上了视频,从广度上要求,当然可以上传一些大众喜闻乐见的轻松新闻,只要吸取电视的经验,把握好尺度,网络新闻同样可以具有一定的娱乐性。

下面是新浪网的 2011 年 3 月 25 日一些娱乐新闻的部分版面编排。

王室　名媛　传奇　明星　写真　揭秘　环球　名模　奇谈
8 次婚姻无人能及 世界头号美人泰勒走了
女性精彩文章　更多>>
服饰八卦情感美容　美体
- 组图:四五月选裤子 穿出修长美腿
- 韩国街拍:春季超养眼混搭装引领时尚
- 组图:郭德纲至 in 豹纹衫 墨镜配肚腩
- 组图:豪门媳妇王艳气质一流 穿衣经简
- 购时尚:3 月出游天 时尚摄影师分享街
- 组图:高博全国找"帮手"综艺宝贝
- 组图:得体着装——让你在职场得心应手

明星装扮　最新流行　精明购物　时尚花边报
新浪玩玩｜全球新网游｜单机游戏｜小游戏｜网页游戏｜电视游戏｜
手机游戏｜新版新服｜UT 新手卡中心　更多>>

从以上新浪网新闻编排可以看到,娱乐新闻、八卦新闻、花边新闻都毫不隐讳地贴在了电子版面上,其中有文字、图片,还有视频,更不同的是它还能进行相关新闻的链接。当然在这些新闻前面的政要新闻、时事新闻及相关的评论还保持了它的严肃性。这样,互联网新闻就可以在广度及深度上超过传统的报纸、电视媒体。只要坚守新闻的真实性原则,网络新闻的价值更具有多元化意义。

3.2　编　改

有了真实性作保障,又确定了新闻的价值意义,是否意味着新闻稿件就可以毫无疑问地上传至网络?当然还不行。此时尚有两个步骤需要进行:一是对新闻内容的审改;二是对新闻稿文字的推敲把关。

3.2.1　新闻内容的审改

新闻内容的审改包括了以下几个方面：

1) 标题的审改

通常编辑审改记者送来的文稿时,对标题会依据这样几个要求进行：

(1) 是否准确

一般标题要能够概括文章内容,就像帽子戴在头上的尺寸应当正好合适,太大说明标题大题小做,太小又变成小题大做。这就检验文稿作者的概括力。初学者往往"概括力"和"分析力"都较欠火候,编辑就应当对此把关,并将修改意见直接传递给文稿作者,让他们从实践中学习。

(2) 是否醒目

人们在阅读新闻时常以浏览的方式阅读其所关注的新闻,而浏览新闻首先是标题,这就要求新闻标题要尽可能的醒目。所谓醒目就是尽量将标题拟订得形象生动。只要标题有足够的吸引力,读者就会循标题而继续往下看,这样才达到目的。因此编辑要带着苛刻的眼光对文章的标题进行审改,如果不醒目,编辑要么将修稿意见交给记者,让其重写,要么编辑直接就在原标题上进行修改。

(3) 是否简练

标题往往就几个字,最多一句话,太长的标题会影响其醒目的效果,一般情况下标题不应超过 14 个字,这也是对记者、编辑文字功底的检验。

2) 导语的审改

审改导语也有几条原则：

(1) 六要素的使用情况

六要素已经成为新闻导语的铁律。但是使用六要素并不要求完整不漏地塞满其中,那反而会造成主要突出的信息的模糊,应根据新闻事件本身具有的要素条件,结合文章作者对新闻事件的解读而设定。一般而言编辑可审核六要素的事件、地点、涉及的人及事,至于事件发生的原因及怎样发生则要在后续报道中才能描述清楚,因此导语的六要素实际只有三四个要素存在。

(2) 导语长度的把握

如果导语太长,同样会淡化主要的信息并破坏倒金字塔结构。编辑审核导语一般以 60 个字为限,如果记者减不下来可能出于两个原因,或是他们"敝帚自珍",舍不得割爱;或是当局者迷,"身在此山中"而看不出,此时编辑就应担当起责任,帮助记者进行删减。

3.2.2　新闻结构的把握

一旦确定了导语,实际也就确定了新闻的结构是属于倒金字塔式或沙漏式,编辑可以据此进行审核,看结构是否完整,是否出现混乱,过渡是否自然等。而对于在写作步骤里提到的"循环式结构"则要看首尾是否呼应,是否错误地杂糅了其他结构。

3.2.3　新闻文句的修改

这是编辑对新闻稿件审核的最后一个环节。尽管记者已将成形的文章提交上来,但并不意味着文句完美无缺。一个好的编辑就应当横挑鼻子竖挑眼,对文句善于"吹毛求疵",以自己的苛刻使文章达到完美清晰。美国新闻专家罗伯特·加宁曾经是包括《华尔街日报》在内的100多家日报及合众国际社的顾问,他的著作《清晰写作的技巧》是任何对写作感兴趣的人都应当看的书。在书中,加宁以他的研究,提出了写作达到清晰的10条原则,笔者将其列出,不妨作为编辑审核文稿文句的依据。

1)保持句子的短小

加宁写道:"我不知道现在哪一个作者在针对普通读者、观众、听众的作品中每一个句子平均词数超过20个,该作品还能成功发表。"这句话关键词是"平均"。加宁进一步指出:"如果要使读者不感到烦闷就必须变换句子长度。"确实,不要将一连串短语式句子砸向读者。变换句子长度使文章富于变化,可以增强文章的可读性。

2)宁可简单而不是复杂

加宁第二条原则的关键词是"简单"。但他说:"该原则并不是禁止使用长句,清晰的表达既需要简单的形式也需要复杂的形式,复杂的形式优势是非常好的。但如果你在使用简单的句子时能有马克·吐温和其他成功的作家一样出色的判断,那么简单句会比复杂句的效果更好。"

3)尽量使用熟悉的词

加宁认为:"大词(big words)能帮助你组织思想。"加宁这里所指的"大词"是指那些较少使用的生僻词汇和专业词汇。虽然它们能够让文者显得较有水平,但加宁还是对此不认同,他接着说:"但你在传达信息时必须将你的想法与其他人的经历联系起来。每个人都熟悉的短小易懂的词是达到这个目的的最好的选择。"可见"小词"才是新闻文稿常用的,而"小词"就是人们熟悉易懂的词汇。

美国另一位新闻专家在《文体的要素》一书中告诫说:"要避免使用复杂的、矫饰的、含糊的和扭捏作态的词。当有一个10美分的方便的、现成可用的词时,不要被一个20美元的词所诱惑。"

4)不用多余的词

"所有的商业作品和新闻作品中写得出色的部分,都会因为滥用多余无用的词而大打折扣。"加宁这样写道,加宁称"这些多余的词会使读者觉得很累,注意力被分散了。"

请看加宁列举的下面一个例句。

这是一项崭新的为本地区提供未曾提供过的创新课程的硕士学位项目,该项目其中一个最主要的目的是把他们重新吸引到研究生教育领域以提高他们的交际能力。(68字)

One of the primary aims of the extremely new master's degree program, which will offer an innovative curriculum not now available to the area's population, will be to draw them back their into postgraduate education to improve communication skills. (39 words)

这个句子英文为39个单词,而中文翻译过来后则有68个字。按照不用多余词的原则,可将引文原稿删减至24个单词,中文删减至47个字。

这是一项新的、将为本地居民提供现在无法学习的课程的硕士学位项目,该项目的一个主要目的是提高交际能力。(47字)

A primary aim of the new improve master's degree program , which will offer a curriculum currently unavailable to area residents , is to communication skills. (24 words)

上面是一篇英文的案例,参照性不够直接,现在举身边的一个案例来说明什么是多余的词。

商专2010—2011年干部培训活动开班仪式

2011年3月3日,我校干部培训开班仪式在校活动中心正式拉开序幕。

此次活动流程由校团委班长卢丽娜老师对其详细介绍,以及宣布开班仪式的开始,由副团支书蔡玮代表所有参加成员表达了支持这次活动的坚定决心。活动针对的是对团校班委和大一、大二各班班长、团支书等进行培训。

活动全程的时间范围是3月31日至5月10日,每周二下午的活动如期举行。活动内容十分丰富,其中包括拔河比赛、三人篮球、迎面接力等。主要是培养团干部的团结能力、综合素质。课堂讲座也是活动的亮点,力邀了黄跃舟老师、张信客老师、林彦君老师、章原老师、卢丽娜老师进行授课,很值得期待。

今年是中国共产党成立九十周年,为做好庆祝建党九十周年工作,在此背景下,为更好加强我校团委工作建设,提高团员、团干部的综合素质,增强组织的凝聚力和战斗力,充分发挥团组织在开展工作中的政治优势、组织优势、信息优势和感情优势。根据《共青团福建商业高等专科学校委员会2010—2011年度工作要点》的要求,我校团委将组织开展团干培训活动,旨在培养广大青年团员的理论信仰、善于思考、勇于实践、积极进取、具备综合素质的优秀学生干部。(500字)

如果要为此篇新闻"瘦身"的话,那就看我们能将原文500个字减掉多少。

修改文:

2011年3月3日,我校干部培训开班仪式在校活动中心正式拉开序幕。

校团委班长卢丽娜老师主持开班仪式并介绍活动程序,团支部副书记蔡玮代表所有参会成员表达了决心。

活动将从3月31日起至5月10日止,主要对象为团校班委和大一、大二各班班长、团支书等。活动内容十分丰富,形式活泼,包括拔河比赛、三人篮球、迎面接力、课堂讲座等。活动邀请了黄跃舟、张信客、林彦君、章原、卢丽娜等多位老师进行授课。

今年是中国共产党成立九十周年,为配合为党庆生的庆祝活动,并借此加强我校团委工作建设,提高团员、团干部的综合素质。根据《共青团福建商业高等专科学校委员会2010—2011年度工作要点》的要求,我校团委组织并开展团干的培训活动。(289字)

一条简单的校园信息,只要不到300字就完成了,但在一个不会写新闻的学生手中居然多了快一倍的字数。而这多出的200多字基本是无效信息,比如为什么要举办这次活动,要达到什么目的这些都是总结报告的语言,根本不具备信息因子。

5)使用动作性强的词

"有强烈色彩的动态动词使文章充满活力,能抓住读者注意力。"加宁写道。

使用主动语态(主语施事于宾语)比被动语态(主语是受事者)更直接、更有力。被动语态的例子是:雪崩是由于爆炸引起的(the avalanche was caused by an explosion)。主动语态的例子是:爆炸引起了雪崩(an explosion triggered the avalanche)。

6)按说话的方式设置语言

记者在撰写新闻报道时,应避免使用太书面、做作的语言,特别是在导语中。因为使用说话的方式去写会拉近与读者的距离,引发读者的亲切感,从而获得他们的赞赏。作为编辑,同样应用这样的原则去审核记者的新闻稿,一般初入行的记者容易犯这种他们自认为有水平而老手们却认为是幼稚的错误。

编辑除找出问题外,最好进行面对面的修改,切实帮助记者提高行文能力。

7)使用读者可以理解和想象的词语

这条原则要求记者应避免使用模糊的语言。曾打过篮球并报道过几年篮球新闻的体育记者会知道"区域联防"和"人盯人防守"的不同概念,但该记者不能假定所有的读者都知道,如果要用这个术语,记者应当进行解释使读者能够理解,即便记者没有这样的解释性文字,编辑在审稿时也应当进行适当的补充。例如:"湘南学院队要对国防科技大学队采用区域联防和人盯人的策略。在这种防守策略中,该队的4名队员将在防守区域内防守——他们负责防守球场内一定的区域而不是防守某一对方球员,而该队的第5名球员将防守或盯住国防科技大学队的场上核心。"

《华盛顿邮报》的记者布莱恩·哈登因撰写有关非洲的作品而获得美国报纸编辑协会颁发的优秀写作奖。哈登的读者中极少有人去过尼日利亚,但下面的一段文字能让尼日利亚这个贫穷的非洲国家的形象栩栩如生地出现在读者面前。

尼日利亚炎热、拥挤、嘈杂,其显著的文化特征是艰辛劳作和持枪抢劫、博士学位与部族仇恨、家庭忠诚与高速汽车。她的人民大肆嘲弄其腐败、低效和自毁的民族。

8)与读者的经历联系起来

加宁说道:"脱离上下文的叙述就像一个漂浮的'幽灵',因此你的叙述必须有一个参照依据,一个使它稳定、给它意义的'根基'。你不能指望读者超越他们正常的理解能力去构筑这样一个根基。"

在新闻报道中,经常会用到时间数字、货币数字等。而当这些时间、货币数字不是本土的概念时,很可能会超越读者的正常理解力,比如,日本 2011 年 3 月 10 日的大地震及由于地震产生的综合灾害将使日本经济损失超过 10 万亿日元。然而读者对 10 万亿日元是什么概念并不十分清楚,因为,对一般读者来说,他们只熟悉本国货币和它的价值,因此为了给它一个"根基",记者或编辑在报道中应对 10 万亿日元进行等值换算并加注在这个数字之后,如"约等于8 100亿人民币"。时间数字也是如此,由于世界各地存在时差,记者在国外报道时会出现时间上的不一致,记者、编辑同样要加以说明。比如 2003 年美国攻打伊拉克,央视记者水均益在巴格达新闻大厦的顶楼做现场报道,说"现在是巴格达夜里 12 点 15 分",那么巴格达夜里 12 点多在中国又是什么时间? 显然中国观众并不清楚,需要有一个参照依据。于是水均益在报出所在地点这个时间后,仍没忘记补上一句"也就是北京时间上午 9 点 15 分"。这样观众对这场战争爆发的时间就不会错乱混淆,并因为有了参照数值而获得同步概念。

9)充分利用多样化

国外有一本叫《文体的要素》的书写道:"每一位作者使用语言的方式都会露出他的精神面貌、习惯、才能和偏见,这是不可避免也是令人愉快的。所有的作品都是交流,有创意的作品是通过展示而进行的一种交流,是自我的一种无意识的流露。长期的写作会使每一位作者都形成自己的风格。"这段话告诉我们,每个人在写作时都会有意或无意地将个性标签贴在自己作品上,并且还为此不断努力,于是就有了个人的文风。

制定这条原则的加宁指出,必须培养自己的文体风格,一个人"绝不可能满足模仿他人,也不可能靠模仿他人而写出好的作品"。他接着说道:"你必须了解和掌控新的情况,发现它是怎样的不同,并且使用不同的最合适的词来描述,要做到这一点,你需要非常了解语言的灵活性和丰富多样性。"

因此作为网络新闻编辑要能够熟悉并"容忍"不同文风的存在,满足不同读者的需求,要防止自己的记者采用千篇一律的报道格式和语言。

10)通过写作来表达而不是追求轰动效应

加宁简要地指出:"靠使用大词而达到轰动效应的机会即将在美国消失。"加宁所说的"大词"不仅是一些生僻专业的词汇,还包含了修饰性的词汇。如果一篇新闻稿中修饰性词汇泛滥,肯定会造成读者的反感。来看下面两段文字的不同之处。

由于他的那位不大英勇的角斗士在对方 6 次持球触地后处在一个非常尴尬危险的境地,场外指导以不可动摇的决心将其他那些不大出色的球员派上了战场。

如果做这样的修改是否更好：

由于他的球队已经被对方6次持球触地领先，教练决定换上替补队员。

"不大英勇的角斗士""非常尴尬危险的境地""不可动摇的决心""那些不大出色的球员"等这些词汇的确显得既累赘，又做作。编辑在碰到这样的文句时，就应当像修改过的第二句一样，进行大刀阔斧地删减。

当然这些原则应该首先是记者在写新闻稿时把握的，不过如果记者遗漏了其中的一些，编辑只好做最后的把关。

在此提供两篇新闻稿，请站在编辑的角度上依据每个审核的步骤和环节对文稿进行全面的修改（文中错误按原文保留，并非转摘笔误）。

新闻稿1

女生节做蛋糕赛

2011.3.12，在我校喷泉广场，工商管理系和旅游管理系共同举办的"颖出色彩，不分糕下"为主题的蛋糕比赛来庆祝"三七女生节"。此次来参赛的选手不仅有大一学生还包括大二学生，两个系的各个专业都派出3名选手来参赛，看他们来势汹汹，霸气外泄，一定是有备而来。参赛人数为60人，共20组，裁判是由校正副女生部部长和各系女生部部长组成的裁判团，其中也请来西西蛋糕屋的专业师傅来点评，比赛时限为35分钟。

"开始！"只听裁判一声令下，各组选手你争我抢，默契地配合着，有剥橙子的，有切苹果的有削猕猴桃的，忙的不亦乐乎。从比赛中可以看出各个选手能"上的了书房，下的了厨房"，可谓手艺不凡。"快去拿彩色奶油，快"。这是其中一个小组组员很急切说的一句话，在比赛到一半的时候，举办法送来了彩色奶油，各小组一看到彩色奶油的到来就都蜂拥而上去抢彩色奶油，引起了一阵阵"骚动"，引起了一波小高潮，而那些没有抢到奶油的选手只能到别的小组去借了，其他小组也很乐意给，这就充分体现了"友谊第一，比赛第二"的精神。

在比赛过程中，在一旁观看的同学也时不时地在旁边给他们出主意、想办法，有的看的着急的时候也搭了把手，被裁判看到后制止了，裁判还了一句玩笑说："如果有下次，取消观看资格。"大家听完后都会心地笑了，缓和了有点紧张的气氛。

比赛结束后，09级人力和10级人力包揽了第一、第二名，又引起了全场又一个高潮。人力的同学也给这两个作工取了一个共同的名字，叫"人力之花"。结束后大家都各自享受着自己的战果。

新闻稿 2

书画天地

2011 年 4 月中午，在我校图书馆一楼，我笑瀚香书法协会举办了"书画天地"活动。此活动在加强目的在加强我校"三手一口"的教学特色，提倡我校师生"写一手好字，欣赏一件好作品。"我们通过这样一个开放的书画空间，每周定期开展一次书法教学活动，不定期开展师生书法交流会，营造"热爱生活亲近笔墨"的校园氛围。

校书记、副校长等领导亲临现场，与师生们交流书法心得道出了中国汉字文化的历史悠久，书法对历史文化继承的重要作用，艺术对人生的熏陶。不难看出认得记忆是流动的，可以说书法对人类的影响深远。

活动中校领导表示，学校接下来将通过油画、漆画、连环画等形式对我校的历史以图案的形态展现出来，让我们从全面的角度了解到我校的历史变迁。

写一手好字可以使自己得到安心，同样可以看着舒心，何乐而不为呢。如果你对书法有兴趣，可以到我校图书馆一楼与翰香协会马启航老师和协会会员们交流，使自己可以在书法上得到提升，在情感世界上得到升华。

除了修改新闻稿，评论文章的修改也是编辑能力之一。下面是一篇学生的评论稿，请为它做全面的修改（文中错误按原文保留，并非转摘笔误）。

评论稿

急！好多垃圾！是风的错还是人的祸？

近日，福建×××学校的操场一片狼藉，垃圾成堆，这究竟是风吹散了垃圾？还是人丢弃了垃圾？

据悉，学校的操场上设有几个垃圾桶，学校操场既然在各个角落都设有一个垃圾桶，为什么操场的垃圾还是无家可归，四处流浪？操场的垃圾最初只有红色和绿色，为何现在的塑胶跑道上会多了白色、橙色、蓝色等多种颜色呢？那些颜色分别是纸巾、橘子皮、矿泉水瓶、瓜子壳等杂物的"遗体"这些遗体特别爱好聚集在操场上地石椅边，而少部分会停留在各个角落。

面对这些垃圾，我们可想而知，遍布在各个角落的垃圾有一部分是人随手丢弃的，有一部分是被封吹散的，但假如地上没有垃圾风还吹得动吗？首先，石椅边的垃圾是石椅上的主人留下来的吧？笔者多次经过操场，常会看到很多同学手牵着手拎着零食袋一起走向设有石椅的地方或者看到有些同学坐在石椅上边剥着橘子边谈笑风生，待到他们离开的时候，石椅边总有留下残渣。这是操场上没有设垃圾桶吗？不是的,这是垃圾桶没有设在石椅边,但是,假如把垃圾桶设在石椅边你还坐得下去吗？它们只是设在石椅的不远处,难道走两步去倒点你们自己的垃圾就那么艰难吗？是我们太懒了,是我们大学生素质不够高吧,是我们从小就缺少自觉意识吧？难道你是想怪学校里没有贴上一些宣传标语,然后提醒你倒垃圾吗？那假如在你的椅子后面还贴着"请随手带走垃圾"的标语,你会觉得羞愧吗？长过这么大,倒垃圾还要走到哪里被提醒道哪？而且你不会觉得那些标语贴上去会很大煞风景,也影响学校的形象吗？

假如你还想要有一处干净舒适的环境可以呆,那就请我们大学生提高自觉保护环境意识,从自己做起,把自己剩余的垃圾带进垃圾桶,还操场一片干净的角落。该走几步还是得走,多走几步腿并不会变短,这其实是个人的道德与素质问题,但是却严重影响到学校的环境,学校应该组织各系每周轮流清理操场,直到操场恢复从前的干净,学生就可以"停职"了,而且,我觉得各系也应该自己组织宣传"处理学校垃圾"的活动。

3.3　整　合

3.3.1　多媒体的配合

网络新闻虽然以电子文本形式出现,但是它融合了多媒体的要素,以文字、图片、音频、视频等呈现给读者,使人从视、听两个方面获取信息,而网络在线收听和收看是确保实现这一目的的最便捷途径。因此,作为网络编辑在编排新闻时就应考虑如何组合和链接这些多媒体。

音频、视频、图片的制作原理与广播、报纸和电视相同,只是在制作成品后,要将其上传到网络,成为网络新闻的信息样式。限于篇幅,这里就不一一说明。

3.3.2　版面的编排

1)按主次、区域、类别规则编排首页

网络新闻版面还是以文字导入为主,适当配以图片,从这一点上看,它倒更接近报纸的版面。但是网络新闻版面是以分类新闻的标题占据页面,并不涉及新闻内容,只有点击鼠标后才能读到具体的新闻信息,这和报纸标题连带文章的版面设计讲求视觉效果的要求又有不同。由于版面不受限制,以及视频、音

频的组合,网络新闻从内容到形式都比报纸容量大得多,当然也比电视、广播容量大得多。特别是它的可链接性,更使新闻信息以几何级数递增方式预留给读者,只要读者愿意浏览。

网络新闻虽然以分类方式排序新闻,但一般网站还是会把当日最主要最热点的新闻放在首页,以确保它们不被掩埋在其他非重要新闻中。

下面是新浪新闻中心2016年11月26日的首页新闻编排样式(图3.1)。

图3.1 新浪首页截图

2）互联网的新闻链接

由于网络的页面只有一版,它无法像报纸那样讲求版面视觉效果,只能根据主次顺序进行排列,但它被鼠标点击后信息链接的增加所带来的信息量呈几何级数增长,又是报纸媒体无法比拟的。可以说网络新闻每一个标题后面都潜藏着巨大的信息量。它的链接是按横向、纵向两个维度展开。

（1）横向式链接

横向式链接是指当所报道的新闻信息出现在页面上,与其相关的新闻信息可以在链接中供网民获取,它主要在空间上展开,使参与链接者尽可能全面掌握信息的状态。比如,新华网 2016 年 11 月 26 日报道《北京推出多项便民措施缓解申领居住证(卡)排队现象》,新闻下方就有 5 条与此事件相关的信息链接可供阅读。

北京推出多项便民措施缓解申领居住证（卡）排队现象

2016 年 11 月 26 日 15∶01∶21 来源：新华社

新华社北京 11 月 26 日电(记者卢国强)北京警方 26 日介绍,针对部分流动人口相对集中的地区出现群众办理居住证(卡)排队等候的现象,公安机关推出进一步增加办证设备、增加证明居住时间的材料种类等便民举措,以缓解办证群众排队现象。

北京市公安局人口管理总队总队长刘涛说,截至 11 月 25 日,北京市公安机关已累计办理居住证(卡)82.3 万件。为了缓解群众排队现象,北京全市户籍派出所和流管站的办证设备由最初的 856 台增加到 2 600 台,居住证(卡)日均办证总量已由最初的不足 5 000 件上升到 2.6 万件。

经过与政府相关部门协调,将因任职受雇而取得的工资薪金连续缴纳 6 个月个人所得税的凭证,或连续缴纳 6 个月社保(五险)的凭证,作为流动人口办理居住证有效证明居住时间的材料,解决部分流动人口只有暂住证才能证明在京居住时间的问题(连续缴纳 6 个月的起止时间是指,申领当月的上月前推连续缴纳 6 个月)。

对于已经领取居住登记卡的群众,如符合新增两项居住时间证明材料之一条件的,可持居住登记卡和证明材料,到现住地派出所申请换领居住证。对已在网上预约尚未领取到居住登记卡的群众,可待近期公安机关在互联网上开通居住证自助登记和申报业务后,在网上申领居住证。

同时,针对已经持有北京市工作居住证的人员,无需再办理申领居住证手续,公安机关将集中办理居住证,由政府相关部门为这部分人员统一发放居住证。

此外,公安机关要求办证工作人员准确翻拍、简洁明了,严禁随意增设条件,杜绝违规多要证明材料等问题,以规范办证手续。

据介绍,警方将在12月底前完成剩余2 000多个流管站居住证专用设备配发工作,实现全市派出所和流管站办理居住证相关业务全覆盖。目前,北京警方每天派出专项检查组,对全市各派出所办证态度、效率以及排队现象等进行检查。

相关稿件

- 居住证制度逐渐推开 各地探索破解"办证难"
- 北京推出多项措施方便来京人员办理居住证
- 北京市累计24.6万人申请居住证 发放居住登记卡18.9万张
- 北京已受理申领居住证24.6万张 有效暂住证仍能享受服务
- 北京市居住证服务平台上线试运行 居住登记卡可网上申报

(2)纵向式链接

纵向式链接是指将所报道的新闻消息回溯到其历史或背景状态,是按时间维度展开的。比如,英国政府在2010年7月释放了因患癌症的制造洛克比空难的利比亚情报人员迈格拉希。这条新闻的出现必然引发人们对发生在1988年12月21日洛克比空难的回忆和追溯。作为网络新闻就可以将洛克比空难的前后20多年的相关信息全部制作链接放到网上,以供网民查阅。

以新浪网为例,查询有关洛克比空难的链接框,上面竟然有134个序列,而每个序列的相关新闻信息为20条,那么在链接中储存的新闻竟有2 680条之多。如此庞大的信息量是任何一个媒体都无法提供的(图3.2)。

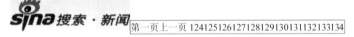

图3.2　新浪搜索中的相关序列

这种链接方式就是以时间为轴线的纵向式链接。

 **实训练习**

请根据引导文完成岗位任务。

校园网新闻编辑引导文

专业名称	新闻采编与制作		
学习领域	网络新闻编辑		
学习情境	网络新闻编辑		
学　时	8课时课内+8课时课外		
组　别		姓　名	座　号

任务描述：
通过本学习情境的学习,能够完成以下工作:
1.新闻信息的收集和整理(校报、校电台、校园电视台)。
2.对新闻价值的判断和使用。
3.设计制作网络新闻首页版面。
4.网络新闻按主次、类型的排序。
5.网络新闻图文形式的设计制作。
6.网络新闻音频形式的设计制作。
7.网络新闻视频形式的设计制作。
8.网络新闻的链接。
9.网络新闻评论的编辑和制作。

资讯阶段	1.从收集到的信息中确定哪些可以作为网络新闻的内容,哪些是热点新闻应当排序在前? 这些新闻中是否有值得作为网络评论的由头? 信息渠道:校园网、校报、校园广播台……还可以通过什么渠道? 2.需要与哪些部门、人员进行沟通、探讨? 3.所有的新闻或评论是否有益于问题的解决? 4.不同媒体的评论语言有何区别?

续表

计划、决策阶段	1.确定新闻和评论主题。 2.审核新闻标题、导语、正文结构及相关的背景材料。确定是否需要增加编者按。 3.确定评论等级:短评、专家评论、权威评论…… 4.网络新闻及评论的形式:文字、视频、音频、图文…… 5.以小组为单位,讨论小组分工事宜。 填写下表:

流　程	任　务	责任人	完成时间
工作分工	采访		
	拍摄		
	撰稿		
	网页合成		

6.需要哪些采访器材?

7.以小组为单位确定评论内容、形式,并汇报实施计划,由老师点评。

8.优化实施计划,确定最佳实施方案。

实施阶段	1.分组进行两个方面的信息整理和编辑——网络新闻、网络评论。 思考:①这一期最主要的新闻是什么? 　　　②这一期最值得评论的新闻又是哪一条? 2.安排新闻和评论的文稿、视频、音频,确定评论主题、等级。 3.确定新闻和评论文标题、结构、文风等。 4.撰写编者按。 5.小组讨论并修改新闻及评论文稿。 6.将新闻或评论文章制作成多媒体形式。 7.合成网络新闻和评论的网页。

续表

检查、评估阶段	1.教师提供网络新闻及评论的评分标准。 网络新闻和评论的评分标准:从新闻及评论文稿的判断及文句的修改能力、网页设计要求、网络的链接、多媒体制作和网络互动这5个方面进行考核。 ①对新闻及评论的判断及修改能力:采写的新闻必须能够作为网络新闻或评论的由头,编辑修改文句的能力。(20分) ②网页设计:主题明确,排列有序,视觉美观,能符合高等院校校园网网页制作的要求。(20分) ③相关资讯的链接。(20分) ④多媒体制作:能根据需要将新闻和评论制作成多媒体表现形式。(20分) ⑤网页互动效果:如同所有互联网一样,应与上网学生形成互动,其平台可以使用博客、微博等。(20分) 2.根据以上评价标准进行考核评估。

组　名	自　评 (10%)	小组互评 (30%)	教师评价 (60%)	合　计

岗位任务4　网络专题制作

4.1　网络专题的概念

随着网络新闻业务的不断发展,网络新闻竞争的主战场也在逐渐迁移。目前,新闻专题已经成为一个主要的竞争热点。

网络新闻专题是网络媒体的一种重要表现形式,通常以网络为平台,运用各种媒体手段对特定的主题或事件进行组合或连续报道。它以固定的专题页面,进行图片与文字、即时新闻与相关资料报道,有时还会有音频、视频的集中报道。好的选题与角度,出色的专题制作,是网站原创能力的重要体现。

4.1.1　网络专题的定义

网络专题虽然在网络媒体表现形式中运用极广,但尚无相关研究成果或行业标准对其定义作出界定。

有学者对网络专题作如下定义:网络专题是指主题相对统一的网络媒体表现形式,它与一般性网络新闻报道相对应,是网络媒体表现形式中的一种主要类别。由于网络专题在内容上能对某一主题作较全面、详尽、深入的报道,在形式上可以集网络媒体的各种表现手法、技法之大成,因而它被认为是最具有网络媒体特色、最能发挥网络媒体新闻报道优势的表现形式。

网络专题暂无公认的分类标准,目前大致分为事件类专题、主题类专题、挖掘类专题和栏目类专题。网络专题是网络媒体表现形式的集大成者,在内容制作、页面表现以及团队管理上均有独特之处。

4.1.2　网络专题的发展历程

最早的网络专题出现于何时何地,目前尚无资料准确回答这一问题。但可以相信,在网络媒体出现不久后,网络编辑们逐渐发现相同主题的单条网络新闻可以组成专栏进行发布,网络专题的雏形也就宣告出现。

1999年,网络专题开始较多地出现在新闻网站上,之后逐渐被多数网站所采用。在国内网络媒体中,新浪、搜狐、网易最早尝试网络专题在网络新闻中的运用。千龙网作为较早出现的专业新闻网站,则早于2000年即已组建专题部,作为专门的网络专题团队,从事网络专题的策划、制作和发布。经过十多年的实践,新闻专题在中国网络媒体的新闻业务中,已被推到十分重要的地位。

网络专题最早以"专题栏目"和"专题报道"两种形式出现。这两种形式不同之处在于访问入口的差异。专题栏目只是简单聚合相同主题的网络新闻,访问者点击栏目链接时,展现在屏幕上的通常是多条新闻标题的列表;而专题报道则由一则重头网络新闻为主,辅以背景资料、相关报道作为链接出现在该条重头新闻的页面中。前一种专题形式无需编辑过多干预,至多编写一个栏目导语;而后者则侧重对报道主题的挖掘,背景资料需要历史数据库的积累,即时报道则需要时时更新。

网络专题栏目由于其形式简单,逐渐演化为网站频道的下一级栏目。这一点从一些网站内容发布系统的功能设置中仍可以看出痕迹——至今还有发布系统将"子栏目设置"的功能命名为"专题设置",这两个概念之间的演化关系由此可见一斑。

网络专题报道则逐渐演变为目前广为使用的网络专题,只是脱离了早期一个单独页面的简陋形式,而糅合了专题栏目的一些特性。可以认为,目前的网络专题在形式上类似于一个微型网站频道,而其内容的组织上则较频道更为精细和集中。

随着网络新闻业务的发展,网络新闻专题的编辑思路与方法及表现形式等,已逐渐变得丰富多样。

1)从编辑型专题到采访型专题

目前网络新闻专题更多地属于编辑型专题,即在一个特定的主题之下,进行相关材料的组织与整合。也就是说,通常素材是现成的,主要来自传统媒体。编辑的任务是按照一定的方式将这些材料组织起来。

之所以会出现这种情况,主要是因为有关政策的限制。目前在时政新闻报道领域,有关部门并没有给予新闻网站采访权。一些有传统媒体背景的新闻网站可以利用自己母体的资源进行新闻报道,但相对来说,采访力量非常有限。而对商业网站来说,在这个领域则完全没有采访的可能。

当然,在编辑型专题里,通过选题策划、报道的角度与内容的选择与组织等,也可以充分地体现出网络编辑的社会观察力与思考力,以及新闻素质。因此,它仍然有很大的原创成分。

而另一方面,在非时政新闻领域里,新闻网站具有较大的原创空间。它们可以针对一定的选题,组织力量进行采访报道,最终制作完成专题。这样一种专题,既要充分吸收传统媒体在选题与采访方面的丰富经验,又要充分考虑网络新闻传播的特点。因此,在采访团队的构成、采访方式的选择、素材的采集与运用方面,都会形成自己的特色。

随着网络媒体影响力的不断增强,在国家政策允许的范围内,各个网站采访型专题的比重会不断增加。

2)从事件性专题到非事件性专题

事件性专题是指针对某个新闻事件来展开专题报道。在中国网络媒体成长的早期,一系列的突发新闻事件或可预知的重大活动催生了中国新闻网站的事件性专题。围绕新闻事件展开的专题报道,成为网站专题的主流。

但是事件性专题最大的问题是,它是被动的,往往是由外界条件(例如突发新闻事件)所决定的,由于各个网站都会对某一新闻事件作出反应,也就容易产生同质化的现象。

要拓展网络新闻专题的选题空间,就需要超越事件性专题这样一种单一模式。非事件性专题由此应运而生。它更多的是针对某个阶段值得关注的社会现象或问题,围绕某一特定主题来收集与整合信息。它往往并不起因于某个特定的新闻事件,虽然在内容中也会涉及一些新闻事件。

非事件性新闻专题是对社会发展与变化过程的一种更深层的观察,它超越具体的新闻事件去捕捉那些或已外露或仍隐藏的现象、矛盾与问题。如果专题做得得当,能够更好地发挥媒体的环境监测功能。

非事件性专题也更能体现网站在选题策划上的竞争力,因此现在越来越受到网站的重视。

3)从客观性专题到主观性专题

网络新闻专题中,在对稿件进行选择与编排时有两种不同思路:一种新闻专题追求的是客观性、全面性,稿件之间只是用简单分类的方式加以组织;而另一种新闻专题则追求更有针对性,内容上讲求稿件之间的严密逻辑关系,整个专题往往像一篇文章一样,有谋篇布局的安排,专题有时也带有一定的主观评价,它们可分别称为客观性专题和主观性专题。

早期的网络新闻专题绝大多数是客观性的,但近年来,有很多新闻网站在探索主观性专题这一方式。

不能简单地评价这两种专题孰优孰劣。应该说,这两种不同性质专题的出现都有其合理的渊源,也能满足受众的不同需求。不同的方式,也体现了不同网站的新闻理念。

但是,做主观性专题有更大的风险,对编辑的挑战也更大。在主题上,应慎重选择,挑选那些适合做主观性专题的题材。而编辑人员应该具有更高的思考与判断能力,才能把握纷繁复杂的现象。即使是主观性的专题,也要防止将网站的意见凌驾于受众的意见之上,或者出现一边倒的情况。只有保持公允,才能获得更好的意见表达效果。

4)从"堆砌式"多媒体专题到"混凝土式"多媒体专题

多媒体是网络新闻专题的一个重要优势。但是,早期的新闻专题中运用的多媒体手段很少,图片几乎成了多媒体的代名词。而今天的网络新闻专题中,除了平面图片外,通常还会使用三维动画、音频、视频等素材。多媒体新闻开始变得名副其实。

在多媒体素材越来越丰富的情况下,多媒体素材的整合理念与方式,就成为提升其质量的一个重要途径。

多媒体新闻专题的初期,只是将各种不同形式的素材简单地堆积在一个专题里,它们之间的内在关系没有得到展现,不同形式的信息之间也未能做到相互补充、相互丰富。

而多媒体专题发展的更高层次,是各种不同形式的信息的深层结合。文字、图片、动画、音视频等各种元素,应该像水、水泥、沙子一样,结合成牢固的"混凝土"。例如,运用 Flash 等技术手段,可以将各种元素结合在一起,形成一个具有互动功能的多媒体报道,每一种元素各司其职,而它们是相互交织、共同作用的。

要达到这样一个境界,就需要在选题策划、角度选取、栏目设计、素材采集与编辑加工等所有环节中,运用多媒体的思维方式,为多媒体能量的发挥提供空间,使每一种媒体形式的新闻得到合理、充分的运用。

这种多媒体新闻将对网站的新闻采编能力提出新的挑战,也会对新闻人才的培养提出更高的要求。

4.2 认识网络专题的优势与作用

4.2.1 认识网络新闻专题的优势

网络新闻专题集中体现了网络新闻传播的各种特点,可以说是一个"集大成者"。这主要表现在如下几个方面:

1)既具集成性又具延展性

网络新闻专题不受存储空间的限制,因此,它可以以特定的主题或事件为中心,将各方面的相关信息高度集成化,形成一个整体性的信息传播单位。同时,由于网络的超文本特性,网络新闻专题又并非是封闭的、孤立的,它以专题的主题为中心,向外辐射形成一个更广阔的信息空间,因此,它是可延展的。由于这种特性,网络编辑在进行新闻专题的组织时,既要善于捕捉到信息传播的焦点,又要善于围绕这一焦点进行恰到好处的信息延展,使网络新闻专题具备丰富的信息层次,满足不同层次的读者的需求。

一般来说,专题的信息构成包括三个层次:核心信息、周边信息和辐射信息。如图4.1所示。

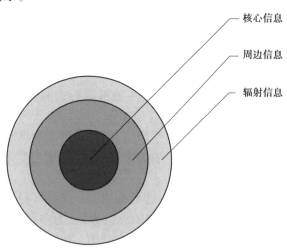

图 4.1 网络专题信息构成

核心信息:直接针对新闻事件或主题的信息,满足受众对信息的基本需求,实现报道的主要目标。核心信息的选取取决于新闻专题的报道角度。

周边信息:与新闻事件或主题相关的背景信息、相关知识等,它们有助于丰富受众对当前对象的认识。

辐射信息:从当前新闻事件或主题引申出来的信息,如同类事件的信息,它们可以帮助人们进行纵向或横向比较,在一个更大的坐标系上认识当前对象。通常这类信息只需提供相应链接即可。

当然,并非任何一个网络新闻专题都一定要完全具有这三个层次的信息,在有些情况下,周边信息和辐射信息可以简化,甚至省去。

2)既具实时性又具延时性

在突发事件发生时,网络新闻专题可以在很短的时间内开通,并随时跟踪事件进展,因此,具有显著的实时性。但同时,所有的新闻报道和相关信息都可以根据需要长期显示在页面中,专题可以在一个空间内承载一个完整的报道过程。无论是报纸还是广播电视的专题,都不具备网络新闻专题这样的特点。

3)为多种信息手段的有机结合提供了空间

网络新闻专题可以充分运用文字、图片、声音、视频、动画等多种手段,并且为它们的有机结合提供了可能。这不仅使专题显得更为丰富多彩,还可以给受众带来全新的体验和感受,从一些新的角度去认识、思考。而各种单媒体的新闻在专题中融合后,可以相互补充、相互提升、相互促进,提高新闻的利用效率与传播效果。

4)信息相互连通

在专题中,每个层次的信息内部,以及各个层次的信息之间,都并非割裂的,它们之间形成了一个相互连通的信息网络,将它们连接在一起的技术手段是超链接。受众可以通过超链接,从一篇稿件跳转到另一篇稿件,对这些信息之间的关系进行追寻与思索,透过现象去更好地认识事物之间的联系。

当然,要使信息真正实现相互连通,编辑需要对专题内容有一个全局性的把握。在什么样的信息之间添加超链接,反映了编辑对事物本质以及它们之间关系的认识。如果不能恰当地把握信息间的联系,反而会带来信息过载或受众认识上的混乱。因此,利用超链接在专题中构建一个完整而合理的信息网络,是专题编辑工作中的一个重要方面。

5)具有深度互动潜能

在互动性方面,网络新闻专题具有传统新闻专题所不具有的优势。互动性并不仅仅给予了读者对于所阅读信息的一种评价与反馈的权利,它还使读者在新闻事件的进展中扮演着越来越重要的角色。例如,2014 年 2 月 14 日,温州新闻网推出"网上诚信馆 道德新标杆"专题,在前期系列报道的基础上,7 月份开始,该网策划启动了"点赞诚信 寻找身边信用故事"大型主题采访,让网友提供诚信故事的线索,先后挖掘报道了"温州老板为承诺抵押百万豪车救助陌生女童""快递哥归还巨款""老人 12 年还债"等诚信新闻和 100 个诚信故事,并一一集纳到"网上诚信馆"进行展示传播,丰富了"网上诚信馆"案例。随着诚信案例的增多和传播的逐步扩大,在网上、网下掀起一股全社会倡导、践行诚信的旋风。不仅增强了网络新闻报道的声势,还延续与发展了事件本身。

网络新闻专题互动的手段是多种多样的,除了评论、调查等手段外,还可以创造性地设计互动方式。例如 2014 年 9 月开始,人民网推出大型专题"学习路上",充分借助互动形式,集中反映网民评价和期待。在以习近平为总书记的党中央执政两周年之际,专题推出"习大大加油"网络留言板,网友可通过人民网强国论坛、人民微博、七一社区、手机人民网等多个入口参与留言。移动端互动活动《2015,我与习大大一起加油》于 2014 年 12 月上线,适逢元旦之前,旨在激发网友在新的一年里奋发向上、努力进取。活动采用动画形式,除了展现习近平在 2014 年的重要活动及国内外足迹,还可让网友在了解总书记工作情况同时,为总书记和自己"加满油"。

无论采用什么样的方式,网络新闻专题中的互动如果运用得当,都可以使受众更加深入地参与到新闻专题中,在新闻的消费与生产过程中扮演更积极的角色。

4.2.2 认识网络专题在网络表现形式中的作用

在网络媒体日常运营中,遇有重大事件的报道任务,网络专题常常是需要首先考虑的项目。反过来说,网络专题也是最适合于报道重大事件的表现形式。如前所述,网络专题常常表现为微型网站频道的状态,这样文字、图片、音视频、Flash、互动调查等表现形式很容易就能放进专题中,只要这些素材是围绕专题所要表达的主题而来。因此,在网站采访权尚未完全放开的情况下,以编辑为主的网络新闻专题制作在网络新闻的竞争中具有重要作用。

首先,网络新闻专题是具有网络特色的深度报道方式。利用网络的巨大容量和可利用的丰富资源,以及多种媒体的报道手段,网络新闻专题可以在多个层面、多个视野上展开立体化的报道。它可以更好地满足人们对于一个事件或主题在广度上与深度上的信息需求。

其次,网络新闻专题是帮助受众克服时空迷失感的一个途径。网络新闻传播的海量特点,使网络新闻稿件的数量急剧上升,但是,如果不能对这些稿件进行有效整合,就可能造成受众在网络媒体中产生信息超载感和时空迷失感。好的新闻专题可以通过若干稿件的有机结合,来加强稿件之间的联系,提高它们相互配合的能力,使受众对新闻事件或新闻主题有一个更全面、整体的把握。

4.3　网络专题的策划与设计

4.3.1　网络新闻专题策划与设计的特点与规律

网络媒体获取信息源机会的相对均等和网络即时传播的特点,造成网络媒体内容日益趋同。网络媒体之间的生存较量开始转向深度和差异化的竞争,新闻专题成为网络媒体竞争的主战场。尤其在网站采访权尚未完全放开的情况下,以编辑为主的网络新闻专题制作在竞争中具有重要地位。从新闻的选题策划、角度策划到新闻报道的谋篇布局和深度切入,最终落实到栏目与结构的设计编排,乃至各种信息手段的灵活运用,无一不是网络编辑的编辑思想、策划能力和组织技巧的充分体现。这其中到底有多少规律可循?有无经验可鉴?虽然实践中网络新闻专题在不断发展变化,但仍有其特点和规律可循。

1)突出网站的特色与资源优势

新闻专题是网站间竞争的重要方面,因此,对特色的挖掘至关重要。新闻专题的栏目策划不仅要为其主题的特质服务,还要充分利用与开发网站的资源。特别是对于传统媒体背景的网站来说,原创能力是其新闻专题的一个重要财富,要善于在专题中将这种原创能力转化为竞争力。

2)合理体现信息的关系与层次

网络新闻专题的特性之一就是兼具集成性与延展性。因此,应在内容的安排上体现层级式的信息构成,在多数情况下,应使核心信息、周边信息和辐射信息都得到相应的体现,使读者根据自己的愿望各取所需。

但是,在周边信息和辐射信息的提供方面应该适量、适度,例如背景与资料性内容的选取方面。背景与资料可以延伸受众的阅读,拓展信息的广度,但是有些网站的背景与资料有着明显滥竽充数的痕迹,表面上让人感觉内容丰富、非常热闹,实际上干扰了受众对主要信息的阅读。因此,背景与资料性栏目应该节制有度,应该与核心信息有着较强的关联度,并且在版面安排上有所区别。

3) 保持完整线索以克服碎片化

对于一个发展中事件的报道来说，网络新闻专题集实时性与延时性于一体，这可能会带来一个问题，信息在不断更新，旧的信息很快被新的信息淹没，而受众不可能一点不漏地全程阅读所有内容，如果没有相关的导读手段，他们很难对事件的整体发展有清晰的把握，他们看到的内容可能是碎片化的。

因此，专题中应该设置能反映基本发展线索的内容，如对事件起源的介绍，并且将它们放在专题首页的显著位置。在整体栏目的设置上，也应该用更好的方式体现这种线索的完整性。也可以运用"时间线"这一手段，以时间为线索，将事情发展的完整脉络梳理出来。

4) 变平面堆砌为深度拓展

网络新闻专题虽然需要为受众提供丰富而全面的信息，但它不应是信息的简单堆砌，而应该成为深度报道的一种方式。所谓深度报道，是对主体新闻的时空维度进行扩展的报道。它通过对主体新闻的生成背景、波及影响和发展趋势进行全面展示与剖析，从而深刻地反映客观环境的最新变动状态。

网络新闻专题的深度一方面要靠内容的选择来体现，另一方面要通过栏目的设置来体现。如果专题中只有最新消息、各方反应这样的栏目，是很难让人体会到专题的深度的。因此，在进行栏目策划时，应该站在一定的高度上思考专题所表现的主题或事件，应该设置一些反映对当前现象的独特思考的栏目，通过横向或纵向的比较，或通过对事件来龙去脉、长远影响等的思考，来深入地表现主题。这些栏目不仅是专题的特色所在，也是它的深度所在。

5) 提高互动的特色与有效性

虽然互动似乎是网络新闻专题中一种不可或缺的手段，但是很多新闻专题中的互动手段几乎成为"摆设"，也就是说并非所有互动都能有效展开。

要让互动手段更有效，就需要根据不同的主题，设计更有目的、有特色的互动方式，而不是千篇一律地提供调查与评论这两种互动栏目。

在一定的情况下，需要通过某种方式来提升互动内容的影响力，如将重要的网友评论推荐出来，而不是让它们淹没在成千上万的帖子中。

4.3.2 网络专题的策划

要充分发挥网络新闻专题的特长，加强专题的竞争力，需要对网络新闻专题的具体编辑规律有更多认识。网络专题从构思到制作完成可以按照如下步骤进行：

策划选题—确定选题—提交方案（每位参与者）—负责人汇总后分发给每

位参与者—每位参与者对所有方案分别进行打分—负责人根据打分情况进行加权处理—选出分值最高的方案—吸取落选方案中的亮点引入其中—专题策划定型—分工制作—完成。

1）确定网络专题的选题

"凡事预则立,不预则废",找选题是网络新闻专题策划的前提。网络专题是在某一主题或事件下的相关新闻、资料及言论的集纳。它是体现网站编辑思想与意图的一种内容整合手段。这是整个专题的灵魂,直接决定了专题的质量水平。一个好的专题必须要有一个巧妙或独特的网络编辑思路,必须认真思索新闻背后究竟隐藏了什么。目前按照专题来源和生存周期不同,笼统地分为事件类专题、主题类专题、挖掘类专题和网站宣传类专题。每类专题在策划时都有自身特色和要求。

（1）事件类专题

事件类专题一般源自于突发事件,包括"天灾""人祸"。"天灾"即自然灾害,如火山喷发、森林大火、热带风暴、洪水、地震等;"人祸"即社会问题。近年来,世界格局瞬息万变,新热点时有冒出,一些旧热点热上加热,如北约轰炸我驻南使馆、美伊战争、钓鱼岛事件、日本核辐射、上海火灾等。

事件类专题新闻性较强,在策划上是被动的,持续周期由新闻事件的历程决定。这类专题一般新闻网站都会报道,而且能获得的事件相关信息也差不多,如何快速、全面、富有条理地组织信息成为考验各网站编辑的主要因素。

事件类专题的报道思路:

①影响式,即全方位关注事件所带来的社会影响,为受众解惑。

②前因式,即通过报道探求突发事件的起因、背景,以及其他社会环境因素,让受众更深入地了解进展以及后果。

③后果式,即注重突发事件发生后的过程的报道,让受众及时地获得各种相关信息,了解事件的进展和结果。

（2）主题类专题

主题类专题一般源自于可预见的主题,宣传性、服务性较强,在策划上是主动的,持续周期由策划或者主题进程共同决定。如"北京奥运会"专题、"十一"黄金周专题、"党的十七大"专题,等等。这类专题可以提前搜集相关背景和资料,并根据本网站的特色选择专题报道的角度和重点。

主题类专题的报道思路:可预见的事情影响力都比较大,且往往有各类纪念活动,此时选题策划重点考虑的应该是报道的时机、报道的规模以及报道的角度、报道的手段。

（3）挖掘类专题

这类题材包括社会"热点"和"冰点"。这是对网站选题策划能力的一种重要考验。如惩治腐败、经济结构调整、金融体制改革、粮食体制改革、住房制度改革以及医疗制度改革等。

挖掘类专题是含金量最高的网络新闻专题，也是未来网络新闻专题的一个走向。该类专题的代表品牌有千龙网的《每日主打》。之所以称其为"含金量最高"，是因为该类专题从编辑思路、栏目构架等诸多因素考量，都是编辑根据整体内容，整合了所拥有的新闻资源后做出的。

挖掘类专题每个组成部分都是编辑对新闻资源"再加工"后的成果。该类专题能让人耳目一新，能让受众看到新闻背后的新闻，领悟到新闻事件的实质。对新闻资源的"整合"和"再加工"是该类专题制作的核心。如何从新闻中提炼观点并进行总结得出新的观点是该类专题的一个难点。

挖掘类专题的报道思路：

①纵向延伸与横向拓展。纵向延伸即从时间的坐标轴上探索某一个已有选题的延伸可能性。突发事件或可预知事件的报道完成后，并不一定意味着这个报道对象的历史使命的终结。编辑可以将它作为一个原点，将其向前或向后延伸，从中寻找可能的新选题。

可以将与当前新闻事件直接相关但尚未披露的历史性事件作为报道对象，延伸当前报道；也可以将当前新闻事件与以前发生的同类新闻事件进行比较，从其变化规律中寻找新闻选题。

纵向延伸也可以向未来的时间点发展，即对某些尚未发生但可能发生的事件做出预测与前瞻性报道。

横向拓展则可以从已有选题出发，搜索与之相邻的、类似的话题，寻找合适的报道对象。它也可以是从事件背景中进行的扩展。

例如，人民网2011年的热议专题"司法体制改革"，既运用了纵向延伸也运用了横向拓展的思路，将我国司法体制改革这一热议话题进行全面展现。该专题主要分为"热点文章""人民网独家访谈""近两年司法体制机制改革总体情况""法院""检察院""公安机关""司法机关""本网专稿""媒体聚焦""中国司法体制改革概述""分析评论""媒体聚焦""各地贯彻""热点图片"等栏目（图4.2）。你能看出其中哪些栏目是从纵向延伸的角度策划，哪些栏目是从横向拓展的角度策划的吗？

图 4.2　人民网图片

②多点聚合与单点分解。多点聚合意味着将一些看上去零散的现象或事件,用一个主题统领起来,作为新闻报道的对象。例如,腾讯网的《我们的城市为何如此脆弱》的专题,是将一些大城市在面对天灾人祸时表现出来的不堪一击与混乱这些"散点"现象,集中在一起进行报道分析。又如搜狐网的《世上无难事,国人有妙招》,不但找到了好的选题,也可以使读者站在一个更高的角度来认识个别现象之间的关系及其深层原因。

单点分解则是将一个主题细分为若干个子主题,从中寻找新的报道落脚点。这有利于将这一个子主题做深、做透。例如,在中国社会科学院发布社会蓝皮书《2006 年:中国社会形势分析与预测》之后,有网站推出了"六成五中国人无医保"的专题,在中国社会形势这一大主题的子主题中,找到一个与百姓关系十分紧密的"医疗保险"话题,这有利于将这一个子主题做深、做透。当然,从报告中还可以找到其他很多值得报道的子主题。在形势分析、政策解读、回顾与展望等类型的报道中,单点分解往往是一种可行的思路。

(4)网站宣传类专题

在网站报道的竞争中,出现了一种现象,那就是为了做出独家新闻,形成社会影响,会结合当前形势,有意识地策划某些活动,此时的网站拥有双重身份,作为活动的主体,也作为报道者来组织整个活动。对这种方式,存在一些争议,但是,它在网站实践中还是大量存在的。如果把握恰当,这样的活动也能产生较好的效益。这类专题是网站借助商业活动,扩大品牌知名度常用的手段之一。

例如,2005 年,在抗日战争胜利 60 周年之际,东方网联合《新民晚报》、东方卫视等媒体策划了"寻找劳工'生死簿'上幸存者"的活动,活动起因于一位老人保存了 60 年的"生死簿",这个"生死簿"上记录着抗日战争时期被日军抓到日本的近 300 名中国劳工的名字。活动最终找到了若干位幸存者并将他们聚集在一起,"生死簿"原件也送到了淞沪抗战纪念馆永久保存。东方网以此活动为线索组织了专题报道,从一个全新的角度切入到纪念抗战胜利这一主题。

又如,东快网的交友平台,是当时比较热的相亲交友类网络平台,除了提供日常网络交友社区外,还常常借助情人节等节日,组织策划大型交友活动,并针对活动情况组织专题报道。

网站宣传类专题在策划和报道时要注意:

①社会效益。媒体策划的活动一定要将社会效益放在首位,这是媒体的社会责任感的具体体现。为吸引公众注意力而进行炒作的做法是不可取的。

②活动的依托。媒体策划的活动也应该有一定的依托,例如,以某个新闻事件为由头,以某个时机为由头,这样的活动更容易引起人们的关注。

③报道空间。有些活动虽然本身有意义,但从媒体角度来看,报道空间有限。在进行活动的筹划时,要尽可能考虑到它是否适合于媒体报道,报道能在多大规模、多长时间跨度内展开,活动开展的场所是否便于组织现场报道,是否利于各种媒体手段的应用。

④投入产出。媒体组织的活动需要较大的投入,因此,还需要从投入产出比的角度考虑活动及其相关报道的经济效益。

2)选择网络专题角度

网络专题策划虽然容量很大,但它并非是一个无所不装的"筐"。要让专题策划形成自己的亮点与特色,就需要为它找到最佳报道角度。同样的新闻事件,不同的人看信息的侧重点是不一样的,网站编辑要在相同中求得不同,就要从好的角度来报道新闻。一个好的新闻角度的选取能让新闻报道脱颖而出,使其不落俗套,这是整个新闻专题策划的灵魂,直接决定网络编辑专题策划的质量水平。作为网络编辑如何才能形成自己独特的视角呢?可从以下几个方面培养思维能力。

(1)通过透视背景来剖析现实

在突发事件的报道中,大多数事件性新闻专题策划都会着眼于当前的新闻事实以及未来走向,这样侧重于过程与结果的报道,不容易形成自己的特色。如果将眼光放到新闻事件发生之前,通过对事件发生的背景作出深入、透彻的分析,就能帮助网友更好地理解当前发生的新闻事实。这样的专题选择策划角度也能体现出网络编辑水平。例如,2010年4月10日,波兰总统卡钦斯基赶赴俄罗斯参加纪念卡廷惨案70周年的活动,途中飞机失事身亡。人民网推出的专题从"卡廷"事件成为影响波兰和俄罗斯关系的重大事件、坠机事件后波兰走向何方等角度,对事件的深层背景进行了探析。网络新闻专题的策划也是一个动态的过程,网络新闻编辑要随时刷新信息来丰富专题内容,灵活调整新闻报道的策略。

(2)通过典型人物反映一个群体或一个事件

反映某个群体的命运、生存状态,是网络新闻专题经常涉及的主题。但是,如果抽象地看这一类人时,焦点是虚的,这既不便于组织深度的文字报道,也不利于多媒体素材的采集。而如果在一类人中找到一些具有代表性的人物,那么焦点就清晰实在了。在采集多媒体素材时也就有了可以依托的对象。这种从典型人物的角度出发做的报道也更容易引起读者的关注。

例如前文提到的"寻找劳工'生死簿'上的幸存者"的专题,它所报道的对象只是日本侵华战争的受害者这个群体中的极少数,但是,这些人的命运在很大程度上折射出那个年代、那个群体的命运,具有典型意义,有助于表现宏大的主题。

(3)通过典型时刻反映全程

很多新闻事件都有一个较大的时间跨度,但是受众不一定需要如此多的信息。在某些情况下,典型时刻浓墨重彩的渲染,其效果还要好过于对全程蜻蜓点水式的记录。如汶川地震时,有些报道集中报道某个画面,反而让电视机前的观众泪流满面。

(4)抓住阶段性特征以显示事物的进展

要想在老话题中报道出新意,就需要对报道对象在不同阶段的不同特征有着深入认识,尤其要能判断出它在当前阶段的新动向、新特点或新趋势,以此为突破口来揭示事物的发展进程。如近几年公务员考试一直是热点,许多网站也关注每年的公务员考试,但专题比较同质化。2010年搜狐网做了一个专题"国考:国家要啥公务员",则从比较新的角度关注这一话题,揭示公务员考试的本质特征。

(5)通过代表性"符号"解析全局

如耳熟能详的"两会""亚运会""世博会""北京奥运""医疗""民工",等等,围绕关键词展开的报道,往往针对性强,容易引起人的阅读兴趣。通过某些能反映本质特征的代表性"符号",也可以是展开报道的支点。

以人民网的大型新闻专题"中国坐标——新中国成立 60 周年人民网特别报道"为例,策划分为"盛世盛典""中国策""中国人""中国心""中国影"五大板块。"盛世盛典"板块,利用滚动新闻、图文直播、现场声视频等方式全程追踪报道国庆庆典盛况。在"中国策"板块中,收纳了 1949 年以来百余名领导人有关国情国策的论述。"中国人"板块则以 60 年来中国普通百姓的生活变迁及精神走向为报道重点,亿万网民可以在"中国心"板块中写下自己对祖国的诚挚祝福。"中国影"是图片集和视频集,搜集记录新中国成长足迹的资料和图片。整个专题既有纵向的历史梳理,又穿插横向的现场报道,显得充实而丰富。在结构上体现出"两大主体+大亮点+多面补充"的格局,即以国庆庆典活动实况报道和 60 年变化与成就报道为专题主体部分,力图在报道阅兵活动时出新出亮,网友互动、现场花絮、背景资料、幕后故事等成为前两者的有力补充。这样富有层次的安排很好地突出了报道重点,又充分挖掘网站自身优势资源,使专题策划内容更加丰满。

3)组织网络专题素材

在确定好网络专题选题后,网站编辑要考虑的就是专题内容的挑选。挑选什么样的内容,能够使得专题丰满、厚实,能够让受众满意,也能够最全面地反映事件、问题和现象等,关键要看这些内容是否与网站形象定位、网站功能定位、目标观众定位等一致。

专题内容的挑选,主要就是网站编辑的组稿。一般来说,专题策划成功与否,在很大程度上取决于组稿的质量高低。组稿是一项综合性的社会活动,它要求网站编辑具备良好的专业素质和社会活动能力,包括向创作者阐述选题过程、选题目的和意义等。

(1)专题内容挑选的方式

网站编辑选稿已不同于传统媒体编辑选稿,手段比以前丰富,并且组稿的速度越来越快。总的来看,主要有以下几种方法:

①利用搜索引擎。它是目前网站编辑最常使用的收集材料的手段。它主要运用搜索引擎比如百度、搜狗等,只要在搜索框中输入关键词,并点击"检索"按钮,搜索引擎就会自动找出相关的网站和资料,在网页上显示所有符合所要查询条件的全部资料,并把最精确的网站或资料排在前列。其中关键词,就是在搜索框中输入的文字,也就是编辑要寻找的东西。关键词的内容可以是人名、网站、新闻、小说、软件、游戏、星座、工作、购物、论文……也可以是任何中文、英文、数字或中文英文数字的混合体。网站编辑可根据专题策划方案的需

要,通过搜索引擎输入相应的关键词检索,就可以获取专题的相关信息,然后对其进行分类整合,形成自己的专题。

②与传统媒体形成战略联盟,做到信息共享。尽管传统媒体有其先天的不足,但传统媒体的形成、发展经过了一个较长的历史发展阶段,拥有庞大的资源网络和采集信息的队伍,这是当今网站所不具备的,因此有必要与传统媒体结成战略联盟,对于一些重要的信息能做到共享。特别是一些重大事件的发生或重大活动的举行,通过这种方式组稿,一是投入的各种成本比较低廉,二是能够在最快的时间获取最有效的信息,同时也为对方提供了较好的传播平台。因此对于每一方来说,都是有利的。

同时,由于传统媒体的发展历史比较长,因此它保留着相当可贵的背景资料。通过双方的合作,网站可以获取这些宝贵的资料。

③向专家、学者或创作者约稿。有些专题可能是没有媒体去触碰到的,在这种情况下,编辑通过搜索引擎不一定能获取相关的信息资料,那就需要编辑通过各种渠道联系到相关的专家、学者、权威人士或社会独立撰稿人,去深入挖掘、创作出相关的稿件。网站编辑根据主题整理成篇,形成一个好的专题。组织创作大量的独家专题是网站生存与发展的重要条件之一,这就需要网站编辑一方面要充分运用自己手头的资源,同时要对某个行业、某个领域有认识、了解,并清楚有谁在研究,有什么样的成果,国际发展趋势如何等。

(2)专题内容的分类

专题内容也就是信息材料。一般来说,按照信息材料的新旧来分,分为新鲜材料、历史材料;按照材料的来源来分,可分为原材料、加工材料、再加工材料等。下面就信息材料的来源不同,对原材料、加工材料、再加工材料等进行分析、阐述。

①原材料。这里的原材料的概念是指没有经过编辑或记者加工过的信息材料,它类似于刚从菜地里采回来的大白菜,而不是餐桌上的醋熘白菜。

在网络专题中,原材料主要包括党和政府的红头文件、法律法规原文、公司或企业的内部材料、实物写真图片、原声记录或记者的所见所闻等。有些材料甚至是不可复制的。原材料对于网站专题来说,是原创性作品写作的重要素材,也是突出其与其他网站区别所在的重要特征之一。

②加工材料。它是指经过编辑或记者选择、加工过的信息材料,类似于经厨师加工后餐桌上的醋熘白菜。

一般来说,它主要集中在各个媒体上,包括报刊、广播、电视和互联网上刊登、播发的各种文字、音视频资料等。这些材料对于网站专题来说,只需要在合法的范围内对其充分运用,就可以充实自己的专题,能节省大量的人力、物力和财力,并且可以建设重要的数据库。但要注意的是这些材料明显带有编辑、记者的主观性、倾向性和导向性。

③再加工材料。它相对加工材料来说,主要是指经过两次或两次以上编辑加工的信息材料。它类似于从集市上买回蒸熟的馒头,回家后可再用油炸成馒头片。

在一般情况下,网站编辑很难区分加工材料和再加工材料,但对于新闻体裁来说是很容易识别的。比如在新闻的消息头上加有"据××消息或报道"等字样,这类信息一般是再加工材料。

网站专题要多采用原材料,保证专题的原创性;同时要广泛集纳其他媒体和网站加工过的材料,保证专题的全面性。

(3)专题内容选择的注意事项

专题内容的选择要围绕专题的主题进行。网站专题尽管包容性大,但还是有限度的。网站编辑对专题内容还是有充分的选择权利。因此,在专题内容选择上还要注意一些相关的事项。

①要选择真实的材料。真实是网站专题的生命。编辑在网站专题中所运用的原材料、加工材料和再加工材料,无论是人名、地名、时间、数字、引语等,都必须真实、准确,各种背景资料也必须有根有据,准确无误。

②要选择有代表性、权威性的材料。不要把所有整理出来的重点和非重点内容都放到专题中,要根据专题框架结构和专题的目的进行筛选。

对于受众来说,网络专题具有数据库的功能。比如丽江旅游专题,受众可以通过它了解云南丽江的旅游特色、优秀的旅游线路以及旅游的重点景点等,这些知识是丽江旅游专题所应该重点体现的,也就是专题内容的代表性或典型性。权威性是增加专题内容可信度的重要手段之一。权威性材料的来源主要有党和政府的红头文件、法律法规、专家或学者的报告等。比如花草专题,可以集纳的材料有农业部有关发展花草的政策、条文,专家、学者关于花草的文章、论文等,这些材料的权威性相对来说比较高。

③要重点选择未经加工过的原材料。网络专题的独特性,主要在于它的内容。一般来说,原创性的内容多,独特性就比较突出。网站要充分利用自己的优势,多刊发具有原创性的内容。比如企业网站就可以利用自身企业的资源优势,在网络专题中重点突出企业,像可以在第一时间报道企业的财务状况,为广大

股东的投资作决策参考;可以报道企业的原料需求信息,让各原料经销企业根据自己的实际情况决定是否参与竞标等,这些内容是其他网站所不具备的优势。

④要考虑正反两方面的材料。网络专题与传统媒体的专题不同就在于其包容性大,正面的、反面的材料;有利的、不利的材料;优势、劣势材料等,都可以放置在网络专题中。受众可以根据自己的需要,对某一现象、问题、事件等根据专题内容作出自己的判断。

⑤材料之间要有联系。专题不是简单的内容填充,模块与模块之间、内容与内容之间要有一定的联系。

4.3.3　网络专题的设计

专题的选题及内容选择确定后,要对专题的形式进行设计。一个完整的网络专题由专题首页、更多页、正文页以及其他特型页面组成。网站整体只需使用发布系统已经对应的一两种固定页面模板即可。而每一个新的专题则需要重新设计、重新制作,一个网络专题页面设计的工作量并不亚于普通网站。同时,网络专题所经常使用的多媒体形式也对页面表现提出更高的要求。综合来看,网站中最具新鲜感和最有吸引力的地方正是网站所制作的网络专题。

1)栏目设置

网络新闻专题策划栏目的设计,是整个新闻专题策划的"骨架",应该用发散性的思维,从新闻实质出发,把思路外延。好的形式与好的内容进行配合才能产生好的效果。选题和角度确定之后,网站编辑必须思考如何对信息进行安排,准备哪些栏目,安排栏目在网页的什么位置等。新闻专题策划的构架多种多样,但一个最基础的准则是要分清各个栏目的主次,然后按照主次合理安排各个栏目的位置。

栏目设置应该从受众需要以及网站的服务重点出发,一般来说,好的栏目设置的主要类型有:

(1)编者按语

在新闻评论学上,编者按语主要分为文前按语、文中按语和编后语,其中文前按语地位最重要。所谓文前按语即编辑在文稿前加上的简要评论。在网络专题中,编者按语主要以文前按语居多。它的主要特点是居于专题前面,片言居要;在行文上提纲挈领、言简意赅,用议论性的语言直接鲜明地阐述编者对此专题的基本看法和观点,帮助受众了解编辑的意图。

在网络专题中,编者按语主要有两种常见的表述方式:一种是说明性的,说明编者为什么要选择此专题,它的重要意义在什么地方,能给读者什么样的启示;另一种是评论性的,这种评论方式是表明编者对此专题的一种态度,是赞成还是反对,是赞扬还是批评等。

在网络专题实践中,并不是所有的专题都需要编者按语,而是根据专题内容的实际需要来定。一般来说,在以下情况下需要加编者按语:一是目标受众对此事件、问题或现象持有疑虑态度时,比如人民币该不该升值;二是要对发生的事件、问题、现象进行必要的舆论引导,就可以通过编者按语加以赞扬、肯定或批判、否定;三是有些不良风气、习气或生活习惯需要加以纠正时,需要通过编者按语来说明有关此内容专题的重要意义。

（2）要闻栏

一般也称"动态栏"。这个栏目对网络新闻专题来说,最新进展是专题的重心所在。而对于其他普通型专题,某个事件、问题、现象等某一方面的最新进展、最新成果、最新发现、最新的措施等应该纳入到"要闻栏"。要闻栏的篇幅有长有短。对于新闻专题来说,要闻栏可能所占版面篇幅较大;而对于其他普通型专题,要闻栏中可以是一条或几条关键性的要闻,所占的篇幅相对比较短小。

要闻栏相对其他栏目来说,是变动、更新频率最快,也是篇幅更新最多的栏目。这是由要闻栏自身的特性——关注的是最新动态来决定的,而那些过去的内容可能就逐渐转移到其他栏目中去了。这对于编辑来说,就要时时刻刻关注着相关专题中的最新进展、变动,并且随时更新。这也是网络专题区别于一般传统媒体的地方,可以随时更新、补充和扩容,还可以对一些过时的东西进行剔除。

（3）评论栏

评论栏主要包括权威人物、领导人的论述、重要媒体的评论、专家学者的评论、网友评论等。在专题实施中,也可以把这几项评论分开,设置成不同的栏目。

要闻栏主要是向目标受众叙述事件的进展情况,仅限于动态性的消息,而评论栏主要是评论者对事件的发生、进展、问题、现象的产生与发展的思考和基本态度的表达,表明评论者的一种态度、立场和观点。在信息爆炸的今天,作为主流网站有必要引导人们去关注一些影响国计民生的重要事件、问题和现象,同时还有必要承担舆论引导的职责,能最大限度地保证社会朝着健康、有序、正常的方向发展。因此对于一些重大事件、问题、现象,网站编辑有必要设置评论栏目,一方面是引导舆论,另一方面可以帮助目标受众认清事件、问题、现象的本质。

评论栏目在更新速度上有两种:一种是要求紧跟事件、事态的发展,随时更新评论栏目的内容,特别是时事评论,要求及时、快速;另一种是资料性的评论,更新速度较慢,有的甚至不用更新,比如已故领导人对某个问题的论述、评论,经典的理论论述等,因此要根据专题情况适时而动。

(4)背景栏

这也是网络专题中很重要的栏目。网络专题具有数据库的特征,背景栏就承担着"数据库"的重要功能。在背景栏中,网站编辑要更多、更全面地安排与事件、问题、现象有关的背景资料。这些背景资料主要包括解释性背景资料、对比性背景资料和说明性背景资料等。在背景栏的整体设计中,可以考虑以多种形式的传播,比如纯文字的、图片的、视频的、音频的、动画的,等等,力求形象、生动,同时能给广大受众更多的背景信息。

背景栏与要闻栏相比,更新的频率相对比较慢,有时甚至不存在更新,只是会随着时间的推移,内容会不断地增加。因此背景栏对于网站编辑来说,只需要在设计的时候全面收集资料,然后在一定的时期内注意把要闻栏中相关的旧内容及时更换到背景栏。

(5)受众服务栏

由于网络的开放性、互动性,网络专题要重视与受众的互动,因此有必要开设服务栏。它的主要内容有刊登受众评论、受众留言、受众疑问、受众意见和建议,以及为受众服务的内容等。这也是网络媒体区别于传统媒体的重要特征之一,反馈及时有效。传统媒体很难在第一时间了解受众是谁,在什么位置,有什么想法,而网络媒体则能在同一时间与受众进行对话、沟通,及时调整传播策略。

服务栏的设置是有较强的针对性,主要是针对本专题的。受众可以延展专题内容甚至能挖掘专题深度,能在第一时间为网站编辑提供智力支持。因此网站编辑要充分地运用服务栏提升服务品质,把网络专题做深入、做全面。

(6)受众调查栏

也称"读者投票栏"。设置该栏目是为了与受众进行互动、联络,了解受众对某个事件、问题、现象的看法。它不同于服务栏,服务栏提供给受众的是各抒己见、畅所欲言的空间,而受众调查栏相对来说比较规整、统一。它通常是编辑根据具体情况规定,设置好问题和答案放置在页面上,然后由受众根据自己的情况点击符合自己的答案。通过即时统计软件,受众能在第一时间了解自己选择的情况是否与大多数人的想法一致,因此统计结果对于网站来说,是一笔非常好的受众资料,为以后类似的事件、问题、现象设置网络专题提供较好的决策依据。

受众调查栏设置的通常是一个问题,有的也有两三个问题。这些问题的设置通常与专题内容相关,但不涉及专题中的具体内容。一般来说,它的主要内容是有关受众对专题内容态度、行为的调查。

（7）小常识栏

这也是网络专题经常采用的一种栏目形式。通常情况下,一些小常识性的问题隐藏在背景资料中,但有些小常识是许多受众关注的。在这种情况下,编辑要了解受众心理,对于一些受众关心的问题可以凸显出来,帮助受众了解一些基本的知识。

当然,有些情况下小常识不是那么重要,可以把它隐藏在背景资料中。如果是特别重要或编辑认为受众会特别想了解这些知识,那就可以设置这个栏目。一般来说,这种知识性的小栏目的内容不要太多。

2）版式构架

这是网络专题阅读导向的体现。好的新闻专题必须做到让读者沿着编辑的思路走,这样才能达到最好的传播效果。新闻专题的构架多种多样,但一个最基本的准则是要分清各个栏目的主次,然后按照主次合理安排各个栏目位置,从而使专题平衡、对比突出、虚实结合。按照中国人民大学彭兰教授的观点,目前网络新闻专题栏目通常有以下几种结构方式:

（1）层层递进式

在层层递进式的栏目结构方式中,各个栏目之间存在着逻辑上的先后顺序,前一栏目的内容是后一栏目的基础,后一栏目是前一栏目的发展与深化,如图4.3所示。

图 4.3　层层递进式结构

例如,在网易制作的网络新闻专题"现代化,'现在'实现不了?"中,通过"洋务运动之现代化""五四运动之现代化""民国初期之现代化""20世纪五六十年代之现代化""改革开放之现代化""2050年之现代化"等栏目,展现了中国近代以来追求现代化的过程。这几个栏目不仅反映了时间上的先后顺序,也反映了中国对现代化理解的变化。因此,这个专题的栏目间有着强烈的逻辑关系,是一种典型的层层递进关系。

在递进式的栏目结构中,主要的逻辑关系可以是以下几种:

①时间上的递进关系。以时间的顺序来组织栏目,条理清楚,符合人们的认知习惯。

②观察事物的顺序。就像用视觉手段来表现事物一样,专题也可以以全景—中景—近景—特写这样一种观察事物的渐进顺序来表现新闻事件或新闻主题。

③认识事物的顺序。认识事物往往有着由表及里、从认识现象到探究本质的一种发展过程。在专题栏目策划时,也可以依据这样一种逻辑,这也是目前国内网络新闻专题栏目策划中用得较多的一种方式。

从某种意义上看,层层递进式栏目结构的专题更像是一篇经过扩展、整合的长篇新闻稿,每一个栏目是稿件中的一个段落,栏目名称是稿件中的小标题,只是稿件并非由一个作者完成,因而可以更加丰富和深入。

层层递进式栏目结构,多适用于主观性的专题。

(2)平行聚合式

平行聚合式是网络新闻专题中采用得最多的一种栏目结构方式。它的总体思路是每一个栏目反映主题的一个侧面,多个角度的栏目集成后,较为全面地反映出全貌或某个突出的局部。

例如2015年9月3日,千龙网推出"证在说历史"大型专题,由"人证""物证""口证"三大板块构成,分别通过寻访抗战老战士或遗属,寻访并拍摄具有抗日战争史料印证的实物,聆听并录储抗战老战士的"原声口述",以真实的史料记录中国人民大无畏的抗战精神,揭露日本侵略者犯下的屡屡罪行。

在平行聚合式结构中,各个栏目之间的地位是相对平等的,顺序是自由的,平行聚合式结构的主要目标是完整地表现主题或某个特定的角度,它比较适合信息十分丰富、事件处于动态发展中的客观性专题。

(3)观点争鸣式

不少主观性专题中侧重于揭示事件或问题的影响,它们常常是以观点的冲突作为栏目结构的基本依据,即每一个栏目集成一个方面的观点,各方观点同时呈现,如图4.4所示。

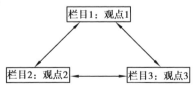

图4.4　观点争鸣式结构

目前国内网站专题常用的是三派观点,即"正方观点""反方观点"和"中立观点"。这种栏目结构方式,内容集中,线索明确,能让人迅速抓住要点。

例如,搜狐网的专题"每人心中都有一棵山楂树",将观众对当时热播电影《山楂树之恋》的不同观点集中呈现,展现人们对纯真爱情的不同看法。

3)网络新闻专题的形式设计

(1)专题的栏头

多数专题都有标题区,称之为栏头。这是新闻专题的视觉刺激,如何根据新闻内容提炼一个好的栏头直接决定着专题的传播效果。编辑必须明白一个道理:报纸的新闻标题和网络新闻标题是不一样的,报纸标题紧跟内容,读者可以浏览,而网络新闻只有一个栏头,栏头的好坏直接决定了新闻内容的传播效果。栏头的设置有3个基本要求:

①文字表达准确。

②情绪表达到位。

③标题吸引眼球。

(2)专题的色彩

专题的栏头、图片、文字、边框、背景等方面都包含了色彩。色彩的作用包括:

①引导视觉,引起阅读兴趣。

②表达情感,与专题内容的气氛相吻合。

③分割版面,方便阅读。

④审美效果。

要根据网站特色和专题内容选择合适的色彩。一般情况下,为避免看着杂乱,一个专题的配色不要超过三种。

4)跟进维护

网络媒体的报道是实时的,这就要求跟进维护。这不仅体现在新闻的滚动播出方面,也体现在栏目的调整方面,当增则增,当减则减。

总之,任何网络专题,实际上都体现了新闻网站在专题策划报道中的受众定位、政治定位、社会定位等与其报道方针的有机融合。而实现这一目标离不开网站编辑的创造性活动。优秀的网站编辑需要变成"特种兵",掌握既专又博的各类知识和技能,能对各类事件作出快速且准确的反应,同时高效地创作出有针对性的好作品来满足网民的需要,有效引导舆论。网络没有樊篱,没有程式,一切都是可变的,一切都可以创新。

 **实训练习**

　　根据本任务所学知识,进行网络专题的写作练习。

网络专题制作引导文

专业名称	新闻采编与制作		
学习领域	网络新闻制作		
学习情境	网络专题制作		
学　时	8 课时课内＋8 课时课外		
组　别		姓　名		座　号	

任务描述:
通过本学习情境的学习,能够完成以下工作:
1.策划新闻专题。
①明确选题和角度。
②根据受众需求策划专题内容、形式。
③制订专题策划书。
2.制作专题。
①根据策划,选择适当的方式采写、编辑新闻内容。
②合理设置专题栏目、结架、页面效果。
③灵活运用多媒体方式和互动形式展现专题,吸引受众注意力。
3.跟进和维护网络专题。

资讯阶段	1.近期校内外有哪些新闻事件或人物可以制作成新闻专题? 参考选题范围:①校园动态;②就业、创业;③实践;④校园体育;⑤校园文化;⑥校园人物;⑦系部资讯;⑧社团活动;⑨校园食、住、行;⑩其他。 2.新闻专题有哪些类型? 每种类型有什么特点? 3.专题的内容可以由哪些新闻体裁构成? 每种体裁在专题中各有什么作用? 4.专题可以采用哪些多媒体形式? 每种形式的特点是什么? 5.专题的设计与受众定位有什么关系? 此次专题的受众定位是怎样的?

续表

计划、决策阶段	1.此次网络专题的选题？专题的类型？ 2.选择何种角度展现？ 3.专题针对的受众群体？ 4.该专题需要哪些内容的支撑？ 5.准备用哪些方式收集专题内容？收集到的素材是否需要再加工？ 6.准备使用哪些采访方式？打算写成哪些新闻体裁？ 7.专题要设置哪些栏目,是否有互动栏目？专题的栏头如何设计？ 8.采用何种版式构架？专题的色彩如何配置？ 9.优化实施计划,确定最佳实施方案。
实施阶段	1.提交成员构成和策划方案,小组讨论并确定实施方案。 2.提交目录审核,制订专题策划书(可参考附件)。 3.记者采访、拍摄、制作新闻。 4.美编设计网站首页、分页效果图,分页制作。 5.合成,发布前测试,网上发布。 6.跟进维护。

| 检查、评估阶段 | 1.网络专题的评分标准。

主题 20%,新闻内容 40%,页面设计 20%,多媒体效果运用 20%。

①主题明确。(20 分)

②新闻内容围绕主题展开,有原创新闻,新闻价值大。(40 分)

③新闻运用多种媒体方式,效果好。(20 分)

④网页设计与主题和受众目标定位一致,设计新颖、互动性强。(20 分)

2.根据以上评价标准进行考核评估。 |

组　名	自　评 (10%)	小组互评 (30%)	教师评价 (60%)	合　计

附1:专题策划案例

第62届艾美奖专题策划书

第五组： 林润雨　蔡玉东

谢德杰　王孟阳

目　录

一、专题内容

第62届艾美奖特别回顾专题。

二、策划初衷

艾美奖奖项分为剧情和喜剧两大类,基本上代表了本年度美剧的最高荣誉,也是国内外观众选择收看美剧的重要风向标。每届艾美奖都会给我们留下很多的惊喜、期待、笑声、惋惜……带着不同的心情,让我们一起来回顾第62届艾美奖。

三、策划目的

让更多人了解艾美奖,了解美剧。

四、风格定位

随性自由、幽默搞笑。

五、受众分析

目标受众定位于具备年轻、进取、有活力、有知识等多种特质的群体,目标受众的共同点在于都积极进取、充满朝气、乐于接受新兴事物、勇于接受挑战。

六、专题位置

腾讯网娱乐频道。

七、页面策划

专题图片		
艾美图集(第62届艾美活动相关图片滚动式播放)	艾美主要新闻	艾美简介和历届艾美(只设相关字眼,每届艾美相关字眼上设置超链接)
艾美各大奖项归属 (以各类主要大奖得主的照片为主,并附以少数文字,在图片和文字上设置超链接)		
艾美笑点 (以各个艾美笑点照片为主,并附以少数文字,在图片和文字上设置超链接)		
艾美精彩瞬间 (以各个艾美精彩瞬间照片为主,并附以少数文字,在图片和文字上设置超链接)		
艾美各类奖项提名 (以各类艾美奖项提名者照片为主,并附以少数文字,在图片和文字上设置超链接)		
艾美新面孔 (以出现在第62届艾美活动上的新人照片为主,并附以少数文字,在图片和文字上设置超链接)		
网民互动 (设置网民互动栏,让网民自行互动,留言)		

八、执行分工

收集资料:林润雨、蔡玉东。

网页制作:王孟阳、谢德杰。

附2：人物专题策划的经典案例

在网络新闻专题中创新主旋律报道

2010-12-07 13:32:00　来源：人民网（北京）　跟帖0条　手机看新闻

2009年和2010年，荆楚大地英雄楷模频频涌现，陈玉蓉被评为当年的"感动中国十大人物"之一，结梯救人的大学生群体获得"感动中国"特别奖。英模的家庭也得到了社会各界实质性的物质帮助。在他们的背后，广大媒体在树立新一代道德模范、倡导中华民族传统美德中发挥了巨大的先导作用。

人们的心灵需要精神偶像的滋润，英模们之所以能够得到公众的广泛关注，他们的事迹能够打动读者，可见主旋律报道在今天仍然是有巨大新闻价值的，是为人们所喜闻乐见的。

作为本地媒体，"长江网""荆楚网"敏锐地捕捉到英模精神的可推广性，在各自网站上报道精心制作的专题，并成为其他各大媒体的主要新闻源，引导了主流舆论。在新媒体发展迅猛的今天，网络媒体以其海量信息、强交互性、强时效性等优势，已成为现代人获取信息的主要渠道之一。如何在网络媒体中用好新闻规律，创新典型楷模的报道方法是一个迫切的现实课题。

一、荆楚网、长江网典型人物专题分析

统计2009年1月至2010年10月荆楚网和长江网的典型人物专题，荆楚网的人物专题有7个，包括《大别山师魂》《信义兄弟 接力送薪》《暴走妈妈割肝救子》《荆州大学生结梯救人》《聚焦高温下的武汉交警》《为英雄民警谭纪雄祈福》《模范共产党员张绪》，约占22个月87个专题的8%。

长江网的人物专题有13个，包括《电气领域的骄傲马伟明》《武汉"最犟"交警李鹏飞》《赵小亭 永不凋谢的向日葵》《英雄袁凡 一路走好》《信义兄弟 今生不欠来生债》《祖孙三代接力救人纪实》《郭建芳：永远盛开的映山红》《大学生"人梯"谱生命赞歌》《"暴走妈妈"割肝救子》《英雄特警谭纪雄》《和谐卫士礼赞——第四届武汉十大形象民警》《纪念张之洞督鄂120周年》《盘点体坛十大"劳模"》，约占22个月107个专题的12%。

1.人物选择分析

荆楚网和长江网近两年的16个人物事件中有8个专题的报道起因来源于突发事件，其余的来自编辑策划。从突发事件中做英模的专题报道较容易操作，新闻就是常新的，在新闻爆料提供的线索中发掘出可供宣扬的楷模必然是主要方式。

两个网站共同报道的人物有暴走妈妈、信义兄弟、民警谭纪雄和大学生"人梯"团体。被报道的人物中有基层教师、包工头、大学生、交警、民警、老党员、院士、基层财政干部和普通百姓。除了马伟明院士,其他模范人物可谓都来自"草根"阶层。这些专题报道以单个典型人物为主,英雄集体为辅。英雄集体包括武汉交警、大学生"人梯"团队、体坛"劳模"、十大形象民警和祖孙三代接力救人团体。这些人物体现了爱岗奉献、诚实守信、母爱、见义勇为、开拓创新、忠于党和人民等时代精神。

　　英雄模范是什么样的人?就是做好了本职工作以外的人物。在今天,解构思维盛行,"草根"楷模更能够引起人们的认同,也正是因为网民独立思考能力大幅提升,被报道的这些典型人物来不得半点掺假,否则欺骗公众总有被揭露的一天,带来的将是当事人和媒体形象甚至现实生活的损害。荆楚网和长江网的这26个专题由于采访深入,报道翔实,使得人物真实可感。

　　2.内容结构分析

　　荆楚网和长江网分属湖北日报传媒集团和长江日报报业集团,这些人物报道首先是见诸报端,网络报道是对纸媒报道的深化和多媒体化,报道思想仍延续了报纸上的风格传统。对比荆楚网和长江网,荆楚网策划了更多大型网络专题,用多种手段全景化、立体式报道人物。同时,网站又根据各个人物、事件的特点,设置不同栏目以体现人物的精神特质。

　　学者彭兰指出,目前网络新闻专题栏目通常有以下几种结构方式:平行聚合式、层层递进式、观点争鸣式。综观荆楚网和长江网近两年的人物专题,常用的结构主要是倒金字塔聚合式(图4.5)、并列式(图4.6)、递进式(图4.7)。

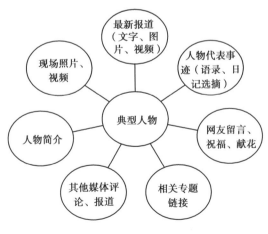

图4.5　倒金字塔聚合式

荆楚网和长江网大多数人物专题都运用的是此模式，如同新闻稿件的写作一样，为了迎合人们的阅读习惯，按内容的重要性，将最关键的信息放在页面上部，将辐射信息和周边信息放在下部，总体上呈倒金字塔形。最新报道、人物事迹、现场报道是必不可少的，其他的则是编辑根据需要决定是否设置。如荆楚网的《大别山师魂》，编辑、记者基于汪金权二十年扎根山乡，用自己的工资资助贫困学生的事迹，从汪金权自身事迹、学生、妻子、母校、同学等人眼中的汪金权写起，深入汪金权讲课的课堂和他的家中拍照、采访，右侧附上汪老师语录，文字节选央视对汪金权的报道，一个爱护学生、默默奉献的人民教师形象跃然纸上。

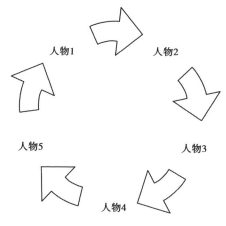

（或事件1,2,3,4,5或地点1,2,3,4,5或特点1,2,3,4,5等）

图4.6　并列式

这一形式主要是适合多个典型人物或团队的报道，人物不分主次。如长江网的《和谐卫士礼赞——第四届武汉十大形象民警》，即是以人物为维度，每个形象民警为一个板块。荆楚网的《聚焦高温下的武汉交警》，是并列式的另一类型，以空间为维度，以长江一桥、二桥、武汉三镇、青山作为记者蹲点处，分别以图文报道骄阳下交警的工作情景，其实质也是并列式结构。

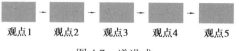

观点1　观点2　观点3　观点4　观点5

图4.7　递进式

如长江网《大学生"人梯"谱生命赞歌》就是以此方式架构专题结构的。位于专题最上端的是"最新动态"，下面是以四条观点配一幅与该观点相对应的照片来展开报道,四条观点包括:他们的梦想定格在长江之畔、"90后"英雄感动国人、为他们的悲伤而致敬、我们怀着梦想坚强前行。此结构的逻辑有两点,一是"先摆事实、后有评论",二是符合人们追思已逝英雄的过程。因此,该专题达到了形式与内容的很好统一。

相较于荆楚网的大专题,长江网主要是小专题,是聚合式结构的简化版,即保留人物报道的核心信息,删去或简略周边信息和辐射信息,从人物的主要事迹、性格来组织专题结构层次,着重特写其突出的一面。小专题有一点优势是有利于创新网页结构形式。如《郭建芳:永远盛开的映山红》,编辑匠心独运,将郭建芳比作映山红,她的四件主要事迹被绘在四片花瓣上,专题背景为一张映山红盛开的照片,歌曲《映山红》的乐谱写在页面上方,在每一行乐谱下写郭建芳的事迹,喻为郭建芳的人生就像《映山红》一样动听。专题虽小,但寓意深,创意新颖。

3.互动性分析

在Web2.0时代,互动性成为网站敛聚人气的重要方式。网站的互动方式主要有在线调查及来访者投票、建构BBS讨论社区、网友展示、针对某些事物的排名、评价和评论、推荐、统计、依靠等级或积分的激励措施、线上线下聚会等。但新闻网站不同于互动型网站和营销网站,新闻主要功能是告知,因而可利用的互动形式不多,常用的有新闻跟帖评论、在线调查、来访者投票、网友展示、站外分享链接等,基本上属于个人反馈,有助于网友交流,也方便站务人员了解读者对新闻的看法。总体上看,荆楚网和长江网的人物专题注重互动性设计。

荆楚网的7个人物专题,每条新闻都设置了网友跟帖评论、进入论坛链接、站外分享链接、"顶一下""砸一下""猛摔"的小调查。其他形式还有,网友点击式或短信祝福5次,主页面讨论区2次、BBS征文1次。互动性最弱的是《高温下武汉交警一日》,主页面上没有互动设计,只在每篇新闻中有固定的互动点。

长江网13个人物专题,每条新闻下固定的是新闻跟帖评论。其他形式有:网友观后心情调查6次,主页面讨论区4次,点击式祝福2次,互动答题1次。其中《盘点体坛十大"劳模"》只是一个单纯的页面,没有超链接,没有互动设计,页面显得单薄。

二、长江网《暴走妈妈割肝救子》的特点与优势

长江网的《暴走妈妈割肝救子》专题获得了第二十届中国新闻奖网络新闻类二等奖,该专题有两个突出特点值得借鉴。

1.提炼关键词

感动中国人物陈玉蓉同去年报道的几个光辉典范孙氏兄弟、结梯救人的大

学生一样,有一个让人们容易记住的极富特色的"标签"——暴走妈妈,包括信义兄弟、"人梯",三个称谓可算是媒体对三组英雄人物高度凝练的概括。

在信息冗杂的网络中,要让新闻被人们选择性注意、选择性理解、选择性记忆,就必须让新闻标题足够有特色,简单易记,便于检索。这让提炼英模精神核心变得格外重要,读者或许记不住人物的姓名,"标签"是比人名更容易让人理解记忆的。因此寻找英雄人物中最能体现其精神特质的点,可以让系列报道有一个轴心。

另外,搜狗拼音在中国有着很大的装机率,它每天会弹出"新词更新",将近日新闻中最热的一些人名、地名、事物名称配以几个字的简介,点击进入显示的是搜狗以该词为关键词搜索的网页。"贴标签"增加了用搜狗拼音的用户点击该词、了解此模范的可能。"暴走妈妈""大学生人梯"都被搜狗"新词更新"收录过。因此,为新闻人物冠以一个恰当的称号有利于他们的报道在网络上传播造势。

2.坚守新闻真实性,体现人文关怀

真实报道英雄楷模已成为人们的共识,过去那种想象和夸张人物事迹、过度拔高人物精神境界的做法已经为读者和媒体所摒弃。另外,对于一些别有用心刻意宣传自己的人要保持记者独立思考能力,多方求证他的言行和动机,避免成为他们牟利的工具,造成无意识的虚假宣传。"暴走妈妈"的报道平实而感人,真正打动了读者。

英模宣传应该做成有人情味的新闻,真实性是人情味的基础,记者的职责是做读者的摄像机,而非大脑,他们只需客观地记录事实,把价值交给读者去评判。

细节是新闻报道中体现人情味的重要方式之一,在"暴走妈妈割肝救子"专题中,顶端左侧纵栏"爱的线索","一两米饭"、"暴走穿破的鞋"、"日行10公里"三张实物照片很吸引眼球,据记者说,这是陈玉蓉割肝手术前一天,记者赶到陈家拍摄的珍贵照片,三个小细节足以体现陈玉蓉伟大的母爱。由于是全程拍摄陈玉蓉、叶海斌母子入院、康复的全过程,长江网拍摄到了诸如陈妈妈术后给儿子写的鼓励的话语等许多细节,有强烈的现场感,整个新闻专题组成一个完整的故事。

三、制作典型人物网络专题的几点借鉴

贴近生活、贴近实际、贴近群众的"三贴近"原则是典型人物报道深入人心的利器。怎样做到"三贴近"?

首先,在典型人物宣传报道中运用的新闻语言应适度,人无完人,英模也有缺点,他们体现的精神可以拔高,但过于夸张的溢美之词应少用,以免让读者"审美疲劳",产生抵触心理。

其次,英模精神需要读者自己体味,当英模的精神真正能够引起读者的情感共鸣时,读者才能真正受到心灵的陶冶。作为党政机关报下属网站,报道政府号召群众学习英模精神的"工作新闻"是必须的,但是读者想看的还是有关模范人物现状的报道。另外,由于两个网站依托的是纸媒,专题上视频比较少,没有充分运用网络多媒体优势,视频是给人"眼见为实"的重要手段。

第三,人物精神要靠他所做的事情来体现,叙事新闻是吸引读者的有效手段。新闻故事化不意味着虚构,它追求的是记者用心写新闻,写出现场感、画面感,寻找以小见大的细节,摆脱死板的新闻腔。

岗位任务5　网络新闻评论

5.1　认识网络新闻评论在媒体中的重要地位

作为新闻存在的另一大体系——新闻评论，一直伴随在各传统媒体中有效地进行着。这种展现着媒体灵魂和旗帜的新闻样式深受大众喜爱。因为它不仅仅是"客观地"报道新闻事实，更在于它还"主观"地表达记者、编辑的观点、立场、感情和态度。当然这种主观性又是建立在科学理性、公正平衡的基础之上。它使人们能透过现象看本质，它的舆论导向性更直接、更公开，因而也更受公众关注。

网络新闻评论当然不是对传统媒体的简单复制。除了具有传统媒体的一般性质外，网络新闻评论自身最大的特点是互动性，是指记者、编辑在评论新闻事件的基础上与网民进行互动，从而推动大众参与讨论，加速问题的解决。当然这种互动首先应当由记者、编辑发起并引导，所以作为网络新闻评论的主导者就应当首先具备新闻评论的基本能力。

那么，新闻评论最基本的能力有哪些？而作为网络媒体的新闻记者、编辑该如何掌握？接下来将对这一工作程序来加以说明。

5.2　撰写新闻评论的几种基本能力

作为新闻评论的撰稿人必须具备对新闻选题的判断能力、对评论立论的把握能力、标题和结构的构建能力、不同类型和各种形式的新闻评论的把握能力。

5.2.1　对新闻选题的判断

新闻评论是对新闻事件及社会现象进行评论,但不是所有的新闻事件都够得上评论,很多新闻事件仅仅作为一种信息的传达,让公众知晓够了,没有必要进行深入解读。比如姚明回国参加集训备战世锦赛,这条新闻严格意义上就是一条信息,其新闻背后没有更深层的意义;又比如某个地方发现了一个双头乌龟,新闻报道将这个奇异生物现象展示于公众(包括图片和视频),满足人们的好奇心,仅此而已。

新闻评论所关注的是那些对当前具有迫切意义的,有着普遍引导作用和产生了一定影响的新闻事件和社会现象,这种影响力可能是即时的,对当下形成显现的效应,需及时加以评论以期产生良好的导向作用。比如2011年3月利比亚发生的内乱事件,它不仅影响了这个国家自身的政治经济,同时也波及非洲乃至整个世界。因为世界石油价格在短期内大幅飙升,给汽车消费者和依赖石油的国家、企业造成了较大的负担。这种影响力也可能是深远的,虽在当下尚不明显,而作为记者、编辑却能从中看出,并作前瞻性的分析,以防患于未然。比如干部使用假文凭的社会现象。这种不正之风的危害性在很多人看来仅显现为一个腐败问题,这一点当然毫无疑义,但这个危害绝不只是局限在干部队伍中,如果长此以往,它还会造成更深刻的社会问题,那就是整个社会对用人机制的普遍不信任,这种影响广泛而深远。新闻评论的作用就是要揭示这个尚不明显的危害性,警示相关部门和全社会进行监督、控制,以维护社会文明的纯洁性。

记者和编辑只有选择了这样的新闻进行评论,新闻评论才有价值。

新闻评论能力的形成需要在长期的实践中获得,且十分重要。它是进入新闻评论的第一步,只要选题正确,就等于新闻评论成功了一半。

5.2.2 对评论立论的把握

利用判断力对新闻进行选择只是规定了评论的方向,接下来要做的是确定新闻评论的主题。主题的确立也有一些基本要求。这些要求体现在以下几个方面:

1)针对性

立论是否有针对性,能不能有的放矢、言之有物是衡量一篇新闻评论作品能否产生社会效应,能否促使事物朝正确的方向发展的首要标志。所谓针对性,指的是立论能够针砭时弊,针对不良的社会风气和倾向性矛盾,针对偏颇乃至错误思想,运用正面引导或批评论辩的方式对症下药,以促使矛盾转化,帮助人们提高认识,产生积极的社会效应。反之,若无的放矢,就事论事,无病呻吟,隔靴搔痒,这样的文章就是文字游戏,只会浪费读者的时间甚至引发其反感,自然也就失去了自身的价值。那么如何才能体现和强化立论的针对性?

(1)针锋相对、拨正导向

这些年来,中美之间存在着既相互依存又互有矛盾的状态。经济上,美国和中国彼此离不开对方,而军事上,美国始终对中国存在着不信任,于是不时地有小的摩擦出现。如1998年中国驻南使馆被炸事件,2001年的撞机事件等。

(2)针砭时弊、对症下药

改革开放以来,中国的高等教育也随之快速发展,不论在招生数量上还是在质量、规模上都在你追我赶地向前迈进,这当然是件好事。于是有人从西方引进大学排行的评价体系,为各大学进行排行定座。这种事本无可厚非,问题出在,"全国有近20家以不同的指标体系对大学进行评价与排名","在不同的排行榜上,同一所大学的排名往往大相径庭;而在民办大学的排行榜上,高校花钱打榜的事情更是稀松平常"。这篇以《谁来管一管泛滥成灾的"大学排行榜"》为题的评论文章进一步指出了它的危害是"大学排行榜不仅成为喧嚣和娱乐,甚至变成了误导公众的信息灾难"。

如果一种社会现象泛滥成灾,误导公众,便成为时弊,而新闻评论就应分析造成时弊的原因并提出相应的对策。文章指出,这近20家的评审机构全都是民间机构,"不仅所援引的数据资料缺乏权威性,统计方法也缺乏公正性、科学性,更缺少必要的公证与监督程序"。由此,导致了信息灾难便是必然。当然,并不是说民间机构就不能为大学进行排行评价。"在信息庞杂而分散的社会里,公众的确需要权威性的大学评价机制,但是什么样的机构才具备大学评价的实力和资质呢? 在大学排行榜这个课题上,究竟是政府主管部门更有权威和公信力,还是民间机构更能做到公正,很难做出有说服力的结论"。但是,"大学排行榜应该具备起码的底线,那就是导向的严肃性、数据采集的准确性和统计方法的科学性,其公正性也应受到社会的监督"。在做了这些分析后,评论文章最后提出"教育主管机关应该成立一个专门的调查机构,对全国 20 多家的大学排行榜的推出机构进行资格审定,对大学排行榜的公正性进行基本评价,凡是达不到起码要求的,应该叫停其发布资格,凡是存在商业贿赂问题的,则应由司法机关予以惩处"。因为"只有政府机关行使有效的管理职能,才能让混乱不堪的大学排行榜回归其应有的轨迹"。这篇新闻评论对混乱无序的大学排行评价机制,确实是一服对症下药的良方,一服可贵的清醒剂。

（3）针对需要、及时立论

2015 年 10 月 16 日新华网刊发网络评论《政府敢啃"硬骨头"市场才能有"肉"吃》,简政放权作为本届政府开门"第一件大事",在为市场松绑、为企业添力方面持续发挥作用,极大地激发了市场活力、发展动力和社会创造力。适逢"三证合一、一照一码"登记制度改革在全国范围内全面实施,作者集中梳理了一段时间以来的相关政策报道,抓住"一窗受理、一表申请、一照一码、一网互联、一照通用"这一登记制度改革新气象,用人们熟知的"五个一"来概括,在业务领导的亲自把关、指导下,层层深入、一一剖析,揭示出"政府啃骨头、市场吃肉"的改革本质。

文章最大的特点是接地气、聚人气,通过平实、生动的语言,恰如其分地运用排比、类比、隐喻等手法,对相对专业、枯涩的简政放权、商事制度改革、三证合一等进行评析,符合新媒体语境下的受众阅读习惯,让人比较容易理解领会、入脑入心。比如,在谈到"五个一"来之不易时,用"在看不见的时空里,不知道还有多少回合的利益交锋,多少场次的部门磋商,多少辗转碰壁,多少协同整合",引发公众的思索与共鸣。

文章适时而出,说理深刻,逻辑性强,在众多同类评论中脱颖而出,得到相关部门领导的充分肯定,在新华网首页突出展示,在各大新闻网站、地方政府网站、新闻客户端等众多平台重点展示,新浪、搜狐、网易等商业网站广泛转载后进一步扩大传播面,增强了影响力。文章一方面让人们看到了简政放权取得的实际效果,对政府与市场的关系有了更直观、更深刻的认知;另一方面,也给政府职能部门和市场主体以"迎着晨光实干"的重要启示,在进一步的实践中实现"宏伟蓝图的价值"。

（4）针对疑惑、说理引导

2006 年 7 月,陕西农民邱兴华用刀具和斧头连杀 10 人,其中还有一名孩童,手段残忍,令人发指。案件被侦破后,公众和舆论一致称快,皆认为这样的案件非死刑不足以平民愤。可就在这时,一个叫刘锡伟的精神病专家和他同专业老伴却在为邱兴华案件奔走呼吁。他们要求有关部门对邱兴华进行精神方面的鉴定,以确定其是否由于家族的精神病史而导致行为失常,如果是,那对邱兴华的量刑就应有相应的考虑。一石激起千层浪。大家都表示极大的不满和疑惑,认为杀人偿命此乃天经地义,自古皆然,甚至认为,像邱兴华这样的恶性案件连辩护律师都无需指派就可以直接进入审判,为何还要以精神问题为一个杀人犯开脱罪责?为此,《南方周末》的头版专栏"方舟评论"撰写了一篇文章《试看邱兴华案的天下之"大韪"》。评论写到:

> 想必很多人难以接受:首先,10个惨死的人的亲属可能就不答应;被血腥激起的"民愤"也不容易平息;还有,邱案的办案人员也会因此承受巨大的压力。这,或许就是邱兴华被捕两个月有余,一审也已审结却至今未获精神病司法鉴定的阻力所在。

> 邱兴华一审时的辩护律师,就没有为自己的当事人提起坚定的要求,之所以没提,是因为他"不敢冒天下之大不韪"。

评论接着进一步分析了导致邱案未得到公正审理的原因在于:

> 答案很明显,就是一种全社会依然普遍存在的思维定式——"血债要用血来还""不杀不足以平民愤""坏人没有人权"。

> 这种"天下之大不韪"的惯性如此强大,有时甚至连一个精神病人都不肯放过。但现代法治之所以赦免、减轻一个精神病人的罪责,就在于法律只能处罚有主观恶意的人,对于不能辨认或者不能控制自己行为的精神病人,完全不适用"好汉做事好汉当"的习例,无论其如何危及社会,都非出自他的自由意志,国家只能医治他、保护他而不是处罚他,因为处罚不仅毫无意义,反倒是一种毫无人性的做法。这,彰显的争议是一种大慈大悲的人道情怀,是一种文明的法治精神。

可以说,这篇评论本身就"敢冒天下之大不韪",为邱兴华和替邱兴华案件奔走的精神病专家刘锡伟仗义执言,当然这个"义"是建立在法律意义上的,追求文明执法的话语,也使人们对人权有了全面理解,释清了公众的疑惑。

2)新颖性

很多情况下,记者之所以要对一件事评论是因为他们看出了一般人没有看出的问题要害,或是对事件和现象有着独到的认识视角,这样的评论就具备了新颖的意义。炒冷饭、议论别人早已议论过的事和现象是新闻评论的大忌。社会现象和新闻事件经常有相似的重复,比如食品安全问题,在中国已经不是一天两天的事了,记者不能在每次问题出现时就评论说要加强监督,要商家建立诚信,这未免老调重弹。新颖性就是要给读者新的刺激点。

新颖性也具有以下几个层面的含义。

(1)论题新颖、见解独到

新颖的论题是指评论所提出的论题能发现的矛盾,或对再次发生的类似的事件有新的主张和见解。

2011年4月13日,上海媒体曝光了该市的华联超市销售对人体健康有害的染色馒头。当学生根据教师布置撰写评论时,仍旧没有跳出以往已有评论的窠臼,论点中无非是要政府有关部门加强管理监督,批评商家利欲熏心,呼吁树立经商道德等。这些当然也不会错,但是这种评论早已有之,再说就没有新意了。对于这种屡禁不止的事件,能不能做更深入的思考?比如立法和如何保障法律的有效实施等,如果能思考出这样的对策,那评论可能就有了新意和深度。

(2)思维辩证、一分为二

马克思主义哲学的核心就是唯物辩证法或辩证唯物主义。这不仅是世界观,也是方法论。它教会我们如何用辩证的、发展的眼光看待事物,分析矛盾。有时候用辩证的视角进行新闻评论也是十分必要和有效的。比如2008年中国汶川发生了8.0级的大地震,当地人民的生命和财产都遭受巨大的损失。这当然是一件谁也不愿接受的事实,但是在地震过后,有媒体就此次地震中,国人万众一心战胜自然灾害,中华民族的凝聚力极大地增强而发表了鼓舞人心的评论,从坏事中看到了好的方面。评论以辩证的眼光看待自然灾害对人类的影响,能够提振人的精神和士气。

一些错误观点的出现常常就是缺乏对事物正反两极的关照,忽视了矛盾在一定的条件下会相互转化的可能性,因而导致评论要么就事论事,要么静止片面。这样的评论在认识上违背了马克思主义哲学最基本的原则,所以是一种不该犯的低级错误。

(3)视角新颖、重构意义

有些新闻由于意义过于显现、明了,似乎没有什么评论的价值,但是如果记者、编辑用心思考,可能会找到一个独特的视角来赋予评论新的意义。这样,就能从平常中看到了不平常。比如,我们都知道领导干部的假文凭是腐败的产物,如果评论就此而论,似乎没有太大的意义,谁会不知道它是滋生腐败的一种形式呢?而有一篇评论就以独特的视角看待干部假文凭问题。文章认为,"干部假文凭造成的腐败的危害众人皆知,但是它所带来的全社会用人信任的危机却是隐蔽持久的。它势必造成人们对人才使用和干部提拔的普遍不信任。长此以往,谁还能以正常的方式走上领导岗位呢?"评论如此地分析,必然使读者对干部假文凭现象就有了新的认识和更深刻的反思。这是独特的评论视角带来的效果。

3)准确性

准确性是新闻评论从立论到论证整个过程的前提,没有这个前提的保障,新闻评论不仅会失去它的严肃性和公信力,甚至导致人们思考和行动的混乱,从而造成舆论导向严重偏差。

准确性包括论点准确、论据准确、论证科学。准确性是在其对立面——"不准确"上建立起来的,所以在下面的举例中,将以一些媒体评论和学生习作的错误来做说明。

(1)论点准确

论点是新闻评论的核心灵魂。论点一旦发生偏差、错误,那整篇评论不仅是废品,甚至还可能产生不良后果,变成舆论灾害。例如,曾经有一家报纸载文提出"怎么赚钱怎么干"和"大利大干,小利小干,无利不干"的论调,这种利益至上、唯利是图的价值观对大众追求和实现文明和谐社会的目标显然相悖。多劳多得符合社会主义阶段的分配原则,会赚钱也是令人称道的事。但是这篇评论的论断存在两个问题:其一,如果要人们"怎么赚钱怎么干",那么言下之意就是只要能赚钱,什么违法违心的事情都可以大胆去做,这绝对是对人们行为的误导;其二,如果以利益的大小、有无来计算自己对一件事情该付出多少精力,将劳动的付出完全等价化,那一个社会还会有理想,还有精神可言吗? 一个人岂不也变成了利益的躯壳。

(2)论据准确

论据准确是要求记者、编辑使用的例证必须实事求是,符合现实,而非虚假片面,不做区别。曾有一篇评论说"中国电影几乎遍及全世界,到处受到热烈的欢迎和赞赏,很多影片创下了当地的卖座纪录"。这样吹牛,确让人好笑。实际上,中国电影在一些资本主义国家是不太被知晓,甚至还受到排斥,除了不同历史文化的因素外,政治体制不同也是重要的原因。尽管近几年中国有一些电影在国际上获奖,但并不代表中国电影已经"遍及全世界",论据显然不符实际。还有评论称赞山西某地农业发展成就,用了这样的论据:"进入山西××县境内,走进任何一个村,都会看到牛马成群,圈肥高堆,一派兴旺景象。"这种语言似乎又回到了 20 世纪中国的"大跃进"文化语境中,一味浮夸,言过其实。大家都知道事物发展是不平衡的,"任何一个村子"都是"一派兴旺景象"显然是把话说得太死、太绝对。再说,作者也不可能把每一个村子都走一遍,怎么能只看到了几个村的情况而想当然地认为这就是全部的事实。

在中国,很多时候这一类的宣传是由当地政府策划组织,为的是彰显政绩,他们往往会选取几个代表和典型,然后请各路记者前往参观,再为他们做正面宣传,这不能说其作假而拒之报道,但是记者在使用论据时要谨慎求实,不可以被部分现象迷惑而犯了以偏概全的错误。

(3)论证科学

论证的科学性是指在行文过程中要有顺畅的逻辑段落和语句,使用科学、准确的概念词,用语符合规范等。下面是一些在评论和学生习作中见到的词语文句,笔者将其举出以防学生在评论写作时误用。

①词语概念错误。

例一:知法犯法,罪加一等。

这种说法不合法规,《中华人民共和国宪法》规定,中国公民在法律面前一律平等。这表明,任何人无论其政治、经济、社会地位等有何差异,只要违法事实和情节相同,在定刑和量刑上都应一视同仁,不能随意"罪加一等"。

例二:法不责众。

这句俗语反映了小生产者特有的无政府主义心态。在中国有较为广泛的社会基础。

法律是国家强制力保证执行的具有普遍约束力的行为规范。法律的这种属性要求一切政党、机关、团体、企业、组织和全体公民,都必须遵守宪法和法律,违法者都必须受到追究。因此,"法不责众"的观念与法制观念背道而驰。

②语法逻辑错误。

例一:共产主义理想是中华民族的精神支柱。

这是某报评论文章的标题,这一判断是不合逻辑的。共产主义是近百年来才出现的无产阶级的革命学说、立论体系和实践运动,而中华民族的存在则已有数千年之久。难道说在 2 000 多年以前,共产主义就成了中华民族的立论体系?显然是不合逻辑的,更不符合事实。标题应改为"共产主义理想是我国无产阶级先进分子的精神支柱"就比较合适了。

例二:最好水平。

这不合语法规范。水平只有高低之分,而没有好坏之差,好坏只是表明人们对这种水平高低的喜欢或不喜欢。可以说某项纪录、某项成绩最好,但不能说水平最好。

例三:基本属实。

这也是不合语法的表述。总要有个数量词问题,或者说是程度问题,才用得上"基本"二字。基本如何如何,意思是十之八九如何如何。比如说:基本可行、基本有效、基本同意、基本够用等,这些都是有意义的。反之,像基本必要、基本严重、基本发烧之类,语言学家吕叔湘就认为不好理解。他还打趣地说:"要说二加二基本等于四,或者说某某和某某基本不结婚,基本不生孩子,那就等于说笑话了。"

③段落间逻辑断裂。

这是一篇学生写的评论文章,习作题目是《冲动的代价》。

学校两侧到处都是各类小吃店、快餐店,吃完快餐到处都是各类的一次性筷子,满地都是使人触目惊心。

一次性筷子又称卫生筷,顾名思义就是使用一次就扔掉的筷子,据闻一对筷子的成本只要几分钱,一转手利润何止几十倍,因此一次性筷子的生产虽然几年前就被国家禁止,但事到如今却屡禁不止。一颗树要长10几年才会成材,一颗树要做成筷子也要许多程序。但在餐桌上,人们吃完饭一甩手就把它丢了,一双筷子就这样结束了自己的"使命"。

其实我们可以把用过的筷子回收再利用,把它们重新打成木浆,制成纸,那么筷子一生的旅途就不会如此短暂。要不然,树木就会遭破坏,大自然就会向人类发怒,人类就会大祸临头。聪明的人们啦,请你们手下留情吧!(注:文中错误之处是按原文保留,非转摘笔误。)

作为一篇评论文,除了语言表述十分浅显幼稚,主要问题在于思维和逻辑摇摆。比如,第二自然段突然出现的卫生筷暴利问题,那么文章的逻辑线条不是沿着环保主题往下走,倒形成了另一个问题——暴利的探讨,虽然文章也没有继续就这个问题写下去,至少在行文上出现了摇摆。文章标题为"冲动的代价",但是生产、使用卫生筷如何体现为人类"冲动"似乎没有信服人的说明。再则没有抓住卫生筷中的"卫生"二字,分析其是否卫生以及使用者乱扔造成的环境问题。文章对这一问题的认识只有一个角度:卫生筷对森林的破坏,而且是三言两语直奔主旨,中间缺少必需的分析和举证,因而显得语言和段落间逻辑断裂痕迹十分明显。

5.2.3　标题

当确定了新闻评论的选题目标和立论见解之后,接下来就进入了写作阶段。这时候,首先要做的是如何给评论拟个标题,同时思考用什么样的结构来完成这篇评论。这就好比盖一座大厦,要确定大厦的建筑名称和整体结构。

1)新闻评论标题功能

按照阅读习惯和接受的心理规律,标题总是率先进入人们的阅读视线并决定着读者是否继续往下读。因为标题是对内容的高度概括,它运用最简练的文字把评论的范围、主要见解、作者立场和情感诉求都表述出来。有人说它是评论的"眼睛"。的确,一个好的评论标题能以"目"传情,以"目"传心,这里的"心"是指作者的思想观点,在让受众对评论的内容或见解一目了然的同时,产生吸引和打动受众的效果,使其萌生看完(或听完)评论的欲望。当阅读(或收听、收看)完之后,再反观标题,仍感受到它贴切、精当、隽永的意蕴。

如何拟定出好的标题? 可以从这几个方面努力。

(1)提示论题

在新闻评论标题中,有相当一部分以提示论题范围和内容为主要目的,在标题中明确告诉受众评论要评议的事物和问题,这是标题最基本要素。没有特殊情况一般不要偏离这个要素,因为它是受众最先要了解的信息,以确定是否继续读下去。其他的要素是在这个基础上建立起来的。

当然,在报纸、杂志等纸质媒体上,有时标题并没有对论题进行提示,这种标题旨在更醒目地表达主题、观点、概念,甚至是一种情绪,但也带来突兀的问题,读者会不知所云。为解决读者的茫然,往往要配上一个副标题,来对主标题进行补充说明。

例如,《人民日报》曾在 1982 年 10 月 18 日发表过一篇社论,题为:

回答一个问题　　　　　　（主标题）

—— 翻两番为什么是能够实现的　　　（副标题）

如果单看主标题,读者肯定不知道论题究竟在什么范围内分析议论,作者要回答一个什么样的问题,这个问题对他们来说又有什么意义,所以标题看上去较为突兀。当在下面补充了一个副标题"翻两番为什么是能够实现的",这就把文章内容概括出来了,解决了读者的疑惑。但作者之所以没有直接将副标题写成主标题,就是为突出评论的主题,解答人们对中国经济发展可能存在的疑感。如此设置主标题会比单纯用副标题为主标题更有悬念感,因而也更吸引读者的眼球。

需要说明的是,尽管网络评论基本也是以(电子)文本形式出现,但其标题却没法享用纸质文本评论标题的更为灵活的方式。它必须恪守单标题和用来提示论题的原则。这是因为网络的版面排列和纸质媒体的版面编排有所不同。如果点击鼠标上网,找到网络新闻评论的页面,可以看到,网络新闻评论的标题与新闻信息标题一样是分行排序的,每个标题只有一行字的空间,不会再出现副标题,只有点击这个标题后才能进入看到具体内容。如果在页面上的标题没能涉及论题的范围,造成了不知所云的效果,那受众就无法去关注作者的评论。

下面是新浪网新闻首页 2011 年 4 月 18 日《天下论坛》栏目的一些评论标题。

- 红十字会一顿饭花去近万元(图)　人民爱心你伤不起
- 央视连续报道救狗行动目的何在?　此举大不妥
- 两天死六次,TVB 想弄死他(图)　一个龙套的成名之路
- 真实经历:出租房的神秘女人　看得透不过气来
- 幼儿园老师你怎么能这么教我的孩子　反而学坏了
- 女主管感叹:我也不想招女员工　女人找工作不容易

以上标题以单行排序形式,并无一不涉及文章的论题。而它后面跟的一句话可能是网民的感受或对文章阅读效果的评价,而不是副标题。虽然它看起来与原来的样式有些"不搭调",但这正是互联网互动的优势,它把本来只有媒体独占的话语权空间变成人人可以加入的"共同圈"。

(2)体现态度

新闻评论从本质上讲是一种主观性产物。因为任何见解、评价都将带上评论者自身的价值取向。因此,利用新闻评论的标题直接表明作者对新闻事件或社会问题的态度、意愿、看法和价值评判,就成了新闻评论标题的一个重要功能。在这类标题中,不是以见解的新鲜取胜,而是以态度的鲜明见长。特别是对那些似是而非、似非而是和部分政策界限不够分明的现象,或者是一些特别需要强调的问题,借助于这类标题,可以起到明辨是非、扶正祛邪的作用。

例如,在大部分国人心目中,派运动员参加奥运会就是为夺取金牌,此外其他都没有意义。而这更是参加各个项目比赛的国家队从教练到队员的唯一目

的。最能说明问题的就是在悉尼奥运会上,曾获得过上届金牌的射击运动员陶璐娜因发挥失常而没有进入决赛后,教练许海峰冷冷地对她说:"收拾好自己的东西,你可以回家了。"对于这种不健康的金牌观念,《海峡都市报》2002年9月20日发表了一篇评论,标题为:

健康金牌观比金牌珍贵　　（作者　王传宝）

标题明确地表达了作者呼唤树立正确的体育比赛观念和弘扬奥运精神,对于消除人们较为普遍存在的错误的思想情绪起到良好引导作用。又如:

治一治一些官员的"强制情结"　　（作者　李克杰）

这是福建《海峡都市报》关于河南省西华县、通许县政府官员强制当地干部、教师入股农村信用社做法的评论文章。此标题,作者的情感强烈,用语硬度高,倾向性明了,显示了作者浓厚的民生意识。

（3）引发兴趣

"提示论题""体现态度"这两点是标题的必要条件,不管怎样拟标题,它们都是不可缺少的因素。而"引发兴趣"是一个难以定性的要求,取决于拟定标题人的灵活思维和文字修养,是一个技巧性问题。它能为标题增色添彩,从这个意义上说,对"引发兴趣"的要求是没有最好,只有更好。之所以要这样做是因为标题是内容的高度概括,是理性的产物,假如能以形象、趣味语言代之,显然更能吸引人,引发受众兴趣。

2011年3月15日,央视《焦点访谈》栏目播放了一个专题节目,题目叫《揭秘"健美猪"》,这个标题一下子就引发了人们的兴趣,因为猪也喂出了发达的肌肉,这与人们以往对猪肥胖的印象大相径庭。观众不禁要问,猪又如何健美,其中究竟有何不为人知的秘密?于是必然顺着节目往下看,这样标题的目的就达到了。

"引发兴趣"的标题不单可以有趣、诙谐,还可以隽永、富有诗意。2006年12月20日,相声大师马季先生逝世,这对中国曲艺界来说是一大损失。媒体纷纷撰文,或悼念大师,或分析评论国内相声将受到较大冲击等,基本持一种沉重基调。但有一篇评论独辟蹊径,大胆想象了将马季的笑声延续到其身后。评论的标题就很有特色:《马季走了,天堂多了一抹笑声》,一扫舆论的沉重悲哀,使人们在更高的层面上理解生与死的意义,很有意蕴。

2）新闻评论标题的基本要求

在拟定新闻评论标题时,基本应遵循以下几个基本要求:

（1）贴切

所谓贴切首先要求文题一致。题目是对评论中心论点的提炼,论题范围的概括,是内容的高度凝缩,所以题目的含义必须能涵盖评论。有人形象地将二者比喻为帽子和脑袋的关系。帽子就好像标题,文章好比脑袋,帽子的尺寸应当以脑袋为准,大了,说明标题含义太泛,不能紧扣文章主旨;小了,说明标题含义太窄,而文章的内容已经撑破了标题的边界。于是造成了"大题小做"和"小题大做"的两种结果,这是初学者常犯的毛病。当然也有文题根本不符,"牛头不对马嘴现象"。某报曾刊登一篇评论,题为《韩国看不上爱国者》,乍看会使人理解韩国人居然对爱国人士不屑一顾,再看文章才发现这个"爱国者"是美国的一种导弹,而非一类人。这种文题不符的问题或许是文章作者的一时疏忽,因为谁都知道,只要给爱国者加上引号就不会产生歧义了。

其次,标题贴切表现在词语运用准确恰当。这要求撰文者对使用词语的含义准确掌握,切莫望文生义,滥用辞藻。曾有作者将一篇评论的标题写成《要春风化雨　不要耳提面命》,作者显然是把"耳提面命"理解成"提着耳朵当面训斥"的贬义词,实际标题两组词含义相近,都有"教会殷勤恳切"之意,作者却把它们对立起来,落得个贻笑大方。

（2）精练

评论标题与所有文章标题一样,也讲究精练。这里有两个层面的含义,一是指标题结构简单,只用单标题,而不用两个及两个以上标题。这是网络新闻评论的版面要求,其原因前面已经说明;二是文字简约,要言不烦,一般而言标题的字数最多不应超过 14 个。

一些好的标题会借用名言名句使之更醒目。因为名言名句都是经过千锤百炼而锻造出来的语言精华,精练程度毋庸置疑。比如,1989 年国庆 40 周年,《经济日报》发表了社论,标题就是一句五字的格言《四十而不惑》。作者巧借孔子名言,回顾中华人民共和国 40 年来走过的风风雨雨,更坚定在社会主义道路上的不惑信念,既贴切又精练,给人留下深刻印象。

初学者恰恰在使用名言名句时不知如何精练,以为引述的话语尽可能悉数用尽才可靠,有一位学生曾写过一篇评论,题为《清谈误国　实干兴邦》,这个标题借用古语把一对矛盾都揽了进来,那是势必在文章中评论两方面问题:如何不清谈,怎样实干。论文的中心被分散了,也导致文章篇幅太长。无独有偶,1991 年国庆 42 周年,《人民日报》发表一篇社论,也涉及同样的论题,但社论题目只有四个字《实干兴邦》,略去了"清谈误国",使评论内容集中,主题鲜明,标题也更为精练。

（3）生动

评论标题要想吸引眼球或先声夺人,形象生动非常重要。生动的标题能赋予文章新意和活力,既能抓住受众,又让人过目难忘。应当说,这是所有文章标题拟定时的要求。这与前面标题功能中的"引发兴趣"是一致的,"生动"也是只有更好没有最好。

①标题一般是内容的概括,使用陈述句较多,在情绪上引不起受众的注意。如果将表述句式进行变换,变成引发思考的问句或表达情绪的感叹句等,效果可能就完全不一样了。

● 变陈述句为疑问句、反问句或质问句。如《海峡都市报》2004年6月30日一篇评论题为《"贪"多少才会走上断头台?》,另一篇对有关部门出台打击出租拼车行为规定提出质疑,题为《"拼车"非得严厉打击吗?》(海峡都市报2006年8月25日)

● 变陈述句为假设句。

● 变陈述句为感叹句。

②如果把成语、谚语、俗语等引入标题,采取直接引用和变化引用的方法,可使标题言简意赅,还能带来新意。

● 活用成语、谚语、俗语。

● 可用易字法。

● 利用谐音法。

③现代汉语的修辞手法有多种,经常使用的有比喻、比拟、借代、双关、对照、连珠等,这些手法都可以用于评论标题的拟定。

● 比喻。利用事物间的相似点,以此物来描绘或表现彼物。如《海峡都市报》关于小费问题的论述,题为《国内游小费制是"早产儿"》(2004年5月11日)。评论把国内某些地方推行小费制度做了个形象的比喻,说明传统文化观念使中国人对小费文化尚不易接受,这种西方植入的文明就像早产儿那样先天不足,表达作者的担忧与遗憾。

● 比拟。即借助于想象力把人当作物或把此物当作彼物来描述。比如《人民日报·国际札记》的《奥斯维辛醒着》(1996年3月20日),采用拟人手法,使奥斯维辛集中营有了生命和知觉,以其"醒着"来提醒世人不要忘记血的历史。"生动"的一个解释就是"富有生命的动态"。比拟就可以把没有生命的事物变成有生命的形态,达到生动效果。

● 借代。即借用事物内部或外部不可分离的相关关系,以与事物相关的部分名称替代事物的本体。如2004年世界杯亚洲预选赛,中国国奥队在武汉输给了对手,舆论一片指责。《体育报》就此写了一篇措辞激烈的评论,题目为《国奥之死,足协怎办?》就是用了借代的手法,表达了作者毫不留情的批评和质问。

● 双关。即在遣词造句时是一个意思,而暗中又隐含着另一个意思,造成一语双关的效果。

如江苏某县一粮库连年被评为"四无"粮库,实际上霉烂、虫蛀等情况都有,只不过他们把霉烂的稻谷统统挖坑埋掉了。《人民日报·今日谈》以此为由头的新闻评论题目为《当心有"坑"》(1985年12月13日),提醒领导机关把工作做细,一要担心有这样的大坑,二要当心挨"坑",小心上当。类似的标题还有央视《焦点访谈》播出的《巨额粮款化为水》(1996年12月7日),其标题也有两层意含义:一是明指农民的粮款都用作建造矿泉水厂,变成了矿泉水;二是暗指农民的血汗钱换回的是一纸白条,犹如东流之水,有去无回。

● 对照。即把两种相互矛盾的或悬殊巨大的事物、现象、思想、做法等放在一起对比,从而形成强烈的反差。如《中国物资报·新视角》的《慷慨与吝啬》(1993年11月22日),《人民日报·人民论坛》的《"良言"与"忌语"》(1995年8月18日),《人民日报》编后小议《近忧与远虑》(1990年9月19日)等就是把正与反、美与丑、新与旧等作为对照的"两极",在比较与反差中体现评论开阔的视野和辩证的态度。

● 连珠。即把词语或句子在组合过程中加以颠倒重复,使其首尾呼应,形成回环。如《人民日报》"漫话"的《"官钓"与"钓官"》(1989年1月7日),《健康报》署名评论《专家鉴定与鉴定专家》(1991年1月6日),《经济日报·每周经济观察》的《咨询业需要咨询》等。其中《专家鉴定与鉴定专家》一题,"专家"与"鉴定"二词都分别出现两次,而两词的组合顺序正好颠倒,"专家鉴定"指的是事,"鉴定专家"指的是人。标题通过词语连珠与回环,把"正是因为有了数不清的专家鉴定会,才造就了一批鉴定专家"之意委婉地表达出来,其中还隐含着某种讽刺的意味。

5.2.4 新闻评论的结构

写文章讲求谋篇布局,这就像盖房子,首先必须搭建合理的结构,使房子实用、安全。在这些基本条件达到后,才讲究结构的新颖独特。网络新闻评论属于议论文性质,因此首先讲求结构严谨。只有严谨的结构才能保证文章思路清晰,逻辑顺畅。

不要把严谨的结构想得太复杂,其实从新闻评论来说,不论何种媒介的评论,都有一个总体相似的结构格式,将其称之为评论的"三段论式"。即提出问题、分析问题、解决问题。

1)提出问题

提出问题往往就是评论的缘起,称为"新闻由头"。任何一篇评论,基本都是从某个新闻事件、社会现象说起,然后进入分析。也有人把这一部分叫"引论",没有它的引入,评论成了无源之水,无本之木,所以这部分的构建是必要的。

2)分析问题

这是新闻评论的核心部分。怎么分析问题,并找出本质和要害,是新闻评论最主要、最根本的任务。这部分最能体现评论员的水平和一篇文章价值的高低,所以作者往往在这部分会尽心考虑使用怎样的逻辑技巧。为了便于掌握,本书梳理出三种技巧。一般而言,这些技巧在分析新闻及社会现象时已经够用了。

(1)辩证式(一分为二)

唯物辩证法是马克思主义哲学的精髓,它既是世界观也是方法论,从方法论的角度来看,它要求我们看待客观事物的矛盾必须以辩证的、一分为二的观点。新闻评论本来的任务就是要揭示、分析社会中的种种矛盾现象,研究矛盾体如何在一定情况下的相互转化。因此,辩证法或一分为二的思维技巧就必然经常被使用到。

2008年5月我国四川汶川地区发生了震惊世界的大地震,夺走了近十万同胞的生命,造成了数千亿财产的损失。这种自然灾害谁也不希望遭遇,但它又不以人的意志为转移,是人类主观无法控制的,灾害过后,全国人民万众一心,共面困难,留下了许多感人肺腑的事迹。于是有媒体就针对这次大地震进行了这样的评论:一方面,地震是一个灾难,我们确实不希望它来打扰人类,但它又不以人的主观意志而动,我们只有尽可能做好提前防范;另一方面,汶川地震极大地激发了全国人民战胜困难的斗志,增强了中华民族的凝聚力,我们应当把它看作一个难得的历史契机,更好更快地建设社会主义,早日实现中华民族的伟大复兴。评论用辩证的观点分析地震给我们带来的"弊",和让读者看到的"利",将坏事变成好事,给人以乐观向上的精神引导。

食品安全问题是这些年来一直困扰政府和百姓的问题,从婴幼儿奶粉事件、猪肉内含的瘦肉精、猪肉变身牛肉到染色馒头,问题食品层出不穷,企业普遍出现诚信的缺失。人们呼吁立法,要求企业建立商业道德。媒体的评论自然都是批评的声音。但是香港凤凰卫视资讯台的《金石财经》栏目邀请的评论员石敬平先生在节目中以辩证的眼光透视国内的食品安全问题,他认为,食品不卫生确实是一种不道德的商业行为,但这里也存在着食品行业巨大的商机。如果有一些企业,能利用整个社会对食品问题存在的担忧心理而很透明地向消费者展示自己安全生产的全过程,并请社会加以公开监督,就可以树立其品牌,获取较大的利润。这样的评论就因使用辩证思维而带来了新意。

有时一件好的事情也会有不尽如人意的缺憾,来看《南方周末》2004 年 4 月 29 日的一篇评论《妞妞事件的进步与遗憾》(作者　乔新生)。

一个年轻的女孩子,独自出国留学,学成归国之后,投资数百万元拍摄一部电影,当地政府发出文件,要求在校学生组织观看。有"好事者"调查了妞妞的背景材料,发现其父为深圳市委的副书记,于是媒体掀起了一场质疑,最后,该领导向公众道歉。

这就是当时被社会各界广泛关注的"妞妞事件"所蕴含的丰富内涵。

这次事件至少给我们这些启示:首先,它告诉我们,中国社会正走向开放,公民权利正在得到尊重,更重要的还在于,它预示着中国的社会政治生活正走向光明。

不少人习惯于透过事件窥探所谓的钩心斗角,而没有看到事件披露过程体现出来的巨大社会价值。在一个透明的社会,每个人都是监督者,每个人也都是被监督者,在相互监督的生活空间里,拥有公共权力的人将有所顾忌,顾及公众的感受与利益。

过去,许多腐败案件报道大多属于歪打正着,唯独这一次,新闻媒体表现出空前的自觉。从总体看,媒体在报道这一事件时,已经从平面走上了立体,已经能够透过新闻现象看到问题的本质。只要媒体坚持这样理性、客观的报道风格,将极有利于社会问题的稳妥解决。

历史是由许多巧合组成的,但历史的偶然源于必然。当整个社会主体多元化之后,每一个利益阶层必然会寻找自己的代言人,媒体的多元化也就成为非常自然的现象,这是现代社会的常识。

"妞妞事件"总有平息的时候,媒体在报道这一事件的方式和进程上已经有了不少的收获。只有在整个社会日益透明的情况下,这类事件才可能被曝光。

不过,在新闻媒体"胜利回师"时,也留下一些遗憾,媒体为什么不对有关官员的财产状况作进一步披露? 还有的就是,很少有人去反思:那个被称作事件主角的女孩妞妞是不是无辜的? 她的作品是不是无辜的? 她的家庭她无法选择,不能因为她的父亲是某领导,因为公众对"集体组织观看"的声讨,就将她的作品不加辨别地全部否定? 为了推动社会的整体进步,是不是就要无视一些人的权力被连累、乃至被侵害?

（相关背景材料:妞妞,真名李倩妮,曾留学国外,写过小说《长翅膀的绵羊》,讲述一个 16 岁的少女留学国外的经历,并将之改编成电影。）

（2）并列式(蒜瓣式)

这项思维技能要求作者在分析问题时,以全方位视角看待事物存在的所有因素。这些因素放在一起同等重要,缺一不可,就好像围着一根中心轴的蒜瓣。这样在提出解决问题的办法时,就有明确的针对性。忽略或遗漏其中一个因素可能会导致问题不能被真正地解决。

曾有一篇评论谈到政府应如何监管汽车贷款问题,题为《政府应如何监管车贷市场》,就从横向入手分析,将政府应采取的做法一个一个地梳理出来:

……

那么政府应该如何监管车贷市场呢? 应体现如下几个方面:

政府在车贷市场中应该是"掌舵",而不是"划船"。这就是说,政府应当充当裁判员角色,制定各种规则。具体而言,政府应为贷款人和借款人提供公平的信息交流平台,使得借款人没有机会采取欺骗行为获取借款,使得贷款人可以鉴别借款人的诚信程度;不将公共风险转嫁给车贷市场的各个主体,让每一个主体建立自己的风险管理体制。

政府在车贷市场中还应是"制裁",而不是"限制"。这也就是说,政府不能因为某一个"运动员"可能违反规则,而事先限制他参与比赛。相反,应该给予这些运动员参与比赛的资格,而一旦违反规则之后,给予严厉处罚。具体而言,政府应当充当贷款人和借款人合同纠纷的仲裁者、处理者和执行者,而不是具体合同内容的制定者和干预者。

评论在列举了政府应当采取的几个方面的措施办法,最后再总结性地分析这样做的良好效果是:

政府如果能够在车贷市场充当这些角色,那么车贷市场的"宪法性文件"必然是公正性的规则,无论是赢家还是输家,都会赞同这一游戏规则,而不会出现对游戏规则本身的争论。

众所周知,互联网的诞生和发展逐渐为大众提供了一个话语空间,人们不仅可以在上面发布信息,更可以在网上进行新闻评论,这无疑是历史的进步。但也应该清醒地看到,事物总有它的两面性,网络评论在进步的同时也伴随了一些不负责任的评说乃至攻击、谩骂现象,不仅污染了网络的环境,还导致社会舆论导向的严重偏离。为此,一些有识之士就此进行呼吁,要求网络评论者应当帮忙而非添乱。下面就是一篇有关网络评论的评论,而作者采用的正是并列式分析的方法。

网络评论如何帮忙不添乱

来源:人民网 关键字:网络新闻;评论;网络媒体;网络舆论;网络传播
作者:赵愫简 时间:2010-12-01 17:27

《传媒》供稿

现如今,网络新闻评论在舆论导向上的作用越来越受到关注,业界对网络新闻评论的研究更加深入。本文着重从舆论导向性这个角度,对网络新闻评论的优势和作用重新进行梳理,并对存在的问题和解决方法进行进一步探讨。

网络新闻评论的优势和作用

作为新型媒体,网络具有时效性强、互动性强、平民化的优势,而作为网络媒体的派生物,网络新闻评论除具有相应的优势以外,还具有很强的统计学特征。

时效性强。网络在新闻时效上占有独特的优势,借助于网络,新闻评论的更新速度大大加快,只要受众打开网页,就可以收看到最新信息,并发表评论和意见。例如,最近热播的古装电视剧新版《红楼梦》就引来网友们的关注和热议。在各个论坛上,网友们的评论随着每集的播出而不断更新,从化妆服饰、演员演技到是否忠实于原著,对这部电视剧的评论每天都有新的话题和新的焦点。这就充分显示出网络新闻评论即时性的特点。

互动性强。传统的新闻媒体是党和政府的耳目喉舌,媒体代表受众实施舆论监督,受众在整个过程中处于被动接收信息的地位。而在网络新闻评论中,受众可以在第一时间对某事件作出反应,发表评论,体现出强烈的参与性。每个人都可以将自己知道的信息传递给别人,并接受别人的反馈和评价。不同阶层、年龄、性别的网友在论坛上畅所欲言,各抒己见,充分表现出网络新闻评论的互动性特点。

言论平民化。传统媒体在行使舆论监督时,官方色彩浓厚,受众对于媒体具有很大的被动性。在传统媒体中作出评论的往往是权威人士或专家,他们对事件发表见解,进行评论,有时忽视了或难以顾及普通大众。而网络新闻评论则表现出平民化立场,带有自发性,并体现出普通大众的愿望和需求。无论是国家大事、国际新闻,还是生活中出现的新变化、新事物,任何一个网民都可以就自己感兴趣的事件发表见解,而且其言论可以直接进入公共视野。这种平民化特色使网民的评论在一定意义上是纯客观的,更接近事实的真相和人们的心理预期。

可统计性。由于网络评论的平民化和即时性等特点,使得网络评论具有传统媒体新闻评论不可能具有的统计学特征。现在不少网络媒体利用网络评论的这一特点,设立针对某一新闻事件的不同观点的统计功能,以此来分析民意,导向舆论。各级政府部门也越来越重视网络评论的统计作用,将此作为了解民意的一个渠道。例如人民网"强国论坛"专门设置了一个"辩论大厅"版块,每天都会发布不同领域的热点事件供网友畅所欲言,并统计出正方、反方和第三方的得票数。如2010年9月10日,论坛上发布了"教师节是否该取消"这一话题,该帖子一出,几千名网友纷纷发表自己的看法。据论坛统计,针对该话题的总访问量达到3 458人次,其中正方98票,反方1 824票,第三方44票。这几个数字直观地说明了网络评论具有统计性特征。

(3)递进式(剥笋式)

有些事物,其问题并非以显见的并列方式呈现,它的复杂在于,有的是让人直观看到的浅层矛盾,有些则是不易看到的深层矛盾,有时浅层矛盾又常常掩盖着深层矛盾。如果评论人被表面现象迷惑,挖不出问题本质或要害,那永远不可能向评论的深度挺进。一个有水平的新闻评论员就应当有这种能力,即透过现象看本质,通过层层分析、筛滤,找出问题的根本,启迪受众,提供解决问题的有效路径。这也像是剥笋,将表层的笋壳一层一层地剥去,最后剩下有用的笋心。如果把并列式看成一种横向展开的结构,那么,递进式就是一种典型的纵向结构。

《南方周末》2006年2月23日在其专栏的"方舟评论"上发表文章,内容围绕改革争论的问题。文章正是以递进的论述方式,让人们对中国如何进一步进行改革有更本质的认识。下面来读一下这篇评论。

聚焦改革争论

徐友渔

不绝于耳的争论提醒我们,应该对改革进行认真的反思与总结,明确改革要进,还是要退? 如果要进,哪些应该坚持,哪些需要调整?

首先要明确的问题是,中国该不该搞改革? 当几乎所有传统社会主义国家都走上改革不归之路时,对这个问题的回答是不言而喻的。改革不是谁的一时心血来潮,改革是被客观形势逼出来的,再不改革,国家的局面就无法改观,中华民族就没有前途。这也是 20 世纪 80 年代众志成城奔走改革的基本原因。

经过 20 多年的改革，应该说是历史的巨变。不能不承认，改革让中国走出了原有发展的死胡同，改革使绝大多数中国人脱贫，改革改变了这个贫穷落后的面貌。

但中国特殊的历史文化早就表明，无论在哪个朝代搞改革，都不会一帆风顺，商鞅变法如此，王安石变法如此，清末的变法还是如此。阻力主要来自守旧，从前的反对理由大多是恪守"祖宗之法"，担忧"世道人心"。现在也变不出新的花样，某些人从来都是用"姓社姓资"的问题阻遏改革，使 10 多年前的中国改革一度遭遇前进还是后退的十字路口，邓小平用"不争论"的指示回应对改革的诘难，并用视察南方及一系列重要讲话的异乎寻常的强势举动，来重新启动改革进程，改革才不致半途而废。在邓小平去世 10 年之后，改革如果再度遭遇阻遏，是一点也不奇怪的。问题在于：我们是坚持邓小平的"三个有利于"为标准，还是用其他什么标准来衡量改革？是坚持改革还是放弃改革？

答案显而易见：回头路走不得。无论现实有多少问题，无论我们有多少抱怨，那种买米、买肉、买油需要票证的日子，无论如何都是噩梦，无论如何都没有多少人愿意接受；全球化的大趋势也不允许中国回到高度集权的计划经济时代，这样做无异于在激烈的国际竞争格局中自折宝剑。面对企图利用现实中的问题和普遍民众不满来否定改革的力量，当下中国只有一条路可走，就是坚持改革，把这条路走通！

但是，我们从不怀疑普通民众的赤子之心，他们从改革中受益，但也承受着改革的成本，了解改革的得失，所以最有发言权。他们即便有些情绪，也可以理解。改革确实存在着深刻的矛盾和问题。坚持改革，必须以反思改革为前提，反思得越彻底，解决矛盾和问题的希望就会越大，改革就会越彻底。

评论至此，作者主要在分析改革的得失，回答了要不要坚持改革和为何坚持改革的问题。但是文章论述到这里，只是解决了一个存在于表面的争议，而更为深刻的是另一个必然的逻辑追问，于是评论继续写道：

"要不要改革"是一个容易回答的问题，"要什么样的改革"则是一个需要认真对待的问题。如果两极分化不断扩大、社会不公不断加深、腐败和以权谋私不是受到遏止而是加剧，那么这绝不是真正的改革。在反思改革时，我们需要回到思想的原点，需要对改革作终极之问：我们要的改革是为了谁的改革？这一问题，应该是反思改革最核心的问题。

从"要不要改革"到"要什么样的改革"是论题迈向深入的关键环节。接着作者进一步分析了"要什么样的改革"，其根本就在于建立改革的配套系统，这不是一个技术层面的问题,而是整个政治和经济体制的改进和完善,是一个文明的大环境的建立。这时评论已经将改革争议问题从表面引向论题的本质。

3)解决问题

提出问题、分析问题是新闻评论必不可少的环节和内容,而"解决问题"则具有一定的弹性。所谓"弹性"是指这部分可能存在,也可能不存在,视文章的需要而定。新闻评论的首要任务是分析问题,指出问题的要害,揭示事物的本质。而解决问题则是政府和有关部门的事,这往往有政策的考虑和专业技术规范。一般情况下,记者、编辑不会冒着不懂行的危险而莽撞行事,提出和分析问题意在提醒政府及相关部门解决。只有当政府及相关部门没能处理好一些问题时,作者才有责任和义务提出解决的方法。如前面那篇评论《政府该如何监管车贷市场》。

思考和撰写新闻评论的结构大致就是这样一个过程,为了便于识记,笔者将其编制成一个示意图(图5.1)。

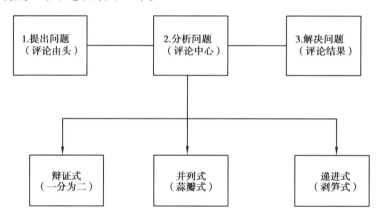

图 5.1　新闻评论结构——"三段论式"示意图

5.2.5　网络新闻评论类型

网络新闻评论的类型主要有 4 种:广播评论、视频评论、网络评论、微博评论。

1)广播评论

广播评论是利用网络多媒体功能将原本文字的评论变成声音的评论,与传统媒体广播没有什么区别,只不过在软件上多加个播放器。所以从本质讲,它是广播评论在互联网的延伸。

2）视频评论

视频评论是利用网络多媒体功能将文本评论变成视频（图像）评论。当然，光靠图像形成不了评论，必须借助音频传送评论的语言，这与广播功能相当，只是多了一道看的元素，这使原本较为抽象的评论变得更为形象，这是视频的优势。实际上很多视频评论就是直接将电视评论搬到网络上来。

值得一提的是，视频评论的优势未必在文字，由于屏幕影像吸引了观众的注意力，文本逻辑性的语言恰恰被消解或断裂；另外，由于评论基本使用抽象的文句，如果文章一长，视频的画面也难以表现，即便勉强为之，又破坏了镜头语言的完整性与逻辑性。目前电视媒体采用的一般办法是，或以说故事为主，如CCTV4《焦点访谈》，充分发挥视觉记录的优势，保持画面的完整，只在最后由节目主持人进行"点睛"式的评论，缩短评论的过程；或请专家到场，几人围坐一起评说，如CCTV4《今日焦点》，期间再穿插一些镜头画面，形成"热闹"的场面，避免一人思考和评说带来单调、冗长的感觉。网络视频评论可以借鉴这种形式，达到影像和文本的互文性。

3）网络评论

网络评论是指各网站利用自身的平台建立起来的新闻评论栏目。网络评论主要有专业网站评论和媒体网站评论两种。如果打开"凤凰网"的评论栏目立刻就可以搜索到众多网站的评论栏目。

新浪评论　腾讯评论　网易评论　搜狐评论　红辣椒评论　光明观察
南方时评　浙江潮评论　千龙评论　中工评论　中青评论　华声评论
飞天评论　渤海潮评论

CNTV复兴评论　求是理论网　大众网评论　长江时评　东湖评论
两江评论　大河网谈　金羊时评　东北网评　辣蛤蜊评论　管窥天下
湘江评论　新京报评论　新民评论
阿凡提评论　观点中国　中广评论　西岸时评　舜网时评　中金在线评论
和讯评论　新华网评　九头鸟评论　北方网评论　麻辣烫评论　现在新闻
深圳评论

21CN评论　长白时评　黄河评论　齐鲁评论　中安时评　江海评论
人民时评

专业网站评论是指网站按新闻发布的要求,在网页上设立固定的评论栏目。目前国内较为知名的专业网站有新浪网、搜狐网、腾讯网、网易、天涯社区等。这些网站记者、编辑除了自己撰写一些评论外,也转载其他媒体的评论文章。当然,这些网站更大的特点在于与网民的互动。

由于网络存在互动的优势,如今专业网站的评论栏目已然变成人人享有话语权,个个可以评说的场所。既然开启了大众言说的大门,众说纷纭的现象在这些网站中就不足为怪了,这也导致评论文章的良莠不齐,一些网民为招揽视听,甚至使用尖锐性和攻击性话语进行评说,结果引来社会强烈反弹,也屡屡遭封,当然客观上也大幅提升了网站评论栏目的知名度,比如"天涯社区"里的"天涯论坛"。

媒体网站评论是指一些传统媒体使用自身名号而建立起网站并在它的网页里设置固定的评论。在媒体网站中,专栏评论做得较为出名的是凤凰网、中新网等。

那么,专业网站的评论和媒体网站的评论又有什么不同呢?

所不同的是,前者的评论大都以网民自发言论为主,其特点是观点大胆、率直,甚至经常有些"过火"的言辞,他们的文章也并不严格按照新闻评论的套路去写;而后者则属于具有一定的专业水准评论,其语言规范,表达较有分寸,思考相对深刻。

笔者认为,学习网络评论就应当关注两种评论的范式,从中汲取不同的养分。

非专业评论人或称之为大众评论家,由于没有受过媒体专业规范的训练,无论从思想角度和技术角度都存在很大的问题和瑕疵,于是网络评论乱象丛生,导致人们在是非面前无以辨识。针对此现象,当前一些专业记者和非专业人士都纷纷在网上撰文,就网络评论进行了很好的评论,下面就推荐几篇关于此现象的评论,看看在不同的网站,评论的观点、视角、风格有如何不同。

评论文章1

净化网络　网民有责

2011 年 10 月 20 日 06:22　李新龙

来源:湖北日报　热点专题:手机看新闻

人类创造了网络,网络改变了生活。

互联网如今已成为学习、工作和社会交往的重要工具。但由于互联网具有开放性、互动性等特点,网络信息鱼龙混杂,谎言、谣言、不文明语言、低俗之风、违法行为等,污染着网络环境。

人类文明的产物,不容许被不文明的行为所玷污,必须还网络一个洁净的天空。17日起,我省持续开展"文明上网、文明办网、文明用网"行动,掀起了共建共享网络精神家园的热潮。

净化网络环境,需要广大网民共同参与。1 900余万荆楚网民要从我做起,主动承担起净化网络环境的责任。

广大网民要自觉文明上网、理性表达,自觉规范网络行为,营造文明健康、积极向上的网络文化氛围,传播真实积极的信息,鼓舞大家工作学习,享受健康的网络带来的乐趣和先进文化。

广大网民要努力提高自己的辨别觉察能力、抗诱惑能力,不让虚假信息牵着鼻子走。要学会坚决抵制不文明、不健康或违法网络行为,不让低俗之风沉渣泛起,污染网络环境,败坏社会风气,侵害网民朋友的身心健康。

广大网民要顺应时代发展的要求,把网络当作宣传科学理论、传播先进文化、正确引导舆论、弘扬社会正气、塑造美好心灵的重要阵地,携手共建美好家园,助推湖北经济社会健康、和谐发展。

评论文章2

别让网络的真实变成忏悔

陈国栋

网络虽然是新兴的,但它以巨大的速度发展着。在这高速的发展中,网络所蕴藏的能量、具备的威力,都难以预料。它可以让一个"草根"一夜之间暴红,也可以让一个高大的公众形象瞬间垮塌。

尽管网络是虚拟的,但虚拟的背后却是现实的网民在操纵。

透过虚拟,回归现实,网络技术革命给每个民众的生活带来的各种变化和影响已让人们感到网络的不可控性,网络中的未知领域远远大于已知领域。但已为人们所认识到的,就是网民要对网络、对社会有责任感,网民借助于网络实现自己的目的所采用的手段,必须受到法律的限制和道德的约束。

一个人成长起来不容易,一个组织树立一个良好的公众形象更非一日之功。但一个网络谣言却能让这诸多努力毁于一旦。"重庆国土部门的黄小玲'被'逃亡"的帖子曾经让多少网民感到震恐,但事实证明这是一个谣言;"云南一绝症男子连杀8名村官"更让无数网民为之震惊,过后被证实其实是个"传说"。这样一个个成本几乎为零的虚假帖子,就能掀起巨大的网络风暴,怎能不让发帖者欣喜若狂、不让传播者趋之若鹜。当这些谣言制造者狂欢的时候,这也让我们为那些网谣受害者担忧。而这些伤害,也可能发生在我们每个人身上。尽管我们不制造谣言,但可能被欺骗而参与谣言的传播,而参与虚假传播,无异于助纣为虐。

网络曾经是无数网民自由的天堂。但当一些网民无所顾忌地滥用这种自由,甚至利用这种自由达到不可告人的目的的时候,这不仅仅是在伤害他人,也是在伤害社会,更是对广大网民的利用和欺骗。

网络也曾带给我们无数因为正义得到伸张、丑恶公开曝光的兴奋。而我们为之向往的网络,被利用制造虚假和丑恶的时候,我们应该如何面对? 必须行动起来,对网络谣言制造者揪住不放,坚决喊打,让他们付出代价。

今天,我们能够畅游互联网,自由发表自己的见解主张,任意使用网络资源。而哪一天我们的这种畅快、自由、任意不复存在时候,我们可能追悔莫及。我们要从现在行动起来,像爱护阳光、空气和水一样,爱护网络环境,珍惜网络资源,抵制网络虚假。否则,网络上的最后一份真实可能是我们的忏悔。(稿源:荆楚网)

评论文章3

搜狐评论>社会评论

新华网评:网络文化健康,谣言就不会有空间

我来说两句(0人参与)

2011年11月02日15:35

来源:新华网　作者:李代祥

近年来,不时蹿红的网络谣言如同股股浊流,侵蚀着网络媒体的诚信机体,对网络文化建设形成负面影响。抵制网络谣言,发展健康网络文化,应当引起人们的深思和警醒。

今年8月,一家网站社区出现一篇名为"重庆贪官外逃加拿大"的帖文,称重庆市某部门一名干部携亲戚10人,带3亿元贪污款,借出国旅游之名潜逃。帖文被迅速转载,引起网民极大关注。重庆市有关部门及时发现这一线索后立即启动应急预案,通过多种方式联系到干部本人,了解其出国的真实情况后迅速通过权威网站公布真相,这才遏制住谣言蔓延的势头。

此类谣言尽管多能得到较为妥善的处理,但其负面影响却难以消散,在广

大网友心中造成的伤痕也难以弥合。被网络谣言蒙骗、强烈义愤与辟谣后的巨大心理落差、对信息真伪的判断力动摇、对网络及现实诚信心生怀疑,等等,都是不容忽视的巨大伤害。有效遏制网络谣言滋生蔓延,维护网民正当文化权益,是发展健康向上网络文化的需要。

纵观大量谣言可以发现,它们通常有如下一些形式:一是捏造干部廉洁、职务升迁的虚假事实。如前面所说的重庆官员"外逃"。二是利用部分地方干群关系不够和谐,将偶然的治安事件生拉硬拽为"干群矛盾",比如"钱云会案"。三是针对普通群众捏造事实,挑拨群众内部团结,比如深圳某员工用虚假图片诬蔑北京一对生活困难、申购保障房的母女"全国各地旅游、铺张浪费"。四是"新瓶装旧酒",借炒作陈年旧事来混淆视听。比如今年北京大雨,网上有人借机传播旧照,宣称今年有关地铁站再次被水倒灌,引发大量网民对交通运输及管理部门非议。

网络谣言的传播,通常选择在网民大量聚集的论坛、微博、博客、即时通信工具的群组等地,通过散播不实图文骗取网友信任,让其他网民参与转发和点评,以扩大谣言的覆盖面。网上谣言大多选择社会关注度高,或与群众关系紧密,容易引发共鸣的话题。以这样的话题造谣,网民的情绪容易被点燃,传播破坏力极强。足见造谣者"用心良苦"。面对日益扩大的网民人群、更加多样的传播方式、更加海量的网络信息,提高防谣意识,增强辨谣能力,才能不被谣言所惑。

增强辨谣力有时并不难,细节常可说明问题。比如"贪官外逃",怎么可能会浩浩荡荡"携亲戚十人"?"带 3 亿巨款"这样庞大的数字发帖者怎么得知?诸多细节疑点加在一起,谣言常常不攻自破。

辨谣还可到权威网站佐证。我国互联网发展十多年来,一批主流网站赢得了真实、准确、权威的市场形象,赢得良好口碑。相信权威网站,就是相信群众,相信市场检验。当面对网络上虚虚实实的传言和信息时,不妨看权威新闻网站是否也有报道。

辨谣还可看信息是否符合新闻规律。正常的新闻报道尤其是权威媒体的新闻报道常常是客观、理性的。面对夸大其词、煽风点火、义愤填膺的信息,保持一分冷静是必要的。

"网络并不虚无"。诸多案例一再表明,造谣中伤、以泄私愤在网络上时常发生,信谣传谣者也大有人在。随着国家法令更加健全,网络的管理必将更趋完善,网民辨谣能力逐步提高,网络留给谣言的空间必将越来越小。而无视法纪肆意造谣者也必将受到应有的惩处。

期待更多网友用理智思考,提高判断网络信息的价值、意义和作用的能力,不信谣、不传谣、不意气用事地留言跟帖,不给网络谣言添油加醋,为发展健康向上的网络文化、建设中华民族共有精神家园献出我们应有的努力。

三篇评论都评议了如何净化网络评论环境的问题。第一篇来自报纸媒体,文章应当是出自一个专业记者之手,以一个记者的身份对广大爱好网上评论的网民进行了呼吁,措辞平和适度,真切感强,很好地引导了网络评论循着健康的路径前进;第二篇评论则不是通过正式的媒体渠道直接在网络上发表见解,可能作者本人就是一个普通的网民。但是文章能触及网络信息乱象造成后果这一本质性问题,发人深省,起到了很好的警示效果;第三篇评论则列举了大量事实,让人们看到网络谣言对当事人和社会带来的危害以及网民应当如何辨别谣言这一技术和理性的问题,具有良好的开智的作用。三篇文章角度不一,论述各异,但都只有一个目的:净化网络空间,共同创造一个良好的网络话语环境。

有些网络评论人不仅从正义感、社会良心这些道德层面上去议论社会现象,还能从自己专业角度做一些技术性指导,使得这种评论具有更丰富的内涵。请看下面的评论。

一个医生的呐喊:也请扶起摔倒的那些癫痫患者

来源:生活论坛 作者:卢佩林

癫痫俗称"羊癫风、羊角风",是大脑神经元突发性异常放电,导致短暂的大脑功能障碍的一种慢性疾病。作为治疗癫痫病的医师,我在这个行业里面摸爬滚打也有二十多年,期间见到无数家庭因为治疗变得贫困,也见到很多孩子因为疾病变得抑郁不与人接触,还有很多家长带着孩子走南闯北地治疗,到我们这里甚至连吃饭的钱都没有了。每每我都担心在这长久的注视中,我会变得漠然,但是每次看到这样的家庭,这样坚毅的家长和这样无辜的孩子,我的内心都受到很强大的冲击,让我这些年常常夜不能寐。

我曾经拜访过一些孤儿院,很多孤儿都是因为有先天疾病而被遗弃,也见过有癫痫病的孤儿。在农村,很多人迷信,觉得得癫痫病的患者是不吉利的。这也是我写这个帖子的一个重要原因,我希望通过网络让大家消除对癫痫病患者的歧视,大部分癫痫病患者知道自己能突然出现失态,呕吐等状态,他们就会拒绝与人交往,会变得自卑,孤单与悲伤。如果大家在某些言语上再刺激癫痫病患者,他们就没有办法生活下去,甚至想到死亡。我呼吁:如果你的身边有癫痫病患者,请一定多给他们一些鼓励与关爱,让他们更好地生活在这片土地上。当你遇到癫痫病患者发作的时候,请正确地扶起这些患者,并报以微笑。

在我印象中,有一次一个孩子的家长满脸伤痕的把孩子送到医院,那孩子送到医院的时候癫痫病发作,这个孩子的发作是属于精神运动性发作,非常的复杂,动作不规则、不协调并开始抓人咬人,孩子他妈紧紧地抱着孩子流着眼泪说:"好了,没事了。好了,儿子乖。"孩子的手就在妈妈的脸上抓来抓去,胳膊也被咬了一口,鲜血直流,旁边的护士看的眼泪都流了出来。家长还是很坚强地抱着孩子对我说:"求求你,救救我的孩子。"过程持续了有十分钟。很多年来,这个妈妈的眼神都印在我的脑海中,在夜里做梦经常梦到这个孩子妈妈的脸,有很多的伤痕,眼泪挂在脸颊上,嘶哑地喊道:"求求你,救救我的孩子。"每当这个时候,我总是惊醒,点根烟,考虑自己是不是真的适合这个行业。

还有一个故事,患者叫王玉林,男,潍坊青州人,从小患癫痫,家里四处求医,未见明显好转,其父二等伤残军人,在上海第二军医大学附属医院做了三次手术(花费6万余元),其母患脑血管疾病在潍坊各大医院治疗,前后花费十余万元,全家三个病人,每年花费使转业在家的父亲不堪重负,母亲眼看着自己的病花费巨大,而儿子却无钱治疗,为了能省下给儿子治疗的钱,其母亲于2007年含泪自尽,给儿子留下唯一的话就是要其父带他到正规医院好好治疗。当我听到这个故事的时候,她的儿子就送到了我们医院,我向医院申请了对这个患者进行免费治疗的方案,这就是天下最让人感动的母亲,为了生活,为了儿子,自己离开了人世间。所以我们能为癫痫病人做什么,不光是病理上的调节,更重要的是心理上的调节,大家都来关爱这个特殊的群体,让他们能自由自在地交朋友,在阳光下散步,愉快地生活。

人们普遍对癫痫病不太了解,在农村很多人传言,癫痫病人是不吉利的。这使得许多患者都有一定的思想负担,担心人们会可怜、嘲笑甚至辱骂他们。这个社会我们要拒绝冷漠,也别带着幸灾乐祸的心情去看发生的一切。全社会都应该关心、体贴那些患者朋友,而不要去嘲笑甚至辱骂他们,让他们有个良好的环境治疗疾病。接下来就给大家说说癫痫病发作的一些注意事项:

癫痫病患者要避免一切运动量较大的、剧烈的体育活动。这一类体育活动方式最容易导致外伤,造成人身伤害,还会由于运动方式过于激烈,引起发作。还要避免剧烈的快速奔跑、长距离大运动量的奔跑、游泳等。这些活动或锻炼方式,会突然加快心跳速度,也会造成短暂低氧,大运动量锻炼,会造成患者体力上的消耗,呼吸过度,从而诱发发作。癫痫病患者还要注意不宜长时间看书或大声朗读,尤其对于原发性癫痫的患者,要远离各种污染源,包括农药污染、化学污染、声音及光污染等,这些污染都可直接作为诱因而诱发病症发作。最后患者应培养良好的心态,要树立战胜疾病的信心和不以物喜,不以己悲的心理。不要因为别人的歧视与远离就觉得自己找不到朋友,而把自己孤立在一个小房子里面,一定要自信,要出去交朋友,让自己变得开朗活泼。

下面再提供两篇网络评论,请以自己的评判分析这两篇文章各自的不同特点。

评论文章 1

生活垃圾分类处理的建议

豆瓣社区　作者:华灵学

分类必须是一个人人能轻易遵守的制度。很简单的一句话,你不分,我不收,你乱扔,我处罚。垃圾分类靠管理,不靠素质。管理靠前期的宣传和后期的严格处罚,不能靠奖励。日常垃圾分厨余垃圾和干垃圾两大类(不包括可卖废品和大件垃圾)。

1.有机垃圾处理方法(厨余垃圾)

厨余垃圾收集方法:在原垃圾桶旁增设一个有盖的厨余垃圾桶,单独增设一套人车系统收集。发现未分类、分类不合格的情况,开始三天以不收作为惩罚。(因为这样很臭,下次就没人敢乱扔了。)过渡期后,拒收。

在有场地条件的地方和小区由政府投资安装有机肥发酵处理器,由物业管理或专业连锁公司运作,可以减少垃圾运输车和运输过程的泄漏。厨余垃圾处理产生的污水稀释后,直接在小区内用于绿化。(如果一个小区日产厨余垃圾10吨,在小区内处理后,大约运出3吨有机肥。)

没有场地的街道和小区,用有编号的厨余垃圾专用垃圾袋,装运到有机肥处理厂,进厂后检查发现有分类不合格的,就对其进行编号,并对其所在小区实行教育。对于不分类的,垃圾处理厂拒收。同时,也要政府拿补贴用于焚烧发电,以保护价收买小区发酵后制成的有机肥,并检测是否含重金属。(北京的十个小区的发酵方式可以借鉴。)

2.日常干垃圾处理方法(不包括可卖废品和大型垃圾)

有毒有害垃圾,包括废电池、日光灯管、水银温度计、药品、化妆品,居民自行投放到有害垃圾收集点,交给专业公司处理或原有害垃圾生产厂处理。不洁垃圾,如纸尿片、卫生巾、带猫沙的宠物粪便等(到处理厂人工分拣很不卫生),用特殊颜色的透明塑料袋单放投入垃圾箱,到处理厂由机器辨别颜色分类。其他的垃圾没有厨余垃圾后比较干净,不准用塑料袋装(居民如用塑料袋拎到垃圾桶后,要拆开倒出投放),由环卫工人收集时检查,发现分类不合格则拒收。干垃圾到处理厂可以用垃圾分类机和人工在传送带上分类。

垃圾处理厂运作可以用投标方式,把干垃圾以每年×万元的费用承包给私人回收公司,私人公司挑完废品后,处理厂用收到的承包费继续细分剩下的低价值垃圾,政府出资填埋最后少量的惰性垃圾。(中国有小范围垃圾分类达70%的成功经验。如果焚烧也会有10%~40%的灰渣,另有5%的剧毒飞灰加水泥永久性密封填埋。)

3.建设小型的垃圾综合处理场

为避免垃圾车在局部道路密集出现和长途运输污染环境,每个垃圾综合处理场一般干垃圾处理量应在200吨/日以下。(看电视了解到,每天处理1 200吨的垃圾填埋场,每2~3分钟有一趟垃圾车进入。那每天处理2 000吨垃圾的垃圾处理厂,则每1~2分钟就有一趟垃圾车进入。)

4.减少不必要的包装和不能回收的材料使用

各行业必须重新设计自己的产品以便于报废回收,对过分包装和使用不能回收的材料生产商品的,制定法规要求其自行回收处理或征收处理费。

手机充电电池标准化,不要换手机就换电池。

提倡使用不用洗衣粉的洗衣机等环保产品。

目前荷兰垃圾回收率为60%,德国为70%,澳大利亚堪培拉2008—2009年度总废物再生率为75%左右。有的城市力争在2020年做到100%回收,我们也应该走这条路。

评论文章2

关注 G20 欧债危机中拉开幕
中国会不会作具体承诺?

作者:汉风古韵　2011-11-03 10:15 发表

中国是否会在此次峰会上作出具体的支持承诺,这种支持以何种方式实现,以及欧方是否会对中国在中欧关系中的主要关注作出相应的回应,将是此次峰会的另一看点。

戛纳是法国举办电影节的海滨小城。在电影节开幕的时节,这里群星云集,镁光闪烁,影迷纷至沓来,一片欢快迷人的艺术气氛。不过,11月3日将拉开序幕的G20戛纳峰会给这个小城带来的则是更多的凝重。反全球化的示威者、重装的警察,似乎将是小城大街上的主角。全球的主要领导人将汇集于此,为的是防止世界经济再次探底的严峻问题。尽管主席国法国已经准备了峰会的成果文件草案,但各国领导人能够达成多少实质性的共识却是一个未知数。

峰会在法国主席国预定的各项议程上所可能达成的成果将是人们首先关注的问题。

在接手G20主席国之时,法国提出,G20应该优先关注国际货币体系改革、加强金融监管、防止大宗商品价格波动、增加就业、反腐败和促进发展这六大议程。从事先的协调成果来看,各方有可能在加强金融监管、防止大宗商品价格波动和促进发展这三个领域达成一些有实质意义的共识。

在金融监管方面,各方将强化金融监管机构的干预权力,来防止市场失衡或滥用;提高主要银行的自有资本金比例;减少政府和投资基金在作投资决定时对评级机构的依赖;改革金融机构破产机制和削减金融业的薪资和奖金水平,以遏制过度投机。在防止大宗商品价格波动方面,各方将可能同意在大宗商品交易市场上限制或在未来禁止金融衍生品场外交易,并将这些交易集中在证券交易所或电子交易平台进行,提高交易的透明度和监管度,防止对冲基金造成大宗商品价格的过度波动。在促进发展方面,法国也希望各方能够就发展中国家的基础设施建设和提高粮食产量等具体的发展议题上取得成果。

在其他的议题上,除了原则性的承诺,较难想象各方会达成实质性的成果。国际货币体系的改革是法国最优先的议程。法国提出要加强国际货币基金的特别提款权的作用,要吸收其他货币,特别是中国的人民币来加入特别提款权的货币篮子。不过,考虑到问题的复杂性,如此关系重大的问题似乎不是一次峰会就能解决的。此外,法国、德国竭力推动征收全球金融交易税的努力几乎没有可能为各国所接受。

其次,我们需要关注欧洲自身的债务问题在此次峰会中会扮演何种角色。

过去几个月来欧债危机的不断深化,一下子令欧洲债务问题的解决成为各国急需应对的首要问题。在峰会开幕前夕,欧洲国家不惜推迟计划中的中欧峰会,经过艰巨的谈判,似乎找到了一个全面应对债务危机的解决方案:通过杠杆手段将欧洲金融稳定工具(EFSF)的融资能力扩张到10 000亿欧元,要求持有希腊政府债券的私人部门承担50%的减值损失,并向希腊提供第二轮的巨额资金支持。但这一方案要求得到有关欧元区外国家的配合和支持,并需要在峰会中找到各方可以接受的合作方式。问题是,有关该方案的具体细节尚未形成,妨碍了相关国家和国际组织在峰会中作出具体的支持承诺。此外,希腊总理帕潘德里欧在1日突然宣布要将希腊债务的新解决方案付诸全民公决,使得欧债解决方案的可信性蒙受沉重打击,引发全球金融市场急剧动荡,让主席国法国陷入局势失控的境地。

最后,我们当然要关注中国在此次峰会中的角色。法国在接受主席国伊始就全力争取中方的支持。萨科齐总统来中国访问多次,且在2日留出整个晚上与胡锦涛会谈和晚宴。根据法方的官方日程安排,萨科齐还将单独会见两位国家领导人,即在3日上午分别与美国总统奥巴马和印度总理辛格举行1小时左右的会谈。法方刻意的安排显示对中方的高度重视和期待。事实上,中方对法方的许多主张并不感冒。人民币加入特别提款权货币篮子的提议符合中国的长远利益。当然,中方也要顾及IMF对篮子货币的现有严格标准,如货币的可兑换性,以及过快加入对中国货币和汇率政策带来的短期负面影响,因此在这次会议上并不会急于求成。更重要的是,在所有欧元区外国家中,中国对协助欧元区舒缓债务危机的表态最为积极,也最有实力。任何引入外部资金的欧债解决方案,都不可能没有中国的参与。因此,胡锦涛是否会在此次峰会上作出具体的支持承诺,这种支持以何种方式实现,以及欧方是否会对中国在中欧关系中的主要关注作出相应的回应,将是此次峰会的另一看点。

4)微博评论

如果说网络评论基本以媒体网站为话语中心,那么微博评论则有明显的去中心化的特点,专业评论、主流评论在这里几乎消失得无影无踪。不仅如此,微博碎片化的切割力也把传统的评论结构进行了毫不留情的解构,在微博评论中,不需要震慑眼球的标题、完整的论述结构、逻辑关联的段落和语句,只是一个观点,一句情绪化的宣泄语。其客观的原因是受微博140个字符的限制,很多时候只允许思考者表达一个观点,根本不可能展开论述。但微博对于网民的最重要意义在于,是"你说了",而不是"你怎么说",它显示了微博为网民占据话语空间,使之成为个人话语集合的草根意识。因此微博评论被纳入了新兴媒体。

或许说"微博评论"还不是一个准确的名称概念,目前有关微博的研究还有待深入,但网络上利用微博进行评说的现象却十分盛行。打开新浪网的微博首页,左侧映入眼帘的是"这些人正在用微博"。

这些人正在用微博:

 小 P 老师

 孙陶然

 中国大饭店冯雪

 俑哥 008

 杨童舒

 湖南卫视

 李嘉欣 Michele

 沈宏菲

 陈一冰

 静_VictoRia

 孙丽男

 杨小雨 RaiNinG

 朱伊君 Jun

 朱纯琪不准笑

 宝宝 Bonn

有趣的人:

 麋鹿叶

 江巧玲

　　显然有些人并非知名的网友,不存在很强的网络号召力,但他们是喜爱微博的用户,由此可能吸引了亲朋好友、同学、同事一起加入其中。

　　不过这些正在使用微博的人并不一定提供信息,发表观点,他们可能只是在线收看,并将此告知自己的网友。而真正提供信源的则是首页中间部位的

"大家正在搜"栏目。

"大家正在搜"栏目是很多网民将自己的网名挂上,发表看法,抒发感受。

rainbow 芮恩博:在公车站听着 danza kuduro 横穿斑马线的时候不自觉地笑了,那是要怎样的淡定才能像我这样,在看《速度与激情》的时候如此深沉地睡翻……哈哈哈

20 秒前

丁龙江:今天是赵爽、尚远、王音棋的节目,他们探访了新开市的北京鲜鱼口。这个选题是宋晓阳老师建议做的,当即交给这个组学生去探访,当天出现场当天晚上录制。学生业务水平在稳定提高中,老师的指导能力、策划水平以及对栏目定位的理解都很棒!

30 秒前

恺泽:iPhone5 的发布时间扑朔迷离,直到目前为止都没有确切的消息表明 iPhone5 会在今年 6 月发布,但是这并不影响用户们对新一代 iPhone 的热爱,之前有关 iPhone 的消息不断在网络上出现,众多消息中有一个共同的特点就是新一代 iPhone 的外形将发生变化。

30 秒前

KING 源哥:T-jam day!!

30 秒前

毛委员:【心理技巧:学会管理自己的情绪】当人的情绪处于低潮时,对任何事情都提不起兴趣,要学会转移注意力。既然已经成为事实,就尝试着去接受,

去面对现实。一个人不可能改变世界,世界也不会因你而改变。我们所能做的就是适应这个世界。

30秒前

球叔:#新西兰#【油价又降!】新西兰各燃油公司今天再次调低石油价格,这是新西兰石油价格一周内的第二次下调。以Shell为例,91号Ultra汽油价格为每升2.129纽元、V-Power汽油价格为每升2.199纽元、柴油价格为每升1.549纽元,平均降幅为3分钱。

20秒前

豌小豆cherie:还是好利来的糕点好吃些……这几天第一次吃这么高级的早餐,有点受宠若惊啊……我以后就是一农村小妞了……

20秒前

淡淡得2011:《东方日报》2011-05-14《著名奶企产品涉瞒添加剂》。内地著名奶企光明乳业,被指部分产品添加大量食品添加剂,包括阿斯巴甜、消泡剂、食用色素,以及刺槐豆胶、瓜尔胶等增稠剂,但未在包装上全部标注,令人质疑企业故意隐藏不标。光明前日回应称符合国家规定,需要询问技术部门后再回复。

20秒前

TiAmo-至爱阿布:分享图片。

20秒前

瓶子era:费费,你还好吗?你一定要坚持下去。虽然我不相信人定胜天,但我相信人的虔诚是会感动上帝的。所以,请一定要坚强起来,你的支持才是你爸爸好起来的动力。还有,请相信你爸爸一定会好起来,无论如何我们都在你身后支持你！加油！！！

20 秒前

姗姗来迟 Believe：每天都抱怨，有意思啊？

20 秒前

许文浩 xwh：天气又开始潮湿，好烦！

20 秒前

DOSPY-冷雨夜：【电脑族对抗辐射的食物】#抗辐射#1.黑芝麻增加细胞免疫，抵抗辐射；2.西红柿减少皮肤辐射损伤，并可以祛斑美白；3.辣椒保护细胞的 DNA 不受辐射破坏；4.紫菜含硒能抗辐射、抗突变、抗氧化；5.绿茶减轻辐射对人体的不良影响；6.绿豆有助于排泄体内毒物，有效抵抗各种污染，包括电磁污染。

20 秒前

3A87_Jason 送的熊猫：周一元气十足的我们啊……快乐地冲向不一样的这一周吧！分享昨天听到的好句子：让别人快乐是慈悲，让自己快乐是智慧！

20 秒前

以上下载的内容源自 2011 年 5 月 16 日早上 8 点 30 分到 9 点 30 分时段的新浪微博新闻，微博上的信息是按"正在进行时"不断滚动播发。由左下角标出的时间可见微博的第一时间传递信息要胜于其他媒体。

当然，读者也看到上传的信息庞杂，质量参差不齐，有的仅仅是一句感叹、牢骚语，一种心情抒发，如果读者作为一个网络用户，要避免成为垃圾信息的制造者以及将微博评论无效益化。而作为一名新闻专业学生，就必须有足够耐心,花一定时间,从大量无效益的信息中去寻找好的评论由头和新颖的观点。就以下载的几条来看,其中第六条一个网民叫球叔的人提供了新西兰油价下降的消息,而且这次下调是新西兰各石油公司一周内的第二次降价。这条信息很能够引起记者、编辑的反思,完全可以作为新闻由头,评论一下为何在世界石油价格高位时,新西兰一个不产石油的国家反而降价,而中国的油价为何居高不下? 这个问题早在10年前就由中国人民大学新闻系教授李希光先生质疑过,如果现在记者、编辑也评论这个大家都关心的,也十分不满的事,相信有一定的影响力。

记者除了寻找微博上好的新闻由头,还可以搜索一些有价值的评论观点。前面说过,微博的使用者不可能以140个字的篇幅展开对一个问题的论述,他们能做的只是就某件事提出一个看法、观点或干脆就是一个结论。那么记者、编辑完全可以利用这些观点、看法写出一篇完整的评论。

一位叫王辉阳的网友2011年5月18日在微博上留言:"出国考察可能是一种福利。"这仅是一句可能性的判断,说明了其一,他还没有进行深入思考,并从中得出明确的结论。其二,微博有限的空间也不适宜这一问题展开论述。但这位网友却留下一个有意思的话题,作为专业媒体人完全可以以此话题进行深刻的思考并展开论述。

由于以往人们把干部出国考察看成是一种腐败,这不仅有些绝对化,而且未必切中要害,不否认一些干部借考察之际出国旅游,但也不是没有真正意义的考察、学习行为。其不公之处在于,并非每个干部都具备出国考察资格,只有达到一定级别的才行,这样一来,好处就集中在少数人身上。既然考察确属需要,又难免带有游览观光的性质,那么就应该重新审定干部出国考察的范围。如果把这一规定视为福利,就可以考虑惠及更多的人,从而制定公平分配的原则。当然如果只是顺着网友的思路进行探讨,论述未必在理,但如果网络记者能借助网友在微博上说出的观点生发出文章,至少会是一篇完全新颖的评论。

这就是微博这个新媒体带来的好处。当然记者、编辑也可以利用微博发表简短的看法与网民进行互动,因为他们也是微博新媒体的一分子。

实训练习

掌握了以上网络评论的要求和技能,现在按工作过程的导向撰写一份新闻评论。为了方便起见,把评论的撰写范围限定在校园内。

校园新闻评论采写与制作引导文

专业名称	新闻采编与制作			
学习领域	网络新闻制作			
学习情境	校园新闻评论采写与制作			
学　时	8 课时课内+8 课时课外			
组　别		姓　名		座　号	

任务描述:

通过本学习情境的学习,能够完成以下工作:

1.信息的收集和整理。

2.新闻评论的主题确定。

3.能设计新闻评论的标题、结构,明确评论等级。

4.新闻评论稿的写作和修改——最终体现形式——校报。

5.新闻评论图文形式的制作——最终体现形式——校报。

6.新闻评论音频形式的制作——最终体现形式——校电台。

7.新闻评论视频形式的制作——最终体现形式——校园电视台。

8.新闻评论链接。

9.新闻网页的设计和制作——最终体现形式——校园新闻网。

资讯阶段	1.近期校园内有哪些热点新闻? 这些新闻是否都能作为网络评论的由头? 2.如果暂时找不到热点新闻,就按本书提供的新闻由头进行评论。 由头:学校塑胶跑道上的垃圾现象。 信息渠道:校园网、校报、校园广播台……还可以通过什么渠道? 3.需要与哪些部门、人员进行沟通、探讨? 4.所评论的主题是否有益于问题的解决? 5.不同媒体的评论语言有何区别?

计划、决策阶段	1.评论主题。 2.评论等级:短评、专家评论、权威评论…… 3.评论的形式:文字、视频、音频、图文…… 4.以小组为单位,讨论小组分工事宜。 填写下表: 5.需要哪些采访器材? 6.以小组为单位确定评论内容、形式,并汇报实施计划,由老师点评。 7.优化实施计划,确定最佳实施方案。
实施阶段	1.分组进行校园事件、现象的采访。 思考:①采访的目的是什么? 　　　②采访过程中应注意的事项。 2.整理采访素材,确定评论主题、等级。 3.评论文标题、结构、文风的确定。 4.撰写评论文章。 5.小组讨论并修改评论文章。 6.将评论文章制作成多媒体形式的评论。 7.合成网络评论的网页。

填写下表中的工作分工表:

流　　程	任　　务	责任人	完成时间
工作分工	采访		
	拍摄		
	撰稿		
	网页合成		

续表

检查、评估阶段	1.教师提供网络评论的评分标准。 网络评论的评分标准:从新闻采写,评论主题和等级的确定,评论文标题、结构、语言,多媒体评论的制作和网页合成能力这 5 个方面进行考核。 ①新闻采写:采写的新闻必须能够作为新闻评论的由头。(20 分) ②评论主题和等级的确定:主题明确,立意鲜明,能符合大专学生的评论等级。(20 分) ③评论文标题、结构、语言:符合评论标题的要求,结构合理、语言犀利。(20 分) ④多媒体评论的制作:能根据需要和评论主题特点,运用多媒体表现形式。(20 分) ⑤网页合成能力:能根据评论选题、风格,设计网页的风格和形式,并将多种形式的评论合成评论网页。(20 分) 2.根据以上评价标准进行考核评估。

组　名	自　评 (10%)	小组互评 (30%)	教师评价 (60%)	合　计

附 录

最高人民法院、最高人民检察院
关于办理利用信息网络实施诽谤等刑事案件
适用法律若干问题的解释

法释〔2013〕21 号

（2013 年 9 月 5 日最高人民法院审判委员会第 1589 次会议、2013 年 9 月 2 日最高人民检察院第十二届检察委员会第 9 次会议通过）

为保护公民、法人和其他组织的合法权益，维护社会秩序，根据《中华人民共和国刑法》《全国人民代表大会常务委员会关于维护互联网安全的决定》等规定，对办理利用信息网络实施诽谤、寻衅滋事、敲诈勒索、非法经营等刑事案件适用法律的若干问题解释如下：

第一条　具有下列情形之一的，应当认定为刑法第二百四十六条第一款规定的"捏造事实诽谤他人"：

（一）捏造损害他人名誉的事实，在信息网络上散布，或者组织、指使人员在信息网络上散布的；

（二）将信息网络上涉及他人的原始信息内容篡改为损害他人名誉的事实，在信息网络上散布，或者组织、指使人员在信息网络上散布的；

明知是捏造的损害他人名誉的事实，在信息网络上散布，情节恶劣的，以"捏造事实诽谤他人"论。

第二条　利用信息网络诽谤他人，具有下列情形之一的，应当认定为刑法

第二百四十六条第一款规定的"情节严重"：

（一）同一诽谤信息实际被点击、浏览次数达到五千次以上，或者被转发次数达到五百次以上的；

（二）造成被害人或者其近亲属精神失常、自残、自杀等严重后果的；

（三）两年内曾因诽谤受过行政处罚，又诽谤他人的；

（四）其他情节严重的情形。

第三条　利用信息网络诽谤他人，具有下列情形之一的，应当认定为刑法第二百四十六条第二款规定的"严重危害社会秩序和国家利益"：

（一）引发群体性事件的；

（二）引发公共秩序混乱的；

（三）引发民族、宗教冲突的；

（四）诽谤多人，造成恶劣社会影响的；

（五）损害国家形象，严重危害国家利益的；

（六）造成恶劣国际影响的；

（七）其他严重危害社会秩序和国家利益的情形。

第四条　一年内多次实施利用信息网络诽谤他人行为未经处理，诽谤信息实际被点击、浏览、转发次数累计计算构成犯罪的，应当依法定罪处罚。

第五条　利用信息网络辱骂、恐吓他人，情节恶劣，破坏社会秩序的，依照刑法第二百九十三条第一款第（二）项的规定，以寻衅滋事罪定罪处罚。

编造虚假信息，或者明知是编造的虚假信息，在信息网络上散布，或者组织、指使人员在信息网络上散布，起哄闹事，造成公共秩序严重混乱的，依照刑法第二百九十三条第一款第（四）项的规定，以寻衅滋事罪定罪处罚。

第六条　以在信息网络上发布、删除等方式处理网络信息为由，威胁、要挟他人，索取公私财物，数额较大，或者多次实施上述行为的，依照刑法第二百七十四条的规定，以敲诈勒索罪定罪处罚。

第七条　违反国家规定，以营利为目的，通过信息网络有偿提供删除信息服务，或者明知是虚假信息，通过信息网络有偿提供发布信息等服务，扰乱市场秩序，具有下列情形之一的，属于非法经营行为"情节严重"，依照刑法第二百二十五条第（四）项的规定，以非法经营罪定罪处罚：

（一）个人非法经营数额在五万元以上，或者违法所得数额在二万元以上的；

（二）单位非法经营数额在十五万元以上，或者违法所得数额在五万元以上的。

实施前款规定的行为，数额达到前款规定的数额五倍以上的，应当认定为刑法第二百二十五条规定的"情节特别严重"。

第八条　明知他人利用信息网络实施诽谤、寻衅滋事、敲诈勒索、非法经营等犯罪,为其提供资金、场所、技术支持等帮助的,以共同犯罪论处。

第九条　利用信息网络实施诽谤、寻衅滋事、敲诈勒索、非法经营犯罪,同时又构成刑法第二百二十一条规定的损害商业信誉、商品声誉罪,第二百七十八条规定的煽动暴力抗拒法律实施罪,第二百九十一条之一规定的编造、故意传播虚假恐怖信息罪等犯罪的,依照处罚较重的规定定罪处罚。

第十条　本解释所称信息网络,包括以计算机、电视机、固定电话机、移动电话机等电子设备为终端的计算机互联网、广播电视网、固定通信网、移动通信网等信息网络,以及向公众开放的局域网络。

参考文献

［1］布鲁斯·D.伊图尔,道格拉斯·A.安德森.当代媒体新闻写作与报道［M］.贾陆依,华建昌,译.北京:中国人民大学出版社,2006.

［2］李希光.转型中的新闻学［M］.广州:南方日报出版社,2005.

［3］胡文龙,秦珪,涂光晋.新闻评论教程［M］.北京:中国人民大学出版社,1998.

［4］黄利.黑镜头［M］.北京:中国文史出版社,1999.

［5］董天策.网络新闻传播学［M］.3 版.福州:福建人民出版社,2009.

［6］罗兰·德·沃尔克.网络新闻导论［M］.彭兰,等,译.北京:中国人民大学出版社,2003.

［7］彭兰.中国网络媒体的第一个十年［M］.北京:清华大学出版社,2005.

［8］董江勇,李博明.与50位网站主编面对面——BiaNews网编训练营系列讲座［M］.北京:清华大学出版社,2010.

［9］克莱·舍基.人人时代:无组织的组织力量［M］.北京:中国人民大学出版社,2012.

［10］霍华德·莱茵戈德.网络素养——数字公民、集体智慧和联网的力量［M］.北京:电子工业出版社,2013.

［11］张俊林.这就是搜索引擎:核心技术详解［M］.北京:电子工业出版社,2012.